中华优秀传统文化

ZHONGHUA YOUXIU CHUANTONG WENHUA

主　编：杜昀芳　林雪霞　孙孟军
编　委：王素梅　李京鸿　钱方欣

新华出版社

图书在版编目(CIP)数据

中华优秀传统文化 / 杜昀芳主编 . —北京:新华出版社,2021
ISBN 978-7-5166-5759-1

Ⅰ. ①中… Ⅱ. ①杜… Ⅲ. ①中华文化-高等学校-教材 Ⅳ. ①K203

中国版本图书馆 CIP 数据核字(2021)第 057745 号

中华优秀传统文化
杜昀芳 林雪霞 孙孟军 主编

责任编辑: 马大乔
责任印刷: 廖成华

出版发行: 新华出版社
社　　址: 北京石景山区京原路 8 号　　邮　　编: 100040
网　　址: http://www.xinhuapub.com
经　　销: 新华书店
购书热线: 010-63077122　　中国新闻书店购书热线: 010-63072012

印　　刷: 定州启航印刷有限公司

成品尺寸: 185mm×260mm　1/16
印　　张: 17.25　　字　　数: 368 千字
版　　次: 2021 年 11 月第一版　　印　　次: 2021 年 11 月第一次印刷

书　　号: ISBN 978-7-5166-5759-1
定　　价: 49.50 元

前　言

中华优秀传统文化蕴含着丰富的道德理念，积淀着多样、珍贵的精神财富，如天人合一、自然和谐的生命观，求同存异、和而不同的处世方法，形神兼备、情景交融的美学追求等，这些思想观念留下了独特而丰富的中华文化印记，如青铜器、书法、陶瓷、玉石、传统服饰、传统饮食、建筑、国画、京剧等。独有的传统文化是中华民族思想观念、风俗习惯、生活方式、情感样式的集中表达，至今仍然具有深刻影响。

中华传统文化源远流长、博大精深，学习和掌握其中的各种思想精华，对树立正确的世界观、人生观、价值观很有益处。习近平总书记在2018年全国宣传思想工作会议上强调："中华优秀传统文化是中华民族的文化根脉，其蕴含的思想观念、人文精神、道德规范，不仅是我们中国人思想和精神的内核，对解决人类问题也有重要价值。要把优秀传统文化的精神标识提炼出来、展示出来，把优秀传统文化中具有当代价值、世界意义的文化精髓提炼出来、展示出来。"

基于此，我们编写了这本《中华优秀传统文化》。本书从立德树人这一教育的根本任务出发，从学生基础、成长和发展需要出发，力求在教材中实现学生的知识、能力、态度的和谐发展，做好对学生的人文关怀和人文教育，在培养学生职业能力的同时努力提高学生的职业素养。

为了使大学生能更好地认识和了解中国传统文化，本书力求在选材上贴近传统、贴近生活，着眼于全景式介绍中国传统文化的形成、发展和基本内容，包括中华优秀传统文化概述、多元融合的思想文化、和而不同的生活文化、崇中尚和的审美文化、一系相承的中国精神、历久弥新的民间节俗等方面。在编写过程中，强调知识性、科学性、趣味性相统一，还精心设计了文化感悟实践环节来鼓励学生参与传统文化实践活动。

本书充分吸收了同类著作的精华，又富有新意。本书的编审人员从制定大纲到组织编写，都一丝不苟，严谨认真，出色完成了书稿的编写组织工作。在此我们表示衷心的感谢！同时，书中难免存在偏颇、谬误之处，希望得到广大教师、学生和各方人士的批评指正。

编者

目 录

第一章　中华优秀传统文化概述 …… 1

第一节　文化与传统文化 …… 1

一、文化的含义 …… 1

二、中华优秀传统文化 …… 3

第二节　中华优秀传统文化的核心价值 …… 7

一、学会做人，提升整体素质 …… 7

二、以理性态度和务实精神去继承传统 …… 8

三、增强民族自尊心、自信心、自豪感 …… 8

四、深入认识中国国情，推动社会经济快速发展 …… 8

五、开阔文化视野，为建设社会主义现代新文化服务 …… 9

第三节　文化自信 …… 9

一、文化自信的底气 …… 9

二、增强文化自信的现实意义 …… 10

第二章　多元融合的思想文化 …… 12

第一节　儒行仁爱 …… 12

一、先秦儒学 …… 12

二、汉代儒学 …… 19

三、宋明以来的儒学 …… 19

第二节　道法自然 …… 22

一、《老子》 …… 22

二、《庄子》 …… 23
三、《淮南子》 …… 24
第三节　佛禅智慧 …… 26
一、佛家思想的基本观点 …… 26
二、佛教在中国的传播与发展 …… 27
三、禅宗简介 …… 29
第四节　兵法谋略 …… 30
一、重战慎战 …… 31
二、备战充分 …… 31
三、贵谋尚诈 …… 31
四、对战争参与者的要求 …… 32
第三章　和而不同的生活文化 …… 34
第一节　传统服饰文化 …… 34
一、汉民族服饰 …… 34
二、少数民族服饰 …… 36
三、传统服饰的文化特征 …… 37
四、趣味小故事 …… 38
五、传统服饰的结构与礼仪 …… 41
第二节　中国饮食文化 …… 43
一、饮食材料 …… 43
二、饮食习惯 …… 45
三、中国传统饮食文化的特征 …… 46
四、趣味小故事 …… 49
第三节　中国建筑文化 …… 53
一、皇家建筑 …… 54
二、民居 …… 58
三、礼制建筑 …… 60

四、园林 …… 61
五、传统建筑的文化特征 …… 65
六、趣味小故事 …… 66
七、建筑的其他特质 …… 69
第四节　交通出行 …… 74
一、出行方式 …… 74
二、古代交通的文化特征 …… 75
三、趣味小故事 …… 76
四、交通工具发展的三个时代 …… 77
第四章　崇中尚和的审美文化 …… 81
第一节　青铜文化 …… 81
一、文化要略 …… 81
二、青铜文化的核心价值 …… 84
三、史事拾微 …… 85
第二节　书法文化 …… 86
一、文化要略 …… 86
二、经典选粹 …… 87
三、书法欣赏 …… 97
第三节　陶瓷文化 …… 99
一、文化要略 …… 99
二、陶瓷文化审美 …… 102
三、史事拾微 …… 103
第四节　国画文化 …… 104
一、文化要略 …… 104
二、中国十大传世名画 …… 107
三、国画文化审美 …… 111
四、史事拾微 …… 111

第五节　玉石文化 …… 113
一、文化要略 …… 113
二、中国四大国宝级翡翠 …… 116
三、玉石文化审美 …… 117
四、史事拾微 …… 118
第六节　京剧文化 …… 121
一、文化略述 …… 121
二、典例精粹 …… 125
三、京剧的发展 …… 127
第五章　一脉相承的中国精神 …… 131
第一节　理性精神 …… 131
一、悲愤伤怀 …… 132
二、豁达从容 …… 146
第二节　进取精神 …… 154
一、建功立业 …… 154
二、刚健自强 …… 156
三、傲骨气节 …… 163
第三节　仁爱精神 …… 165
一、家国天下 …… 166
二、劬劳之恩 …… 175
三、天涯知己 …… 182
四、爱情咏唱 …… 185
五、天地大爱 …… 194
第四节　和合精神 …… 198
一、桃花源 …… 199
二、人生感叹 …… 204
三、天人合一 …… 207

第五节　侠义精神 …… 209

一、《墨子》三则 …… 210

二、侠客行 …… 212

第六章　历久弥新的民间节俗 …… 215

第一节　元月迎新 …… 215

一、春节的由来 …… 215

二、春节的习俗 …… 216

三、春节的食俗 …… 221

四、春节的传说 …… 221

第二节　元宵佳节 …… 227

一、元宵节的起源 …… 228

二、元宵节的习俗 …… 229

三、元宵节的食俗 …… 231

四、元宵节的文化价值 …… 231

第三节　春景清明 …… 232

一、清明节的起源 …… 232

二、清明节的习俗 …… 233

三、清明节的食俗 …… 235

第四节　阳盛端午 …… 236

一、端午节的来源 …… 236

二、端午节的习俗 …… 238

三、端午节的食俗 …… 239

第五节　河汉七夕 …… 240

一、七夕节的由来 …… 240

二、七夕节的习俗 …… 241

第六节　月满中秋 …… 242

一、中秋节的来源 …… 243

二、中秋节的习俗 …… 243
三、中秋节的食俗 …… 244
第七节 九九重阳 …… 245
一、重阳节的来历 …… 245
二、重阳节的习俗 …… 246
第七章 中华传统美德 …… 254
第一节 正心修身的追求 …… 254
一、安贫乐道 …… 254
二、勤劳节俭 …… 254
三、明礼诚信 …… 255
四、浩然之气 …… 256
第二节 与人为善的处事原则 …… 257
一、尽己之谓忠 …… 257
二、孝为人本 …… 258
三、仁者爱人 …… 259
四、义在利先 …… 260
第三节 君子怀德的境界 …… 261
一、隐忍 …… 262
二、知耻 …… 262
三、无私 …… 264
参考文献 …… 265

第一章

中华优秀传统文化概述

从绵延万里、抵御外敌入侵的军事设施长城到风景旖旎、滋养华夏儿女的母亲河黄河，从结绳记事到神秘的甲骨文再到飘逸的行草，从“关关雎鸠”的《诗经》到博大精深的《红楼梦》，从古朴肃穆的商周青铜器到温润如玉的明清瓷器，从写字的毛笔到吃饭的筷子，从十二生肖到二十四节气，从祭祀祖先的清明到庆祝丰收的中秋……这些我们的身边事物、我们的生活习惯、我们的精神寄托，构成了中华民族的传统文化。

第一节 文化与传统文化

一、文化的含义

文化是个非常广泛的概念，一般来说，有别于自然形成的一切人类活动及人类活动所创造的一切成果，都是文化。音乐、美术、文学、哲学、科学、意识形态、伦理道德、知识学问、民风民俗、生活习惯、生活方式，乃至于一座房屋、一个出土钱币等等，都属于文化的范畴。由此可知，一个国家、一个民族，其文化灿烂，就展示出这个国家和民族的悠久历史和丰富的创造力。一个人，文化修养高，文化品位高，就展示出这个人知识广博和道德高尚。

（一）文化的作用

文化既表现在对社会的规范、调控作用上，又表现在对社会发展的导向作用上，还表现在对社会的凝聚作用和社会经济发展的驱动作用上。

1. 文化是社会变革的内燃机

任何社会形态的文化，本质上不只是对现行社会的肯定和支持，而且包含着对现行社会的评价与批判，它不仅包含着这个社会“是什么”的价值支撑，而且也蕴含着这个社会“应如何”的价值判断。人类社会发展的历史表明，当一种旧的制度、旧的体制无法进一步运转下去的时候，文化对新的制度、新的体制建立的先导作用十分明显。蕴藏在新制度、新体制中的文化精神，一方面为批判、否定和超越旧制度、旧体制提供锐利武器，另一方面又以一种新的价值理念以及由此而建立的新的价值世界为蓝图，给人们以理想、信念的支撑。因此，人类历史上新的制度战胜旧的制度，文化起到了内燃机的作用。

2. 文化是社会常态的调控器

如果说新的制度代替旧的制度、新的体制代替旧的体制的过程，是社会处于非常状态的表现，那么，新的制度、体制建立后，社会在一定秩序中运行发展就是社会常态的表现。由于社会是人的社会，而每个人所处的环境、自身素质和精神物质需求又不尽相同，所以常态中的社会仍然会存在人与自然、人与人、人与社会等矛盾，而且还存在人自身的情感欲望和理智的矛盾。如果这些矛盾不能妥善解决，这个社会的常态就会被打破。从人类社会发展的历史看，人们常常采取多种手段解决这些矛盾，而依靠文化的力量去化解这些矛盾就是其中不可或缺的方面。这是因为，法律、理想、道德、礼俗、情操等文化因子，内含着社会主体可以“做什么”和“哪些不可以做”，应该“怎样做”和“不应该那样做”的意蕴。所以，要化解人与自然、人与人、人与社会等种种矛盾，就必须依靠文化的熏陶、教化、激励的作用，发挥先进文化的凝聚、润滑、整合作用，通过有说服力的、贴近民众的方式，将真诚、正义、公正等文化因子潜移默化地植入民众的心田。只有这样，一个社会才能健康、有序、和谐和可持续发展。

3. 文化是凝聚社会的黏合剂

文化虽然说是属于精神范畴，但它可以依附于语言和其他文化载体，形成一种社会文化环境，对生活于其中的人们产生同化作用，为他们的价值观、审美观、是非观、善恶观涂上基本相同的“底色”，也为他们认识、分析、处理问题提供大致相同的基本点，进而化作维系社会、民族生生不息的巨大力量。

4. 文化是经济发展的助推器

文化对经济的支撑作用主要表现在：一是文化的导向赋予经济发展以价值意义，经济制度的选择、经济战略的提出、经济政策的制定，无不受到社会文化背景的影响以及决策者文化水平的制约。文化给物质生产、交换、分配、消费以思想、理论、舆论的引导，在一定程度上规定了经济发展的方向和方式。二是文化赋予经济发展以极高的组织效能。人作为文化的单元，不仅受文化熏陶，而且也依一定的原理相互感通，相互认同，从而形成社会整体。文化的这种渗透力是人的社会性的体现，它能够促进社会主体之间相互沟通，保证经济生活与社会生活在一定的组织内有序开展。三是文化赋予经济发展以更强的竞争力。经济活动所包含的先进文化因子越厚重，其产品的文化含量以及由此带来的附加值也就越高，在市场中实现的经济价值也就越大。

（二）文化的特性

文化的特性是指文化区别于非文化的独有特征。文化与自然形成的事物有什么不同呢？

1. 文化具有地域性和民族性

不同的地域、不同的民族有不同的文化，这是由于古代人们分居在不同的地域，互相隔离所形成的，正因为如此，人类文化才呈现出异彩纷呈、极其丰富的形态。最突出的例子是，仅我国而言，方言就多得不可胜数。我国南方很多地方，地区与地区之间、县与县之间、区与区之间，甚至村与村之间，语音互不相同，有的甚至相互之间根本就听不懂，比如闽南话、客家话就很难听懂，又如朝鲜族、傣族、藏族、蒙古族、哈萨克族、汉族的歌舞风格迥异。文化的异彩纷呈，使人类世界生活丰富多彩。比如当我们看到印度的歌舞、电影时，我们会为之耳目一新，听到许多少数民族的歌谣会感到很欣喜。所以，越是民族的，也就越是世界的。文化的地域和民族特性，启示我们要十分珍惜民族的文化遗产，要精心保护民族的文化遗产。

2. 文化是人类通过自己的劳动创造的

山川大地、优美风景不是文化，草木鱼虫、花鸟野兽不是文化，它们是自然状态下形成的，没有人类加工过的痕迹。只有经过人类的加工和创造，比如出土的古代石器、玉器、金铜器皿、文人的字画作品、哲学思想、艺术品种等等才是文化。世界遗产包括文化遗产（包含文化景观）、自然遗产、文化与自然双重遗产三类。世界遗产的广义概念，即根据形态和性质，将世界遗产分为物质遗产和非物质文化遗产。我国的长城、故宫、昆曲等都已经被列入世界文化遗产的保护范围。

3. 文化是可以传承和发展的

文化在人类传承的同时不断地得到发展，比如诗歌，其来源于原始民族的说唱，有了文字记载后得到保存。我国最早的诗歌总集是《诗经》，后来随时代的发展而发展，出现楚辞、乐府、赋、歌行体长诗、格律诗、词、散曲，一直到现代的诗歌。所以，文化是可以代代相传并源源不断地发展的，是一个国家、一个民族创造力的体现。

二、中华优秀传统文化

中华民族五千年来绵延不绝，我们的祖先在栉风沐雨、矢志不渝的前进过程中，创造了灿烂的物质文化，开山架桥、修路建城，种植稻谷、饲养牛羊，铸铜冶铁、造纸印刷，改造了我们的生存环境，改善了我们的生活质量，保障了我们衣食住行等生存之需，更扩展了我们发展的空间。中华民族在五千多年的历史长河中，不仅创造了辉煌灿烂的物质文化，还创造了丰富多彩的精神文化，蕴含着中华民族最优秀的品德和精神风貌，形成了博大精深的中国传统文化。中国传统文化的形成不是一蹴而就的，她是一代又一代的中华人民智慧的结晶，体现了人们对自然和社会的认识，展现了人民对物质生活和精神生活的追求，展示了中华民族的精神风貌；她是我们灵魂的容器，滋养着我们的心灵，启迪着我们的认知，激发着我们的创造力，承载着我们的精神家园；她博大精深、流光溢彩，至今我们仍为拥有这份丰厚的财富而感到无比骄傲与自豪。

（一）中国传统文化

中国传统文化，是指中华民族在长期的发展历程中形成和发展起来的一种反映民族特质的、具有稳定形态的民族文化。她为中华民族所创造并世世代代继承和发展，具有鲜明的民族特色，包含中华民族思想观念、思维方式、价值取向、道德规范、生活方式、情感认同、风俗习惯、宗教信仰和文化艺术等诸多层次的丰富内容。

《现代汉语词典》对“传统文化”一词的解释如下：在一个民族中绵延并流传下来的文化。任何民族的传统文化都是在历史过程中形成和发展起来的，既体现在有形的物质文化中，也体现在无形的精神文化中。如人们的生活方式、风俗习惯、心理特性、审美情趣、价值观念等。

（二）中国传统文化的特征

中国传统文化根植于中国的历史进程、自然地理环境、社会经济与政治环境，有着自己的特征，概括起来主要有人本主义特征、兼容并蓄特征、伦理道德特征、和谐稳定特征和理性务实特征。

1. 中国传统文化具有人本主义特征

人本主义就是以人为本，这是中国传统文化绵延数千年仍旧充满活力的最重要因素。古希腊哲学家专注于自然哲学的探索，追寻宇宙的终极本质，把人与自然分割开来，考虑的是人类如何去认识自然、战胜自然。古埃及和古印度则专注于超自然的东西，探究人与神之间的关系，崇拜神明的力量，矮化人类自身。中国传统文化以人为中心，先秦时代的哲学家就提出了天、地、人“三才一体”的思想，认为天、地、人是构成宇宙的三种力量，既有各自的作用，又相互统一。在此基础上，历代哲学家都在力图调节天、地、人三者之间的关系，试图达到和谐的境界。中国传统文化的人本主义特征，具体包括以下两个方面。

一是中国传统文化具有鲜明的非宗教倾向。“殷鉴不远，在夏后之世。”从周朝开始，在吸取商朝灭亡的历史教训后，历代统治者充分认识到民心所向的重要性，民本思想开始兴起，商朝盛行的神权受到了极大程度的抑制，自此神权再也没有占据统治地位。春秋时期，儒家兴起，更是高度关注人本身，《论语》中有“子不语：怪、力、乱、神”“敬鬼神而远之”“未能事人，焉能事鬼”“未知生，焉知死”等论述，在人与神之间以人为本，充分肯定了人的重要性，体现了非宗教的思想倾向。

二是中国传统文化体现在追求自我价值的实现。因为在人与神之间，中国传统文化以人为本，所以与其他民族文化不同的是，中国传统文化不刻意去追求灵魂的不朽和肉身的永生，而是注重人的道德修养，实现“内圣”，同时实现自我价值，即“外王”，做到精神上的不朽，做到“立德、立功、立言”，所谓“为天地立心，为生民立命，为往圣继绝学，为万世开太平”。

春秋时鲁国大夫叔孙豹称“立德”“立功”“立言”为“三不朽”。“立德”即树立道德，“立功”即为国为民建立功绩，“立言”即提出具有真知灼见的言论，此三者虽久不废，流芳百世。

“为天地立心，为生民立命，为往圣继绝学，为万世开太平”是北宋时期大儒张载的名句。意思是：读书人其心当为天下而立，其命当为万民而立，当继承和发扬往圣之绝学，当为万世开创太平基业。这段话说出了读书人应当有的志向和追求：天下、万民、圣贤之道、太平基业。

2. 中国传统文化具有兼容并蓄特征

中国传统文化具有强大的融合力和包容力，这使得中国传统文化绵延不绝，坚韧异常。中国传统文化能够发展至今，就在于她的兼容并蓄，将不同地区、不同民族的文化交汇融合，顽强生存，蓬勃发展。

中国特殊的地理环境，决定了中国文化相对独立的生存状态。在大陆上，有黄河流域的中原农耕文化，有长江流域的巴蜀文化、楚文化和吴越文化，有中国西北地区的少数民族游牧文化，等等。这些文化在相对独立地产生和发展的基础上，也一直同其他文化处于互相竞争、互相学习、互相融合的过程中，不同区域的文化之间存在密切的交流，民族之间的文化在双向传播中博采众长。以唐朝为例，其文化中就广泛吸收了少数民族的文化。因此，中国传统文化并不单纯是汉民族的文化或者黄河流域的文化，而是在汉民族文化的基础上兼容并蓄了中国各民族不同地域的文化。

在中国文化历史中，各种学派之间和各学派内部也都存在相互辩论又相互吸收的情况。同样，中国文化对外来文化也能充分地吸收和消化，使之成为中国文化中的有机组成部分。西晋时期"五胡乱华"，宋朝时期契丹、女真、蒙古人先后南侵，明朝时期满人入关，这些游牧民族虽然在军事上占领了中国，建立了强有力的政权，但是在文化方面都或自觉或不自觉地为先进的中原文化所同化。中原文化不但没有被消灭掉，反而在吸收了各少数民族文化的新鲜血液后，壮大了中国传统文化，为中国传统文化增加了新的生命力。中国传统文化从最初黄河流域的中原农耕文化，吸收了外族的楚文化、吴越文化、巴蜀文化、游牧民族文化、西域文化、佛教文化等，这些都成为中国传统文化不可分割的有机组成部分。中华民族绵延数千年不绝，就在于中国文化的延续，中国传统文化顽强生命力的最主要因素就在于其兼容并蓄。

在近六千年的人类历史中，世界上形成了四大文明古国的文化体系，即古代中国文化、古印度文化、古巴比伦文化和古埃及文化。古印度文化因雅利安人的入侵而雅利安化；古巴比伦文化因波斯帝国的入侵而消亡；古埃及文化先后因被亚历山大大帝占领而希腊化，被凯撒大帝占领而罗马化，阿拉伯人迁入而伊斯兰化。这些文化形态中，只有古代中国文化这一文化体系是长期延续发展而从未中断的。

3. 中国传统文化具有伦理道德特征

中国传统文化具有鲜明的伦理道德倾向，伦理道德在中国传统文化中具有的强大威力和影响力，是其他民族文化所不能比拟的。伦理道德是中国社会调和人际关系的准则，是维系整个社会的精神支柱，渗透到中国社会的方方面面。重视伦理道德，是为了适应"家国一体"的宗法社会。宗法社会以血缘关系为基石，它的存在与巩固，离不开以血缘关系为纽带的长幼尊卑秩序，而伦理道德的重要功能就是维护这一秩序。崇尚伦理道德，稳定了"家国同构""家国一体"的宗法体制格局，也使得中国传统文化具有强大的凝聚力。

中国传统伦理素有"五伦"之说，"五伦"包含君臣、父子、夫妇、兄弟和朋友五种关系。这五种关系中，父子、夫妇、兄弟关系属于家族关系，君臣、朋友是对家族关系的延伸和扩展，君臣如父子，朋友如兄弟。臣对君要忠、子对父要孝、妇对夫要顺、弟对兄要恭、朋友之间要有信义，只有这样，伦理道德才能成为所有中国人安身立命的准则。仁人志士要以“修身、齐家、治国、平天下”为己任，而修身要从“正心”“诚意”做起，突出个人道德修养的重要性，目的是塑造至善的人格，培养具有理想品德的君子。

★ 史海拾贝

“修身、齐家、治国、平天下”源自《礼记·大学》，原文是：“古之欲明明德于天下者，先治其国。欲治其国者，先齐其家。欲齐其家者，先修其身。欲修其身者，先正其心。欲正其心者，先诚其意。欲诚其意者，先致其知。致知在格物。物格而后知至，知至而后意诚，意诚而后心正，心正而后身修，身修而后家齐，家齐而后国治，国治而后天下平。”

其含义为：古代那些要想在天下弘扬光明正大品德的人，先要治理好自己的国家。要想治理好自己的国家，先要管理好自己的家庭和家族。要想管理好自己的家庭和家族，先要修养自身的品性。要想修养自身的品性，先要端正自己的思想。要端正自己的思想，先要使自己的意念真诚。要想使自己的意念真诚，先要使自己获得知识。获得知识的途径在于认知研究万事万物。通过对万事万物的认识研究，才能获得知识；获得知识后，意念才能真诚；意念真诚后，心思才能端正；心思端正后，才能修养品性；品性修养后，才能管理好家庭和家族；家庭和家族管理好了，才能治理好国家；治理好国家后，天下才能太平。

4. 中国传统文化具有和谐稳定特征

中国在地理环境上气候适宜、雨量充沛，具备优越的农耕生产条件，生活在这片土地上的中华民族以农业生产为基础，长期习惯于靠天吃饭，对于有规律性的四季气候变化、昼夜寒暑交替更是顺应到无以复加。这种长期以来顺应天地、人与自然和谐相处、天人合一的朴素心理，随着农耕社会的发展，逐渐演化成民族心理，使得“和谐”成为中国传统文化的主旋律。

中国传统文化在发展中不断兼容并蓄其他民族的文化，吸收他人所长，不断发展壮大自己。但难能可贵的是，中国传统文化一直保持自身形态的稳定性，这是其他古代文化所不能达到的成就，表明了中国传统文化具有强大的凝聚力和生命力。中国传统文化之所以能与其他文化和谐共处并保持形态稳定，是因为她有特定的内涵和占主导地位的基本精神，比如“自强不息”“厚德载物”“天人合一”“刚柔相济”等，这些基本精神渗透并表现在中国传统文化的各种内容和形式中，使得中国传统文化成为既能自我和谐发展，又具有相对稳定形态的文化体系。

5. 中国传统文化具有理性务实特征

中国是一个传统的农耕社会国家，中华民族世世代代、周而复始地从事农耕生产，在这过程中形成了“实用、经验”的理性思想、“重农、尚农”的务实精神和“一分耕耘、一分收获”的共识。这种理性务实的特征，使得中国传统文化的价值取向定位于立足现实，也正是这种务实理性的民族性格，使得中国传统文化倾向于经世致用，而很少注重纯理论的研究。

这种理性务实的精神，使中国人免于陷入宗教迷狂。虽说中国人也崇拜鬼神，但远远不及其他文化中对宗教的虔诚和狂热，正是这种理性务实精神和伦理纲常，阻挡、淡化了宗教精神对国民意识的深度渗透，体现在中国几千年的历史中，未出现某种宗教成为国教的现象。中国传统文化不把人生价值的实现寄托在天国或者未来世界，而是建立于现世人生，这种理性务实的精神，使得古代中国在天文、农学、医学等应用学科领域长期处于世界前列，但是对理性探讨和逻辑论证的忽视，在一定程度上阻碍了传统科学技术的进一步发展。

第二节　中华优秀传统文化的核心价值

传统文化是我们先辈留下的伟大的精神瑰宝，保存先辈的成就并使后人适应社会是一种既定形态。对待中国传统文化必须注意辩证地分析，批判地继承，最终发展和创新。应在批判地继承中国传统文化的基础上，吸收先进的外来优秀文化，创造传统与现代统一、民族与世界统一的，民族的、科学的、大众的现代中国社会主义新型文化。开拓创新，兼收并蓄，根据社会主义现代化精神文明建设的需要做出创新性发展，完成社会主义现代文化建设任务，是正确对待中国传统文化、建设和发展社会主义新型文化的根本途径。

我们正处在一个承前启后、继往开来的重要历史关头，面对着科学技术的迅猛发展和世界各国的激烈竞争，面对着世界范围内各种文化的相互激荡，面对着小康社会人民群众日益增长的文化需要，学习中国传统文化，不断提高广大人民尤其是青年一代的文化素质，对大力推进中国特色社会主义文化建设具有重要意义。

一、学会做人，提升整体素质

“学会做人”看似简单，其实，这是人的最基本的也是最重要的素质。长期以来，人们比较注重使受教育者学会求知，学会做事，这无疑是十分必要的，但往往忽视了更重要的一条，就是教他们学会做人。所谓学会做人，就是学会处理人与人、人与社会的关系；在当代中国就是要有爱国主义、集体主义思想，有高尚的道德情操，有正确的世界观、人生观、价值观。用毛泽东同志的话说，就是要成为“一个高尚的人，一个纯粹的人，一个有道德的人，一个脱离了低级趣味的人，一个有益于人民的人”。

中国传统文化可以说是一种如何做人的文化，非常注重伦理道德和人格修养，被世人归结为伦理型文化。《大学》一书开宗明义地指出“大学之道，在明明德，在亲民，在止于至善”，并且提出“正心、诚意、修身、齐家、治国、平天下”的主张。这完全是以对道德的自我追求和完善为宗旨的。孔子倡导的“仁者爱人”“己欲立而立人，己欲达而达人”“己所不欲，勿施于人”（《论语·雍也》），也浸透了怎样做人的伦理精神。儒家的崇仁、尚义、重节等一系列言论，以及道家所主张的不为境累、不为物役、绝圣弃智、洁身自好，实际上都是对理想人格的追求和对实现个体价值的向往。中华民族有源远流长的人文教育传统，以儒学为中心的人文教育是中华传统人文教育的主流。这种重礼、崇仁、尚义、追求高尚完美人格的人文教育传统，对受教育者思想感情的熏陶、人格的塑造具有不可忽视的作用，培养了一代又一代优秀人物，维系着中华民族的生存和发展。

二、以理性态度和务实精神去继承传统

马克思说过："人们创造自己的历史，但是他们并不是随心所欲地创造，并不是在他们自己选定的条件下创造，而是在自己直接碰到的、既定的、从过去承继下来的条件下创造。"中国传统文化，就是我们"直接碰到的、既定的、从过去承继下来的条件"，是影响中国人过去、现在和将来的传统。从一定意义上讲，传统是社会的一种生存机制和创造机制。借助于它，历史才得以延续和发展，社会的精神成就和物质成就才得以保存和实现。正因为如此，文化传统并非仅滞留于博物馆的陈列品和图书馆的线装书之间，它还活跃在今人和后人的实践当中，并在这种实践中不断改变自己。每一个有志为民族的未来贡献心智和汗水的中国人，都应该努力熟悉传统、分析传统、变革传统，而学习、研究中国传统文化，则有助于培育这种理性态度和务实精神。

三、增强民族自尊心、自信心、自豪感

中国传统文化是世界上最古老的文化之一，也是世界上唯一没有过断层的古老文化。它是东方文化的典型代表，有着独特的价值系统和思维方式，是人类文明发展史上的一块瑰宝，对世界文化的发展发挥了重大的推动作用。中国传统文化在人类历史上光芒四射，而且至今仍有重要价值，有的在世界上仍处于领先地位，即使在科学技术领域中也是如此。

随着科学技术的发展，人类社会进入信息社会，人类各民族文化相互交流的深度和广度都在不断拓展。在这样的时代大背景下，中华民族及其文化应以怎样的姿态参与合作与竞争，是每一个炎黄子孙都应该思考的问题。真切把握一个民族的文化特征，比把握诸如皮肤、头发、眼睛的颜色之类体质特征要困难得多。然而，任何民族，其文化形态虽然纷繁多彩，但都可以寻觅到该民族文化的主色调、主旋律。我们之所以能够从芸芸众生中大致辨识各民族的特征，是因为每一个民族内部本身存在着繁复多样的阶级、阶层、集团、党派及个人修养和性格的差别，但同时也深藏着表现于共同文化上的共同心理素质，这便是所谓民族精神。中国文化源远流长，博大精深，在相当长的历史时期里，一直处在世界领先地位，给世界文明做出了巨大贡献。学习中国文化，是我们认识自己、把握中华民族精神的可靠途径，更有助于振奋民族精神，增强民族自豪感和民族责任感，提高民族自尊心和民族自信心，全面弘扬爱国主义精神，增强凝聚力。

四、深入认识中国国情，推动社会经济快速发展

古老的中国在漫长的历史时期内，无论在经济文化方面，还是在科学技术领域，

都走在世界前列，处于领先地位，只是自明朝中叶以后才逐渐停滞和衰退，落在了西方之后。一些思想界人士曾将中国落后的原因归咎于以儒学为代表的中国传统文化，然而到了二十世纪六七十年代，在以中国传统文化为母体文化所构筑的中华文化圈中，东亚一些国家和地区的经济开始腾飞，日本及亚洲“四小龙”的经济快速增长，这些事实显示出以儒学为核心的中国传统文化的价值。这种以儒学为核心的经世致用的传统文化对经济基础是有积极的能动作用的。由此可见，学习和弘扬中国传统文化对我国社会经济快速发展必将产生积极的推动作用。

当代中国人面临的历史使命是建设中国特色社会主义，完成这一千秋伟业的认识前提就是要切实认清中国的国情。国情的实质就是文化的历史与现状。新中国成立以来，中国走过了艰难曲折的道路，取得了举世瞩目的成就。但是，我们的社会发展和文明进步的程度还远远不能满足人民的需求。数千年的传统文化给我们留下了丰厚的遗产，同时也带来因袭的重负。外来文化的积极因素，我们吸取得还不够充分，但其负面影响已引起我们的警惕和忧虑。深入剖析传统文化与外来文化对今日中国的影响，总结我们走过的道路，是认清国情的必要工作。

五、开阔文化视野，为建设社会主义现代新文化服务

从古今中外杰出人才的成长过程来看，除老师的教导和课堂学习外，无一不是从前人留下的文化精品中得到启发，受到熏染。中国传统文化当中那些宝贵的经典能给予人无尽的滋养。了解这些经典，可以开阔文化视野，它们多是开放的体系而非实证的结论，是关于社会、人生等普遍性问题的论述，因而既是超越时代限制的，又是极富民族特色的，对后来者极富启迪作用。

学习中国传统文化，除了要加强人们的自身修养外，还担负着建设中国未来新文化的任务。中国未来文化是现代文化，它只能是植根于中国传统文化基础之上，并能体现中国传统文化精神的新文化。它既是现代的，又是传统的，是“现代”与“传统”的统一；它既是世界的，又是民族的，是“世界”与“民族”的统一。中国传统文化素有包容精神，能够并善于与外来文化融合，以升华自身。学习中国传统文化，有助于我们开阔视野，解放思想，以海纳百川的气概与开放的心态面向世界，博采各国文化之长，以保持旺盛的活力，创造出更加绚丽多彩的有中国特色的社会主义文化，对人类文明做出自己应有的贡献。

第三节　文化自信

一、文化自信的底气

文化自信是一个民族、一个国家以及一个人对自身文化价值的充分肯定和积极践行，并对其文化的生命力持有的坚定信心。

“文化自信”不是一句口号、一个理论名词。我们提倡的“文化自信”有其

深厚根基，是可以真正践行的。因为，我们有优秀传统文化的底蕴，也有在中国革命、建设、改革的伟大实践过程中孕育的革命文化和社会主义先进文化。这种对优秀传统文化的继承和发展，夯实了我们文化建设的根基，奠定了文化自信的强大底气。

（一）博大精深的优秀传统文化

我们有博大精深的优秀传统文化。它能“增强做中国人的骨气和底气”，是我们最深厚的文化软实力，是文化发展的母体，积淀着中华民族最深的精神追求。诸如“自强不息”的奋斗精神、“精忠报国”的爱国情怀、“天下兴亡，匹夫有责”的担当意识、“舍生取义”的牺牲精神、“革故鼎新”的创新思想、“扶危济困”的公德意识、“国而忘家，公而忘私”的价值理念等，一直是中华民族奋发进取的精神动力。

（二）鲜明独特、奋发向上的革命文化

我们有鲜明独特、奋发向上的革命文化。从井冈山精神、长征精神、延安精神、西柏坡精神，到雷锋精神、大庆精神、两弹一星精神，再到航天精神、北京奥运精神、抗震救灾精神，这些富有时代特征、民族特色的宝贵财富，脱胎于中华民族优秀文化传统，同时又在新形势下不断进行着再生再造、凝聚升华，从而为在新的历史条件下推进文化建设奠定了坚实基础。

（三）承前启后、继往开来的社会主义先进文化

我们有承前启后、继往开来的社会主义先进文化。这是一种有生命力的文化，是一种体现人类文明发展进步方向的文化。它是对中华民族优秀传统文化和红色革命文化的继承和发展，是以马克思主义为指导所进行的文化创造。社会主义先进文化的明显特征有：中国特色社会主义的共同理想、以爱国主义为核心的民族精神、以改革创新为核心的时代精神，以及社会主义荣辱观。

总之，我们的文化自信，不仅来自对文化的积淀、传承与创新、发展，更来自当今中国特色社会主义的蓬勃生机，来自实现中国梦的光明前景。

二、增强文化自信的现实意义

（一）文化自信是应对世界多元文化冲突与碰撞的理性支撑

这主要体现在：

（1）文化自信是应对世界多元文化冲突与碰撞的需要；

（2）文化自信是应对强势文化的渗透和侵蚀出现新变化的需要；

（3）文化自信是应对多元文化背景下我国文化安全面临挑战和风险的需要。

（二）文化自信是提升国家文化软实力的观念前提

这主要体现在：

（1）文化自信是解决中华民族传统文化受到冷落的需要；

（2）文化自信是解决西方外来文化受到推崇的需要；

（3）文化自信是解决主流价值观和文化意识受到冲击的需要。

（三）文化自信是实现文化大发展大繁荣及“中国梦”的内在张力

这主要体现在：

（1）文化自信是推动社会主义文化大发展大繁荣的必然要求；

（2）文化自信是实现中华民族伟大复兴“中国梦”的必然要求。

思想是没有国界的，文化是相互影响的，学习中华优秀传统文化，既能增强中国人的文化自信，也能辐射“一带一路”国家的青少年，增强中国的文化软实力，为人类命运共同体做出新的更大贡献。

★ 文化感悟和思考练习

你了解自己所在的城市吗？她有着怎样的历史和民俗？带着这些疑问，参观你所在城市的博物馆，组织一次课堂交流（手抄报、PPT 或者微视频等形式），将你的感受分享给大家。

1. __________ 是儒家思想的核心载体，是中国传统文化的重要组成部分。

2. 儒家经典中“三礼”是指《仪礼》《周礼》和__________。

3. 古代有 72 位帝王曾专程赴山祭拜天地，并把这一隆重典礼称为__________。

4. 在中国历史上，春秋战国是思想和文化最为辉煌灿烂、群星闪耀的时代，各种思想学术流派的成就与同期古希腊文明交相辉映。这一时期出现了诸子百家__________、______________的学术局面。

★ 拓展链接

中华优秀传统文化与文化自信

中华文化的当代价值与意义

《中华优秀传统文化传承发展工程“十四五”重点项目规划》印发

第二章 多元融合的思想文化

思想文化凝聚着民族智慧的精华，经历漫长的积淀与传承，具有广博深厚的内涵，是民族文化的重要内容。中国文化源远流长，其中的思想文化博大精深，包含儒家、道家、佛家、法家、墨家、名家等众多流派。一方面，不同的流派表现出不同的世界认知、价值追求和思维方式；另一方面，不同流派间相互影响，相互融合，共同推动了时代的发展，塑造了民族的个性与品格。

第一节　儒行仁爱

作为中国思想文化主干的儒、道、佛三家对古代士人与社会发展起着重要影响。三家思想各有体系，特色鲜明，彼此间又相互影响，在历史的演进中推陈出新，涌现了无数的思想家，也产生了大量的经典，成为中华民族宝贵的精神财富。其中，儒家思想以“仁”为核心，强调明道弘毅，希求由“修身”而“希贤希圣”，治国平天下。

一、先秦儒学

先秦儒家主要有三位代表人物：孔子、孟子、荀子，他们的思想为后世儒学的发展奠定了基础。三人在中国文化史上地位至尊，冯友兰《中国哲学史》以苏格拉底拟孔子，柏拉图拟孟子（谓其“高明亢爽”），亚里士多德拟荀子（谓其“笃实沈博”）。

（一）孔子

孔子（前551—前479），名丘，字仲尼，春秋末期鲁国人。孔子是儒家学说的创始人，为“使学术普遍化之第一人”。他幼年丧父，生活艰难，青年时做过牛羊管理者和会计工作，“吾少也贱，故多能鄙事”。他好学不辍，习熟典章，精通礼、乐、射、御、书、数六艺。约30岁时，他开始私人讲学，这是他一生的主要事业，先后有弟子三千，贤者七十二。孔子有志于出仕与行道，出任鲁国中都宰与大司寇是其政治思想的成功尝试，此后长达十四年的周游列国而不得重用则充满了艰辛。孔子的一生，充满坎坷与苦楚，但他却“发愤忘食，乐以忘忧”，培育了杰出的弟子，开创了儒家学派，对中国文化起到至为深远的影响。孔子是至圣先师，也是“温而厉，威而不猛，恭而安”《论语·述而》）的长者，通过司马迁《孔子世家》、钱穆《孔子传》、匡亚明《孔子评传》、李木生《人味孔子》等著述，我们既可以领略其博大精深、含纳万千的思想，又可以感受其愤慨忧思与充实愉悦，并从中受到无穷的启迪。

在孔子的思想中，“仁”是核心概念。“仁”之概念并非孔子首创，但孔子将原来“与‘忠’‘信’‘敬’‘义’等其他伦理概念地位平等”的“仁”提升为人格的至高境界。孔子以为君子应当时刻以仁自励，“君子去仁，恶乎成名”（《论语·里仁》），放弃了仁德，君子便无从成就自己的名声。身处绝境，在苟生与成仁之间要做出坚定的抉择，“无求生以害仁，有杀身以成仁”（《论语·卫灵公》）。

《论语·颜渊》记载，樊迟问仁，孔子回答了极简约的两个字：“爱人。”真诚友善地关心他人的处境、将来和内心感受，进而帮助他人，成全他人，这便是仁爱。李零说，仁“就是拿人当人。首先是拿自己当人，其次是拿别人当人”。“拿自己当人”，则知自尊自重，以正当的途径实现人生价值。“拿别人当人”，则是推己及人，对于他人与己相近的心智情感有真切的同情，进而在为个人目标而努力的同时，也能考虑到他人的感受与需求，进而尊敬、关怀和成全他人。

爱，作为人类的美德与推动社会和谐的重要前提，成为先秦诸子思考的重要概念。不同的学派，关于爱的表述各不相同，墨子提倡无差别的爱人如己的“兼爱”，老子主张“不仁”和“慈”。儒家仁爱思想的独特性在于它是有差等的爱，由近及远、推己及人的爱。关爱他人的生发处在于对父母兄长的“孝悌”，“孝”是尊重父母，“悌”是敬重兄长。子曰：“弟子入则孝，出则弟，谨而信，泛爱众而亲仁。行有余力，则以学文。”（《论语·学而》）在儒家看来，亲情是培养“仁”的土壤，一个连父母的养育之恩也不回报的人不可能做到“仁”，不可能“泛爱众”。孔子弟子有若以为：“孝悌也者，其为仁之本与。”孝悌是仁德的根本，为“百善之先”。孟子曰：“仁之实，事亲是也。义之实，从兄是也。智之实，知斯二者弗去是也。礼之实，节文斯二者是也。乐之实，乐斯二者是也。”（《孟子·离娄上》）因此，孝悌受到历代儒者与统治者的尊崇，并成为中国宗族社会和传统文化的思想基石，梁漱溟以为“孝悌的提倡”和“礼乐的实施”合起来便是孔子的宗教，“孝悌实在是孔教唯一重要的提倡”。

父母的培育与兄弟的朝夕相处，使得出于血缘亲情的孝悌观念容易培养，然而，由此出发如何去关爱陌生人，如何去关爱更广大的人群？《论语》中问仁者甚众，孔子针对弟子的性情与具体的情境做出了不同的回答。樊迟问仁，孔子答以获取的原则：“仁者先难而后获，可谓仁矣。”（《论语·雍也》）颜渊问仁，孔子强调礼的重要性：“克己复礼曰仁。”（《论语·颜渊》）面对多言而急躁的司马牛，孔子告之以慎言：“仁者，其言也讱”“为之难，言之得无讱乎？”（《论语·颜渊》）

在一次回答子贡提出的问题时，孔子谈到了行仁的方法问题。《雍也》篇记载：

"子贡曰：'如有博施于民而能济众，何如？可谓仁乎？'子曰：'何事于仁！必也圣乎？尧舜其犹病诸！夫仁者，己欲立而立人，己欲达而达人。能近取譬，可谓仁之方也已。'"这段话有两点值得注意。其一，行仁的方法是"能近取譬"，也就是由近处的事实推而广之。推己及人之举，正面言之为忠，即"己欲立而立人，己欲达而达人"；反面言之为恕，即"己所不欲，勿施于人"。冯友兰《中国哲学史》以为："实行忠恕即实行仁。"其二，"博施于民，而能济众"已经不仅仅是仁德，而是圣人境界，即便是尧舜于此仍有不足。子贡才干杰出，志在高远，故孔子告之以切实之道。

《论语》中的仁，或者作为与智、勇等德行相类的具体德行，或者作为包含众德的至高境界，即冯友兰所说的"全德"。作为具体德行，孔子戒除高远之博施济众，强调推己及人与自觉地践行，他以为仁道去人不远，"我欲仁，斯仁至矣"（《论语·述而》）。作为至高境界的"全德"，仁之境界峻伟摩天，难以企及。孔子说，"能行五者于天下者为仁矣"（《论语·阳货》），"五者"指"恭、宽、信、敏、惠"；"仁者必有勇"（《论语·宪问》）；"克己复礼为仁"（《论语·颜渊》）。这种仁德，自然非常人所可及，孔子称其多数弟子只能"日月至焉而已矣"。关于行仁之难易，钱穆以为："仁心仁道皆不远人，故我欲仁，斯仁至。唯求在己成德，在世成道，则难。故孔子极言仁之易求，又极言仁之难达。"一方面，孔子将简捷可行之忠恕作为"仁之方"，勉励世人积极行仁；另一方面，孔子以仁为"全德"，鞭策世人修德行道，终身不怠。

在"仁"的基础上，孔子对礼的阐释便有了鲜活的灵魂，有了"礼之本"。"礼"是用以严格区分亲疏、长幼、贵贱、尊卑、上下、男女的宗法制度，贵族等级制度，财产分配原则和伦理道德规范。孔子论治国之道，认为"为国以礼"；论处事之道，认为"齐之以礼"；论修身之道，认为"博学以文，约之以礼"，"不知礼，无以立"；论人生愉悦认为"兴于诗，立于礼，成于乐"。值得注意的是，孔子指出不仅要以礼约束自身，而且要理解礼乐的根本在于仁义（质）。礼犹"文"，徒有其表则为"史"："质胜文则野，文胜质则史，文质彬彬，然后君子"（《论语·雍也》）。

文质彬彬，作为君子人格的体现，具有丰富的内涵。《论语·宪问》记载，子路问"成人"（完人），孔子答道："若臧武仲之知，公绰之不欲，卞庄子之勇，冉求之艺，文之以礼乐，亦可以为成人矣。"钱穆以为，"智、廉、勇、艺四者言其材质"，"即就其中之一长而加以礼乐之文饰"，庶几可称"成人"。此种文质并重，成就完备人格的思想在《论语》中有着充分的体现："君子不器"（《论语·为政》），"子以四教：文、行、忠、信"（《论语·述而》），"行己有耻，使于四方，不辱君命"（《论语·子路》）。

仁、义、知、勇、忠、信诸德，均由现实中抽象而出，概念性的理解可逐渐得以深化，现实中的践行则显得更为具体、复杂。身处非常之情境，关于儒家思想的践行不能僵化与固执。随着社会的变迁与时代的改易，儒家思想亦当在坚持核心精神的同时，因时因势而演进。此种权变与损益是孔子思想的重要内容，而其改易的原则便是作为至德的“中庸”“时中”。“中”即恰到好处的所在，无过无不及；庸指平常。杨伯峻《论语译注》以为：“孔子拈出这两个字，就表示他的最高道德标准，其实就是折中的和平常的东西。”因为平常，所以世人皆可行之，时时处处皆可由之；因为是“最高道德标准”，所以难以尽其妙处，应当不懈求之，于历史、人生、社会等方面反复思考与体悟。张立文说：“孔子结合‘时’与‘中’，使传统‘尚中’思想由静态单一的结构（‘无过无不及’），发展成为一动态变易的系统（‘无可无不可’）……并由此直契天人秩序之美，并因此而把‘中庸’上升为一种对天人和谐之美的体认与追求。”学习儒家思想的人，应当以中庸、中和为思维方法与向往之境，笃行仁义，持信循礼，如此则能推动社会的进步与和谐。

（二）孟子

孟子（约公元前372—前289），名轲，战国邹人。战国时期，比春秋时期更为动荡混乱，民不聊生，礼义尽毁，世人多为富贵与私利而奔走。面对群雄逐鹿，率兽食人的现实，孟子倡导王道仁政，反对霸道，并以“仁义”游说齐、梁、鲁、邹、滕等国。然而，诸侯国君心思各异，强国志在富国强兵，并吞天下，弱国备受侵凌，欲求自保而不得，由此，阴谋诈术，强取豪夺，无所不用其极，孟子的仁政理想付诸一梦。然而，孟子颇居思辨色彩的性善学说与性命思想，深得人心的民本思想和仁政主张，使他得到后世的尊崇，被尊为“亚圣”，在儒学史上影响卓著。

孟子主张“性善”论，认为人生来即有向善之心。他认为“人皆有不忍人之心”，“今人乍见孺子将入于井，皆有怵惕恻隐之心”（《孟子·公孙丑上》）。恻隐之心为“仁之端”，此外“羞恶之心，义之端也；辞让之心，礼之端也；是非之心，智之端也”。此即所谓“四端”之说，“四端”为人所固有，“人之有四端也，犹其有四体也”。只要将“四端”发扬光大，人之德性将充实而有光辉，“凡有四端于我者，知皆扩而充之矣，若火之始然，泉之始达。苟能充之，足以保四海；苟不充之，不足以事父母”（《孟子·公孙丑上》）。孟子以火苗、清泉为喻，说明扩充四端的重要性：努力扩充，足以平定天下，反之，不能孝养父母。

以性善论为基础，孟子将孔子的“德治”思想发展为“仁政”学说。政治关系方面，发展了古代的“民本”思想，提出“民为贵，社稷次之，君为轻”的观点，劝诸侯“以德王天下”，着眼于争取民心，“保民而王”。他反对霸道，主张王道，认为诸侯之宝有三，“土地、人民、政事”（《孟子·梁惠王上》）。经济关系方面，主张“制民之产”，使百姓能够生活下去，以保持小生产的相对稳定性。

孟子主张仁政，对现实中的战争和横征暴敛异常愤怒。《孟子·离娄上》如此描述战争的残酷：“争地以战，杀人盈野；争城以战，杀人盈城。”他主张以道德服人之心，对于武力扩张深恶痛绝，于是提出：“此所谓率土地而食人肉，罪不容于死。故善战者服上刑，连诸侯者次之，辟草莱、任土地者次之。”善战者、好战者在当时受器重，孟子却主张他们应当接受最重的刑罚，联结诸侯和驱使百姓开荒种植的人都应该受到惩处。这种主张显然不会被当世接受，但却表达了孟子鲜明的反战立场，表达了他对和平与王道的期盼。

出于对混乱时局的痛恨，孟子明确提出，当身处国君昏庸残暴，荼毒生灵之世，世人可奋起反抗。贵戚之卿，“君有大过则谏；反覆之而不听，则易位”；异姓之卿，“君有过则谏；反覆之而不听，则去”（《孟子·万章下》）。他认为君臣关系是相互的，臣子无需愚忠，“君之视臣如手足，则臣视君如腹心；君之视臣如犬马，则臣视君如国人；君之视臣如土芥，则臣视君如寇雠”（《孟子·离娄下》）。

《孟子·梁惠王上》提出了较完整的政治思想，表达了孟子对理想社会的向往：

无恒产而有恒心者，惟士为能。若民，则无恒产，因无恒心。苟无恒心，放辟邪侈，无不为已。及陷于罪，然后从而刑之，是罔民也。焉有仁人在位，罔民而可为也？是故明君制民之产，必使仰足以事父母，俯足以畜妻子，乐岁终身饱，凶年免于死亡。然后驱而之善，故民之从之也轻。

今也制民之产，仰不足以事父母，俯不足以畜妻子；乐岁终身苦，凶年不免于死亡。此惟救死而恐不赡，奚暇治礼义哉？

王欲行之，则盍反其本矣。五亩之宅，树之以桑，五十者可以衣帛矣。鸡豚狗彘之畜，无失其时，七十者可以食肉矣。百亩之田，勿夺其时，八口之家可以无饥矣。谨庠序之教，申之以孝悌之义，颁白者不负戴于道路矣。老者衣帛食肉，黎民不饥不寒；然而不王者，未之有也！

从这些论述看，孟子所阐述的社会理想与孔子的富之、教之的思想具有本质的一致性。孟子认为，要实现社会理想，统治者首先必须“制民之产”、保障老百姓的“恒产”不受侵害，让他们上足以事父母，下足以畜妻子，这样，培养百姓的“恒心”就有了可靠的基础，进而再办好学校教育，大力传播、弘扬孝悌之义，“老者衣帛食肉，黎民不饥不寒”的社会理想才可以得以实现。

孟子还通过知心、知性、知天的认识路线，构建“天人合一”的思维模式，把人的主观能动性提高到道德境界，主张积极有为的人生过程。《孟子·尽心上》开篇云：“尽其心者，知其性也。知其性，则知天矣。存其心，养其性，所以事天也。殀寿不贰，修身以俟之，所以立命也。”在孟子看来，心、性、天具有内在的联系，它们的统一在认识层面要从尽心、知性开始，进而才能知天；在实践层面要从存心、养性开始，进而才能事天。需要指出的是，孟子这里所说的心，即前面所讲的四心：恻隐之心、羞恶之心、辞让之心、是非之心，而所谓的性，就是“善”。孟子是“性善”论者，仁、义、礼、智就是“性善”的具体表现。在孟子看来，天具有仁、义、礼、智的道德属性，人的仁、义、礼、智之善性就是由天赋予的。因此，一个人能尽心知性就能知天，存心养性就可事天，从而进入天人合一的境界。

★ 史海拾贝

百善孝为先

孝一开始并不是指孝顺父母。在我国第一部诗歌总集《诗经》中有“率见昭考，以孝以享”之语，充分说明了孝的原始意义：孝是人们为乞求平安而进行的一种尊祖敬宗的祭祀活动。

殷商、西周是传统文化的开端和创造时期，也是孝观念的初步形成和确立时期。殷人把祖先视为喜怒无常、令人惧怕的鬼神，他们对祖先的祭祀更多的是一种宗教意义上的祈求，并没有更多的伦理内涵。到了西周，人们依然对祖先进行虔诚而隆重的祭祀，不过与殷人不同的是，周人对祖先的祭祀既是一种宗教行为和政治行为，又包含了浓厚的敬仰、追念等血缘亲情，还增添了奉养父母的新意义，成为一种伦理行为。

春秋战国时期，孔子丰富和发展了孝文化的内涵，“孝”的地位在整个传统思想理论中上升到了核心位置，“孝”从此成为协调亲子关系的伦理规范以及古代社会宗法道德的基础。孟子提出了“老吾老以及人之老，幼吾幼以及人之幼”的观点，并进一步强调“事亲，事之本也”，认为尊亲、事亲是人生最大的事情。孔孟对“孝”的论述，已经涉及后世孝道的方方面面，从而确立了传统孝道的基本面貌。

汉代是中国封建帝制社会政治、经济、文化全面定型的时期，也是孝道发展历程中极为重要的一个阶段，它建立了以“孝”为核心的社会统治秩序，把“孝”作为治国安民的主要精神基础。随着儒家思想体系独尊地位的确立，孝道对于维护君主权威、稳定社会等级秩序的价值更加凸显，“以孝治天下”的孝治思想也逐渐走向理论化、系统化。孝道由家庭伦理扩展到社会伦理、政治伦理，孝与忠相辅相成，成为社会思想道德体系的核心，“以孝治天下”也成为贯彻两千年封建帝制社会的治国纲领。

西汉是中国历史上第一个“以孝治国”的王朝，提倡和推行孝道。除西汉开国皇帝刘邦和东汉开国皇帝刘秀外，汉代皇帝都以“孝”为谥号，称孝惠帝、孝文帝、孝武帝、孝昭帝等，表明了朝廷的政治追求。西汉把《孝经》列为各级各类学校的必修课程，还创立了“举孝廉”的官吏选拔制度，把遵守、践行孝道与求爵取禄联系起来，这成为孝道社会化过程中最强劲的动力。

宋元明清时期，程朱理学成为社会正统思想。理学家认为孝道是与生俱来的、先天的伦理属性，儿子孝顺父母是天经地义、不可违抗的。与此同时，孝道的专一性、绝对性、约束性进一步增强，对父母无条件顺从成为孝道的基本要求，“父母有不慈，儿子不可不孝”成为世人的普遍信念，孝道沦为强化君主独裁、父权专制的工具。

从历史的不断发展中可以看到，传统孝文化在促进国家和谐、人际关系和谐等方面发挥着不可替代的作用。中国历史上有许多孝敬父母的动人事迹，至今仍为人们津津乐道。但是，从封建社会一路走来的孝道带着封建的糟粕，和对待所有传统文化一样，对传统的孝文化，我们应该学会扬弃，取其精华，去其糟粕。

《孝经》以“孝”为中心，集中阐述了儒家的伦理思想。它肯定了“孝”是上天所定的规范，“夫孝，天之经也，地之义也，人之行也”，指出了“孝”是诸德之本，认为“人之行，莫大于孝”，国君可以用孝治理国家，臣民能够用孝立身理家。《孝经》对实行“孝”的要求和方法也作了系统而详细的规定。

（三）荀子

荀子（约前313—前238），名况，字卿，战国末年赵国人。公元前255年，他被楚相春申君任命为兰陵令，春申君死后免官，居兰陵著书授徒，其著作由后人辑为《荀子》32篇。

荀子反对孟子的“性善”论，认为“人之性恶，其善者伪也”（《荀子·性恶》）。然而，荀子对于孟子的争论“不是针锋相对的争论”，因为他很可能“不曾看到后来所流行的《孟子》一书”，所以“对于孟子人性论的内容，可说毫无理解”。徐复观以为，荀子和孟子关于欲望的看法有一致之处。他以“生而有好利焉，顺是，故争夺生而辞让亡焉”（《荀子·性恶》）为据，以为其中强调“顺是”的观点与孟子“物交物，则引之而已矣”之说，“实际没有多大出入”；“孟子主张寡欲，而荀子主张节欲，对欲的态度更是一致”。

关于荀子性恶论的内涵，多有令人困惑之处，历来学者多有探讨，并存在两种相反的论点：或者否定性恶论，或者揭示荀子人性论相反相成的两个维度。

其一，性恶论不仅不能成立，而且使荀子思想失去根基，程颐、朱熹、牟宗三、劳思光都由此而批判荀子思想。

其二，荀子性论实为“性朴”与“性恶”之相合。性朴，出自《荀子·礼论》：“性者，本始材朴也；伪者，文理隆盛也”，认为人性本身无善无恶。唐君毅《中国哲学原论》（原性篇）以为，人性在与礼义之善的对比中，显示出相对之恶这一观点。徐复观以为，荀子思维周密，然而其性恶论“并非出于严密地论证”，荀子一方面和告子一样，主张“性无定向”，一方面从重礼法的角度着意强调人性向恶之趋向。如此，荀子人性论便包含了三个环节，“性者，本始材朴也；恶者，顺性无节也；善者，化性起伪也”。

认识荀子的人性论，应该从性朴、性恶相合的角度来看，这样更为全面和妥当。从这样的人性论出发，荀子提出了“礼法”并重的政治思想。他主张“隆礼重法”，认为礼是法的根据和基础，法是礼的体现和确认。如果只讲礼义，不讲法度，只重教化，不重刑罚，便不能维持社会统治秩序。因而，他的思想不局限于个体的仁义孝悌，而且强调集体的礼法纲常，主张礼法并重。

天命观上，荀子提出“天人相分”“人定胜天”的理论。他认为，自然界有他运行的规律，“不为尧存，不为桀亡”“天不为人之恶寒也辍冬，地不为人之恶辽远也辍广”（《荀子·天论》）。荀子看到天的运行与人间事务的变迁的不一致，提出“制天命而用之”和“人定胜天”的思想，这反映了荀子时代社会生产力与人类力量的发展。

从孔子到孟子再到荀子，体现了先秦儒学的基本脉络。孔子奠定了儒家学说发展的基础，孟子则揭示了实现“天人合一”的途径，强调通过个体的内在修养，培养完美的君子人格，进而达到“天人合一”的境界；而荀子在天人相分的前提下，主张“隆礼重法”。冯友兰《中国哲学简史》称孟子为儒家理想主义流派之代表，荀子为儒家现实主义流派之代表，精辟地揭示了两者的思想特质。儒家至荀子，具有了更强的现实性，其礼法思想既继承了儒家传统的礼治思想，又具有“重法”的特色，荀子也因此是“从儒家到法家的过渡人物”。他的弟子韩非、李斯后来成为法家的代表人物。

二、汉代儒学

汉初，统治者为了恢复生产和安定人心，以杂取儒法阴阳的黄老之学作为政治的主导思想，采取与民休息的政策。经过六十多年的休养生息，汉朝的经济实力逐渐恢复和增强。为了加强中央集权，适应国家统一的发展形势，积极有为的政治思想成为时代的需要。这一时期最值得注意的儒学思想家是董仲舒。

董仲舒（前179—前104），广川（今河北枣强）人，汉代儒家的代表人物。他把诸子百家中道家、法家和阴阳五行家的一些思想糅合到儒家思想中，加以改造，形成了新的儒学体系。董仲舒适应汉武帝加强中央集权的需要，提出“春秋大一统”和“罢黜百家，独尊儒术”的主张。他认为大一统是天地的常理，国家的需要；要维护政治的统一，必须实行思想上的统一。他提出不在儒家六经范围之内的各家学说都应罢黜。

董仲舒宣扬“君权神授”，提出“天人合一”和“天人感应”学说。他在《春秋繁露》中指出：“唯天子受命于天，天下受命于天子。”在他看来，“道之大原出于天，天不变，道亦不变”。从天人感应的思想出发，董仲舒通过神秘化的阴阳五行学说来说明三纲五常“出于天”，并断定“阳尊阴卑”“阳贵阴贱”，并由此推论：“天为君而覆露之，地为臣而持载之；阳为夫而生之，阴为妇而助之；春为父而生之，夏为子而养之，秋为事而棺之，冬为痛而丧之。王道之三纲，可求于天。”（《春秋繁露·基义》）。如此，则阳居主导地位，阴居辅助地位，“君为臣纲、父为子纲、夫为妻纲”即为天意。“三纲”出自《韩非子》，“三纲五常”的连用出现于东汉《白虎通义》，董仲舒则是引法入儒、实现三纲五常理论化的重要人物。

经过董仲舒的改造，儒学形成了神学化的儒学体系，儒学由先秦时期百家争鸣中的一家而居于“独尊”，从富有自由与批判精神的子学而成为受官方推崇的学说。然而，这仅是表面现象，有两点值得注意：其一，汉代儒学的政治品格与先秦儒家大异其趣，体现出“法家化”的色彩。先秦儒学以为道高于君，“民贵君轻”（孟子），主张“从道不从君”（荀子），至汉代被“改造成‘君为国本’的尊君理论”，对后代产生深远影响。尽管历来多有志在行道，为民请命的儒生，然而朝廷所重乃在法家化的儒学。其二，历代朝廷奉行阳儒阴法之治道。朱熹《答陈同甫》说：“尧、舜、三王、周公、孔子所传之道，未尝一日得行于天地之间也。”谭嗣同《仁学》称：“二千年来之政，秦政也，皆大盗也。”可见，主张仁礼结合，“修己以安人”，“恭、宽、信、敏、惠”，“亲亲而仁民，仁民而爱物”的儒学并未在国君施政中得到真正的贯彻。

三、宋明以来的儒学

尽管阳儒阴法，但统治者的大力提倡依然推动了儒学的发展。魏晋南北朝时期，儒学吸收佛教、道教精神，有了新发展。唐朝统治者奉行三教并行政策，即尊道、礼佛、崇儒。佛教和道教的发展，开始挑战儒家的正统地位，韩愈、李翱等人张扬道统，复兴儒学。时至宋朝，复兴儒学之运动蔚然兴起，在抨击佛道的同时，融合佛道思想来解释儒家义理，形成了以理为核心的新儒学体系——程朱理学。与程朱理学同时，陆王心学亦产生广泛影响。在理学昌盛的同时，一股具有反传统倾向的启蒙思潮悄然兴起。

（一）程朱理学

程朱理学大体经历了从周敦颐到程颢、程颐兄弟，最后由朱熹集大成的过程。周敦颐援佛道入儒，其《太极图说》以“无极而太极”开篇，文中强调“圣人定之以中正仁义而主静”，自注“无欲故静”，融合了道家、佛学思想。通过这样的融合，周敦颐“囊括天道与人道，描述了一个宇宙流行、人道确立的过程，建立了一个简明完备的儒家形而上学体系，为后世理学家确立了一个统体大纲”。程氏兄弟提出“天理”观念，认为“天命”“义理”“性”本为一物，并构建了自己的思想体系，为朱熹的集大成奠定基础。理学以伦理观为核心，注重“穷理尽性”，具有强烈的哲理性与思辨性，既注重“内圣”，主张立诚存敬，又关怀社会，注重礼乐教化与世风改易。在此着重分析朱熹的思想。

“理”是程朱理学的道德总原则，朱熹对理进行了充分论证，在他看来，理不仅是宇宙的本原、万物的主宰，也是社会道德规范的源泉。朱熹发展了“理一分殊”（张载）思想，以为理在物先。《朱子语类》卷九十五：“形而上者，无形无影是此理。形而下者，有情有状是此器。”冯友兰对此做了解释：“如尚未有舟车之时，舟车之理或舟车之概念已先在。”一事物之理，即“事物之最高的标准；此所谓理也”。《朱子语类》卷九十四：“事事物物，皆有个极……总天地万物之理，便是太极。”在朱熹思想中，“理”与“道”，“理”与“太极”均属于相同意义范畴。

既然天理是最高哲学范畴，就应当穷尽天理。朱熹以为：“圣人千言万语，只是教人存天理，灭人欲。”穷理灭欲的途径也是格物致知与克己复礼的过程，是修养的工夫。一方面如程颐所说“常常存个敬字在这里”；另一方面要格物致知，“今日格一物，明日格一物”，以至于“众物之表里精粗无不到，而吾心之主体大用，无不明矣”。

希贤希圣之外，朱熹重视儒学教化，关注社会秩序的重建。此外，他以“理欲之辨”解说历史，提出“王霸之辨”的历史观。

（二）陆王心学

南宋时期，理学家陆九渊把“心”作为宇宙万物的本原，提出“心”就是“理”的主张，认为天地万物都在心中。他认为穷理不必向外探求，只需反省内心就可得天理。他的学说被称为“心学”。明朝中期以后，封建专制统治陷入危机。王阳明认为，社会动乱是人心破坏所致，只有通过整治人心，才能挽救统治。王阳明成为心学的集大成者。这一学派也称为“陆王心学”。

王守仁（1472—1529），字伯安，余姚人，因筑室绍兴之阳明洞，世称“阳明先生”。王守仁早年学习朱学，后来怀疑朱学，并提出了以“致良知”和“知行合一”为主要内涵的心学。

“致良知”是王守仁的重要伦理观点之一，是他根据孟子的“良知”和《大学》中“致知”的观点加以综合、发展而创立的学说。《孟子·尽心上》有云：“人之所不学而能者，其良能也；所不虑而知者，其良知也。”《大学》中有“致知在格物”。王守仁对此作了本体方面的发挥，以为吾心之良知，即所谓天理。良知是心之本体，天理的昭明灵觉就是人心之虚明灵觉。他对朱熹反复强调的格物致知进行了一番新的解释，即将“物”解为“事”，将“格”解为“正”。这样，“格物”便是在意念发动处的件件事情中为善去恶，致知格物其实就是穷究吾心之良知。

关于对“理”的探求，王守仁认为“万物皆归于吾心”，并由此说明进行道德修养只要求之于心，于心上下功夫就够了。他提出“心外无物”“心外无理”“心外无学”，“心外无物”一说，与佛家的充满禅意的一段对话颇有异曲同工之妙：“风动邪？幡动邪？”“非风动，非幡动，心动也”，“心学”与佛家渊源之深可见一斑。

知行合一是中国古代哲学中认识论和实践论的命题，主要是道德修养、道德实践方面的。“知行合一”观认为：不仅要认识（“知”），尤其应当实践（“行”），认识事物的道理与实行其事，是密不可分的一回事。只有把“知”和“行”统一起来，才能称得上“善”。明武宗正德三年（1508），王守仁在贵阳文明书院讲学，首次提出“知行合一”说。所谓“知行合一”，不是一般的认识和实践的关系，而是相互渗透、相互支撑的关系：一方面，知中有行，行中有知，“知行原是两个字，说一个工夫”；另一方面，以知为行，知决定行，“知是行的主意，行是知的工夫；知是行之始，行是知之成”（王守仁《传习录》）。王守仁的知行合一观对儒家思想的发展，乃至对整个中国传统思想文化的发展，都具有重大意义。

（三）明清启蒙思潮

明清时期，有识之士感于复古与理学之弊，滋生了反传统倾向，并形成了影响广泛的启蒙思潮。启蒙思潮的主要代表人物为李贽、黄宗羲、顾炎武、王夫之等。

李贽（1527—1602），号卓吾，福建泉州人。他的思想多与正统思想相抵触，被认为是离经叛道的异端。他指出孔子不是天生圣人，儒家经典也不是神圣不可侵犯的理论。他反对以孔子的是非为标准，认为是非标准应依照时代变化而变化。他抨击等级制度，提出“庶人非下，侯王非高”，反对男尊女卑，以为女子亦有见解。他提倡个性解放思想，认为人人都应该发挥和施展自己的个性和才能。在文学方面李贽提出“童心说”，以《西厢记》《水浒传》这样遭到封建正统思想贬斥的作品为“至文”。

黄宗羲、顾炎武、王夫之为明末清初三大思想家，思想进步开明。黄宗羲从明亡的历史中看到了封建专制制度的腐朽，尖锐地揭露君主专制是天下之大害。他提出“天下为主，君为客”的民主思想，主张以“天下之法”取代皇帝的“一家之法”。顾炎武重视对实际情况的了解，形成了经世致用的思想。他主张到实践中求真知，力求解决国计民生的现实问题。他经过实地考察写成了巨著《天下郡国利病书》，记述了山川形势、物产风欲、民生利弊，有很高的实用价值。王夫之更为彻底，主张“公天下”，反对“以天下私一人”。

第二节 道法自然

儒家主张士人以积极有为的心态重建社会秩序，以弘道为己任，张载“为天地立心，为生民立命，为往圣继绝学，为万世开太平”很好地表达了儒家宏大高远的胸怀。与此不同，道家主张“道法自然”，否定儒家的人生理论，倡导古朴、守柔、无为的境地，追求无己、无功、无名的逍遥境界。道家在中国思想史上代有变迁，先秦时期的老庄学说影响深远，战国末期的黄老之学至汉初成为重要的政治思想，以道家为本的魏晋玄学（冯友兰称为“新道家”）体现出浓厚的思辨色彩。唐代以后，就思想体系而言，道家鲜见创新与建树，但其深邃的哲思则成为后代思想家的重要资源与士人人格的重要内涵。

一、《老子》

老子，姓李，名耳，字聃，楚苦县厉乡曲仁里（今河南鹿邑）人，道家学派创始人。《史记·老子韩非列传》记载，孔子“问礼于老子”，归谓弟子曰：“鸟，吾知其能飞；鱼，吾知其能游；兽，吾知其能走。走者可以为罔，游者可以为纶，飞者可以为矰。至于龙，吾不能知，其乘风云而上天。吾今日见老子，其犹龙邪！”《老子韩非列传》一文行文飘逸渺濛，充满神奇色彩，多有猜测不详之语，如“老子乃著书上下篇，言道德之意五千余言而去，莫知其所终”“盖老子百有六十余岁，或言二百余岁，以其修道而养寿也”。

老子之生平事迹如蒙云雾，《老子》之成书也是学术界难以解开的谜团。李零以为，“老子其人，也许比较早，但书是另一码事，绝不可能在儒、墨前”。《老子》现存三个版本：楚简本、帛书本和传世本。帛书本于1972年出土于长沙马王堆汉墓，抄写年代在西汉初年。楚简本于1993年出土于湖北荆门市郭店村楚墓，此墓下葬年代为战国中期偏晚，即公元前4世纪中叶至前3世纪初。传世本的成书年代则众说纷纭，有春秋末期说、战国末期说、战国前中期说等。

《老子》开篇云：“道可道，非常道。名可名，非常名。”“道”高妙玄远，自然无为，是《老子》宇宙观的核心。人与万物都根源于“道”，“道”是人与世界的一种本原关系，它是“天地之始”“万物之母”“众妙之门”。道化生万物，“道生一，一生二，二生三，三生万物”（第42章），“有物混成，先天地生。寂兮寥兮，独立而不改，周行而不殆，可以为天下母。吾不知其名，强字之曰道。强为之名曰大”（第25章）。自然、无为是道的本性，“道法自然”揭示了整个宇宙的特性，以及生生不息的流行规律。

道是无为的，个人也应顺应自然，超迈逍遥，把个体的自然存在和精神自由置于一切外在的附加物之上，走出人生的困境。《老子》主张“返璞归真”，认为人的生命存在要与自然沟通，节制和超越物质欲望，自始至终保持自己的自然天性。《老子》提出“致虚极，守静笃”的修道方式，以为得道之人如同“赤子”“婴儿”，处于纯真、朴实的状态：“众人熙熙，如享太牢、如春登台。我独泊兮其未兆，沌沌兮如婴儿之未孩，傫傫兮若无所归。”（《老子》第20章）“知其雄，守其雌，为天下溪。为天下溪，常德不离，复归于婴儿。”（《老子》第28章）。

无为并非不作为，而是以“无为”自然求得“无不为”，即“无为而无不为”。“无为”即顺其自然，不任意妄为，这样就能收到很好效果，所谓“为无为则无不治”“无为而无不为”。《老子》主张“为而不争”“利万物而不争”“生而不有，为而不恃，功成而弗居”，这种“不争”也就是以“无为”的态度来“利万物”、求“功成”，同时做到不争功。就治国而言，《老子》也主张无为而治，以为“治大国若烹小鲜”，治国者的最高境界为“下知有之”。在第80章，《老子》表达了对理想社会的向往：

小国寡民。使有什伯之器而不用，使民重死而不远徙。虽有舟舆，无所乘之；虽有甲兵，无所陈之。使民复结绳而用之。甘其食，美其服，安其居，乐其俗。邻国相望，鸡犬之声相闻，民至老死不相往来。

这就是《老子》描绘的理想社会：国家不大，人口要少。物质丰富，生活安定，社会稳定，民风古朴。人们吃的食物香甜，穿的衣服漂亮，住的地方安适，生活快快乐乐。邻国之间虽然可以彼此相望，鸡鸣狗叫都能听得到，但人民却活到老死也互不来往，一切都能自给自足，也没有任何危险和恐惧。这种单纯、质朴的生活，其实是《老子》对理想化生活的描绘。

二、《庄子》

庄子（公元前360？—前280？），名周，蒙（今河南商丘东北，一说在今安徽蒙城）人。现存《庄子》33篇，其中内篇7篇为庄子自作，外篇15篇和杂篇11篇，或以为庄子后学之作。相较于老子而言，庄子更强调人的精神超越，以达到与天地精神合而为一的境界，实现个体的逍遥。庄子思想主要表现在以下几个方面：

一是哲学观方面，庄子视“道”为本体，为宇宙万物的总规律，“道者，万物之所由也，庶物失之者死，得之者生；为事逆之则败，顺之则成”（《庄子·渔父》）。道虚静恬淡，自然无为，世人当追求无为之境，合乎大道。

二是社会观方面，庄子主张治国以道。君主应当效法天道，“无为而尊”，《庄子·天地》：“何谓道？有天道，有人道。无为而尊者，天道也；有为而累者，人道也。主者，天道也；臣者，人道也。天道之与人道也，相去远矣，不可不察也。”庄子反对治天下，主张“在宥天下”：

闻在宥天下，不闻治天下也。在之也者，恐天下之淫其性也；宥之也者，恐天下之迁其德也。天下不淫其性，不迁其德，有治天下者哉！昔尧之治天下也，使天下欣欣焉人乐其性，是不恬也；桀之治天下也，使天下瘁瘁焉人苦其性，是不愉也。夫不恬不愉，非德也。非德也而可长久者，天下无之。（《庄子·在宥》）

“在宥”，陈鼓应在《庄子今注今译》中将其解为“自在宽容”，意为不干涉民生，与民休息，让万物各得其所。台湾学者李勉说：“观全文，‘在宥’二字应是‘任宥’二字之误。‘任’‘在’形似，故以互混。‘任，者，放任之也。放任者，不予拘范，任其自在也。‘宥’者，宽宥之也。宽宥者，不予拘囿，亦任其自在之谓也。”陈鼓应以为“李说可存”。

三是作为个人，庄子强调精神超越，以达到“与天地精神相往来”之境。一方面，克制外在于自身的各种欲望，摆脱物质享受、名誉地位、知识能力等的束缚，主张“藏金于山，藏珠于海；不利财货，不近富贵；不乐寿，不哀夭……万物一府，死生同状”。追求“安时而处顺，哀乐不能入”，达到解脱之境。另一方面，修炼内功，做到心斋、坐忘，达于“至人无己，神人无功，圣人无名”的逍遥之境。《庄子·人间世》：“无听之以耳而听之以心，无听之以心而听之以气。耳止于听，心止于符。气也者，虚而待物者也。唯道集虚。虚者，心斋也。”“听之以耳”，易被言语、声音迷惑；“听之以心”，易被主观之“我”迷惑，因为“心”包含了好恶、是非、利害、成见、“集体无意识”等个人不易察觉的主观情智。“听之以气”，指“虚而待物”，摒弃偏执，以虚静空明的心境体悟达道，“让外物纯客观地进来，纯客观地出去，而不加一点主观上地心知的判断”。心斋即突破用感官、用心智来理解外部世界的局限，进入虚静空明的心境，并以之容纳一切。心斋是近乎悟道的认识方法，坐忘则是近乎适道的实践途径。“坐忘”即“坐而自忘其身”，“堕肢体，黜聪明，离形去知，同于大道”（《庄子·大宗师》）。“离形”即“堕肢体”，消解形体和与之相伴的欲望，“去知”即“黜聪明”，摒弃个人的成见和情智。当人忘掉一切事物，包括自身形体的存在，就能与大道融为一体。在庄子看来，心斋、坐忘是一个人进入最高境界的根本途径，舍此无他。

三、《淮南子》

《老子》《庄子》之外，以道家思想为主的著作还有《列子》《黄老帛书》《淮南子》等。在此着重介绍《淮南子》一书。

《淮南子》又名《淮南鸿烈》，是西汉时期淮南王刘安召集门客撰著之书。《汉书·艺文志》列《淮南内篇》《淮南外篇》于杂家，冯友兰《原杂家》也以《淮南内篇》为杂家，他说：“杂家的代表作品，今有《吕氏春秋》与《淮南内篇》。《淮南内篇》之于道家，其关系较《吕氏春秋》为深。”胡适以为，“淮南之书是一个大混合折中的思想集团。这就是司马谈《论六家要旨》说的‘道家’”。司马谈所说的“道家”当为黄老之学。金元浦称，“《淮南子》杂采儒家、法家、墨家、阴阳家、五行家的学说，但其基本倾向是道家，是黄老之学的集大成之作，代表了汉代道学的最高成就”。可见，《淮南子》融合众家思想，而以道家思想为基本倾向。

《淮南子》一书内容繁复，涉及哲学、政治、经济、军事、天文、地理、农学、生物、音律、神话等方面，可以说是我国古代一部百科全书式的著作。全书以“太上之道”为宗旨，统合百家之说，将各篇的内容熔铸成一个有机的整体。其主要思想如下：

一是《淮南子》对老庄“道”范畴作了做一步阐发，认为“道”具有时空的无限性。“道”是万物生成和变化的总规律：

夫道者，覆天载地，廓四方，柝八极，高不可际，深不可测，包裹天地，禀授无形。原流泉浡，冲而徐盈；混混滑滑，浊而徐清。故植之而塞于天地，横之而弥于四海，施之无穷而无所朝夕。舒之幎于六合，卷之不盈于一握。约而能张，幽而能明，弱而能强，柔而能刚。横四维而含阴阳，紘宇宙而章三光。甚淖而滒，甚纤而微。山以之高，渊以之深，兽以之走，鸟以之飞，日月以之明，星历以之行，麟以之游，凤以之翔。（《淮南子·原道训》）

和老庄一样，《淮南子》也主张无为，以为“无为者道之宗”（《淮南子·主术训》）。但《淮南子》的无为，有了新的意义，和老庄不尽相同。《淮南子·修务训》：“或曰：‘无为者，寂然无声，漠然不动，引之不来，推之不往。如此者，乃得道之像。’吾以为不然。”又说：

若吾所谓无为者，私志不得入公道，嗜欲不得枉正术，循理而举事，因资而立（功），权自然之势，而曲故不得容者，事成而身弗伐，功立而名弗有，非谓其感而不应，攻而不动者。若夫以火熯井，以淮灌山，此用己而背自然，故谓之有为。若夫水之用舟，沙之用鸠，泥之用輴，山之用蔂，夏渎而冬陂，因高为田，因下为池，此非吾所谓为之。（《淮南子·修务训》）

可见，《淮南子》所主张的无为是顺自然而无私欲。

二是深入论述人生问题，以为处世应遵循道的准则，纵志舒节，与时俯仰。

针对当时社会人们拘于功名富贵、荣辱得失的现状，作者认为真正伟大的人应胸怀凌云之志，以“道”作为终极关怀的对象。作者最羡慕的是“性合于道”的真人，认为真人能还本返朴，与道合体，是大道最完满的体现者。

“性合于道”，则可参透生死，达观玄览。作者认为生命与死亡、成功与毁坏，都是物质存在的不同形式，对死亡心怀恐惧不是达人所持。作者主张对死生不应过于介怀，尤其不能将爱憎喜怒加于其间，应懂得生与死都是天地造化的自然流变，是气化的不同环节。

三是探索治国之道，追求“至德之世”。作者以为终极之道既可用于治身，又可推及于治国，治国之道与治身之道是贯通的。作者描述了古代的“至德之世”，于其中寄托了对理想社会的向往：

古者至德之世，贾便其肆，农乐其业，大夫安其职，而处士修其道。当此之时，风雨不毁折，草木不夭，九鼎重味，珠玉润泽，洛出丹书，河出绿图。故许由、方回、善卷披衣得达其道。何则？世之主有欲天下之心，是以人得自乐其间。（《淮南子·俶真训》）

显然，《淮南子》中的理想社会是一个自然而然、人与自然相和谐的社会。

四是发展老庄的养生理论，主张养气与养神相结合。《淮南子》把人看成是形、神、气的统一体，“形”指形体五脏，“气”指看不见、摸不着但能感觉到的存在。“神”指精神，其中最重要的是养神。《淮南子·泰族训》：“治身，太上养神，其次养形；治国，太上养化，其次正法。神清志平，百节皆宁，养性之本也；肥肌肤，充肠腹，供嗜欲，养生之末也。”因此，理想的个人尚无为而崇自然形神合一；理想的国家大化流行，世人各得其所。

第三节　佛禅智慧

佛教与基督教、伊斯兰教并称为世界三大宗教，起源于古印度，时间约在公元前11世纪到前5世纪，相当于我国西周、春秋时期。佛教的创立者为古印度北部迦毗罗卫国（今尼泊尔南部提罗拉科特附近）净饭王的太子乔答摩·悉达多，世人尊称为释迦牟尼，释迦是种族名，牟尼是尊称，合起来意思为“释迦族的圣人”。传统说法以为，东汉明帝（58—75）时，佛教传入中国。其实，古人于此前已经接触到佛教。佛教传入中国以后，对中国的政治、思想、艺术、民俗等产生了深刻影响。

学习和了解有关古代文化中的宗教知识，也要充分认识到，宗教是一种社会意识形态，是对人们现实生活的虚幻反映，说到底，是一种唯心主义世界观。宗教的“神灵论”不利于大学生形成科学的世界观，宗教的“价值观”不利于大学生坚定马克思主义的理想信念，宗教的“宿命论”不利于大学生形成积极的人生观。大学阶段，正是大学生世界观、人生观和价值观形成和巩固的重要时期。习近平总书记同青年大学生座谈时强调：“要树立正确的世界观、人生观、价值观，掌握了这把总钥匙，再来看看社会万象、人生历程，一切是非、正误、主次，一切真假、善恶、美丑，自然就洞若观火、清澈明了，自然就能做出正确判断、做出正确选择。”

当代大学生，作为中国特色社会主义事业的建设者和接班人，要坚持用马克思主义立场、观点、方法认识和对待宗教，深刻认识宗教的本质特征和发展规律，以科学的、历史的观点看待宗教。

一、佛家思想的基本观点

佛教在两千多年的发展中，形成了庞杂严密的思想系统，包括教主、教义、教团组织、清规戒律、仪轨制度等内容。就根本宗旨而言，佛教学说论证的是人们如何从痛苦中解脱出来的问题。佛教常称其佛法有八万四千法门，其主要思想则为四圣谛说和三法印说。

四圣谛，也称四真谛，简称四谛。“谛”是梵文的意译，具有“实在”或“真理”的意思。“四谛”即佛教的四个最基本的真理，包括苦谛、集谛、灭谛、道谛四者。苦谛是佛教对现实世界的根本看法，认为生命所包含的其实是无尽的烦恼、不安、困惑、痛苦。集谛是指造成世间人生及其苦痛的根本原因。灭谛的“灭”，是指人生苦难的灭寂、解脱。灭谛是指断灭世俗诸苦得以产生的一切原因，是佛教一切修行所要达到的最高目的。道谛是指灭除痛苦、赢得涅槃的途径和方法。四圣谛说阐释的就是人生本苦、痛苦产生的原因、超脱痛苦须达到的境界、达到这一境界的方法。所有佛教学说和理论无非是在探讨解脱痛苦、进入涅槃境界的方法，因此，四圣谛说便成为贯穿佛教发展始终的最基本的教义。

三法印的“法”即佛法，“印”即印证、标志。“法印”即指佛法之印证，佛法之标志。“三法印”是指认定佛教教理的三项基本标准，可用以识别经典的真伪，有如印鉴一样，这三项基本标准是“诸行无常”“诸法无我”“涅槃寂静”。“诸行无常”就是世间一切事物和现象都是变化无常的，世界上没有永恒不变的事物和现象。“诸法无我”就是说世间一切存在的事物都没有独立的不变的实体或主宰者，一切事物都没有起着主宰作用的“我”或灵魂，即佛教常说“一切皆空”。“涅槃”，一般指断灭“生死”轮回而后获得的一种精神境界，是佛教全部修习所要达到的最高境界。“寂静”是指涅槃的状态。所谓“涅槃寂静”，就是要远离烦恼，断绝患累，超脱生死轮回，进入涅槃境界。“三法印”的根本内涵是揭示一切事物和现象的绝对的真实，即空性。

二、佛教在中国的传播与发展

在中国，佛教于南北朝、隋唐时期就已发展昌盛，并与中国本土文化相融合，形成了中国化的佛教。隋唐时期出现了天台宗、三论宗、唯识宗、华严宗、禅宗、净土宗、律宗、密宗等众多宗派。宋代以后，禅宗对理学家和文人的影响巨大。明清时期，净土宗、禅宗以外的其他宗派日渐衰落。

（一）佛教的传入

《世说新语·文学》载：“殷中军见佛经云：‘理亦应阿堵上’”刘孝标注云：

佛经之行中国尚矣，莫详其始。《牟子》曰：“汉明帝夜梦神人，身有日光。明日，博问群臣通人。傅毅对曰：‘臣闻天竺有道者号曰佛，轻举能飞，身有日光，殆将其神也。’于是遣羽林将军秦景、博士弟子王遵等十二人之大月氏国。写取佛经四十二部，在兰台石室。”刘子政《列仙传》曰：“历观百家之中，以相检验，得仙者百四十六人，其七十四人已在佛经，故撰得七十。可以多闻博识者遐观焉。”如此，即汉成、哀之间，已有经矣……盖明帝遣使广求异闻，非是时无经也。

可见，世人以为佛经于汉初即已传入中国。至西汉末成、哀之间，刘向已经见到过佛经。但官方正式引进佛教，则是东汉明帝时的事情。公元67年，汉明帝派出的使者带领迦叶摩腾和竺法兰回到洛阳。明帝为两位印度僧人建造了中国第一座佛寺，称白马寺。这两位僧人曾翻译了一部分佛经，相传《四十二章经》即二人共译。赖永海《中国佛教通史》以为：“尽管现有史籍有关《四十二章经》翻译的记载不是很完备，因此有些叙述显得不大可信，但这些疑点并不能必然推出此经并非东汉翻译或者干脆认为是中土撰述的结论，本著依然将此经当作永平求法之后不久翻译出的佛教经典。”

此外，佛教传入的途径尚有：通过西域和我国西南川滇等边远地区陆路传入，通过广东—江苏—山东一线海路传入。

（二）魏晋六朝时期

起初，佛教依附于玄学而扩大影响，到魏晋六朝时期得到迅速发展，并在与中国本土文化杂糅的过程中逐渐表现出汉化佛教的特点。以梁武帝、陈武帝为代表的最高统治者多有崇信佛教者，他们不仅兴建寺庙、翻译佛经，有的亲自讲法。寺庙林立，杜牧诗云“南朝四百八十寺，多少楼台烟雨中”，当时实际数量远过于此。石窟也得到大量开采，著名的有敦煌莫高窟、山西大同云冈石窟、河南洛阳龙门石窟、甘肃天水麦积山石窟，并称“中国四大石窟”。与此同时，佛教由原先的以统治者和高级知识分子层中的译经讲经为主，演变为民间的普及性宗教信仰。汉化佛教所特有的菩萨信仰和对阿弥陀佛的信仰日益扩大。

（三）隋唐时期

隋唐时期，中国佛教走向兴盛，并出现了众多宗派。唐初，玄奘西行求法 17 年，文成公主入藏带去佛教，堪称中国文化史上的大事。宗派方面，隋朝出现天台宗、三论宗（法性宗），唐代形成慈恩宗（法相宗）、华严宗、律宗、密宗、净土宗、禅宗，这些宗派并称为“中国佛教八大宗派”，其中，慈恩宗的创立者为玄奘，又称唯识宗、法相宗。净土宗起始于东晋竺法旷、慧远等人，主张极简易的修行方式，认为只要随时念诵阿弥陀佛，死后便可前往西方极乐净土。禅宗初祖为达摩，传至五祖弘忍影响渐大。弘忍以下，禅宗分为北宗神秀、南宗慧能两支，北宗提倡渐悟，南宗提倡顿悟，讲究机锋。佛教开始成为汉文化的有机组成部分。

“安史之乱”以后，社会凋敝，出家为僧和入寺为仆称为人们躲避徭役的方法，佛教影响了社会的发展。唐武宗会昌二年到五年（842—845），爆发了严重的“灭佛”运动。此次“法难”，共拆毁大小寺庙近 5 万所，勒令僧尼还俗者达 26 万余人。此次“法难”与此前北朝时的北魏太武帝灭佛、北周武帝灭佛及此后的后周世宗灭佛，合称为“三武一宗”法难。

（四）宋辽金元时期

宋代以后，没有再发生“三武一宗”那样的法难，但佛教也不如南北朝、隋唐时期那般兴盛。这一时期佛教对儒学的发展产生了重要影响，理学家借鉴佛家注重理论和思辨的思维方式，从而使之在宋明理学的形成中发挥推动作用。周敦颐、程颢、程颐、朱熹等人的思想无不受到佛教的影响，但他们也同时批判佛教，被人批评为“坐在禅床上骂禅”。净土宗简易的修行方式被许多宗派共同接受，成为汉化佛教的重要特色。

辽金元时期，由于统治者的尊奉，佛教得到了进一步的发展。元代统治者奉藏僧为帝师，藏传佛教得到较大发展。

（五）明清时期

明代建立后，改变了元朝尊奉藏传佛教的做法，恢复汉化佛教的正统地位。佛教诸宗派及其与儒道思想的融合更为深入，“非独天台与禅，或华严与禅，或念佛教与禅，在佛教之内，互相融合；即佛教与儒教，亦有融合之倾向；故佛儒道三教融合论，迄明末而益著”。明清时期，宗派以净土宗、禅宗为主，其他宗派并不发达。

三、禅宗简介

佛教传入中国以来，和中国固有的传统思想，主要是儒家、道家和玄学思想，以及原有的迷信观念等相接触、撞击、斗争、融合，导致自身的不断改造，不断发展，从而又形成了许多独具特质的新思想，表现出一些新的特性。这些新特征在中国化佛教——禅宗中表现得尤为突出。“禅”是梵语“禅那”的简称，意译为“静虑”，它是印度各教派普遍采用的修习方式，但印度佛教只有禅而没有禅宗。所谓禅宗，特指奉菩提达摩为始祖的中国佛教宗派，因其主张用禅定概括佛教的全部修习而得名。禅宗是印度佛教中国化的最显著标志，是典型的中国佛教，故又被称为“中国禅”。

（一）南能北秀

禅宗为自己追溯过漫长的形成过程，称“以心传心，直指心性”的修行方法源于释迦牟尼的“灵山”一会。《五灯会元》记载：世尊于灵山会上，拈花示众。是时众皆默然，唯迦叶尊者破颜微笑。世尊曰：“吾有正法眼藏，涅槃妙心，实相无相，微妙法门，不立文字，教外别传，付嘱摩诃迦叶。”相传，摩诃迦叶为西方禅宗初祖，一直传到28祖菩提达摩。南朝时期，达摩来到中国，成为中国禅宗初祖。

达摩以下，慧可、僧傑、道信、弘忍，代传衣钵。弘忍法师为禅宗五祖，生活于唐代初年。为了选择继承人，弘忍令弟子作偈，以观觉行。神秀作偈云：“身是菩提树，心为明镜台。时时勤拂拭，勿使惹尘埃。”弘忍以为“神秀入门未得，不见自性”。慧能作偈云：“菩提本无树，明镜亦非台。本来无一物，何处惹尘埃。”二偈相比，神秀主张渐悟，慧能主张顿悟。此后，慧能南下，创立南宗，在北方之神秀一系称北宗。

禅宗派别众多，如牛头宗、北宗、南宗、洪州宗等，但“禅宗之派别最著者，恐生于南顿北渐之相违”。北宗禅强调扫除妄念，其学说见于神秀《观心论》等著作；南宗禅强调顿悟本性，其学说见于慧能《坛经》等著作。南北两宗，在心性论和修行方法等方面，均存在明显差异。应当注意的是，两宗的“根本立场还是一致的”，“二者皆以净心、真如心作为自心的心体和佛性，都主张觉悟成佛即是觉察心源，识自本心，见自本性”。禅宗在其发展过程中，体现出了随缘任性、融入世俗等特色，对中国的思想文化、文学艺术、社会生活等均产生重大影响。

（二）南宗禅思想简介

随着宗派的发展，神秀一系的影响主要在北方，而南宗禅则广被海内，并成为禅门的主流。南宗禅后来又分为临济宗、曹洞宗、沩仰宗、云门宗、法眼宗五家，光大顿悟法门。总的来说，南宗禅主张众生皆有佛性，强调“顿悟”，实现了佛教的心性化。

其一，众生皆有佛性。慧能在《坛经》中曾说：“如是一切法，尽在自性。自性常清净。日月常明，只为云盖覆。”（敦煌本《坛经》）这是说，佛性是存在于人的本性之中的，人的本性本来清净，具有先天的智慧，只是因为一向被妄念的浮云所盖覆，所以未能自悟。所谓妄念，指虚妄的心念，也就是指俗世中人不知佛法的真义，而对现实世界产生的错误思考。所以，学佛修行的要义，就在于除却妄念，拨开云雾，自识本性，即可见性成佛。因此，禅宗认为，人人都是可以成佛的，成佛并非另有佛身，自性就是佛。这就把心外的佛变成心内的佛，把佛变为举目常见的平常人，或者说把平常人提高到与佛相等的地位。

其二，顿悟可以成佛，修行融入生活。所谓顿悟，是指无须烦琐仪式和长期修习，一旦把握佛教“真理”，即可突然觉悟。对于如何才能“见性成佛”，禅宗明确反对坐禅念佛，也不要求累世修行，而是强调“直指本心”“顿悟成佛”。也就是说无须长期修行，而凭自己的智慧，一旦觉悟，即可成佛。从思维方式的角度考察，禅宗的顿悟说是一种直觉认识方法，不用概念、判断和推理的逻辑思维，不凭借经验的积累和对外界事物的理性分析，而是凭借感性直觉与瞬间的意念来把握认识对象，实现境界的升华。这种修行之法，排斥读经、坐禅、观心，只需于日常生活中体悟佛理，在“穿衣吃饭”“喝茶”等寻常事务中便可修行。马祖道一说：“道不用修，但莫污染……若欲直会其道，平常心是道。”（《景德传灯录》卷二十八）秉持平常心，逐渐放下杂念和执着，便可生起智慧，体悟佛理。

其三，放下执着，无念无相。顿悟成佛的关键在于吹散妄念浮云而自见真如本性。那么，如何把妄念浮云吹散而佛性自现呢？禅宗认为只要“无念”就可以了。“无念”是禅宗的最高宗旨和最高境界。《坛经》说：“我此法门，从上以来，先立无念为宗，无相为体，无住为本。”所谓“无念”，是指认识不要存留世俗世界的任何想法、任何分别，而只有符合佛教真如的念头。所谓“无相”，是指在与外界的接触之中不产生任何表象，以保持本心的虚空寂静。所谓“无住”，是指心不要执着于外物，不思恋外物。

禅宗所表达的佛学思想，破除了传统佛学对“西方”的迷信和对“佛祖”的崇拜，泯灭了佛国极乐世界与现实世界的严格界限，带有一定泛神论倾向。“顿悟成佛”说也为人们指出了一条简捷方便的成佛道路。因此很快受到上、下各阶层的欢迎，自中唐以后，逐渐发展成为中国最具影响的佛教流派。

第四节　兵法谋略

所谓兵家，是中国先秦、汉初研究军事理论，从事军事活动的学派，属诸子百家之一，据《汉书艺文志》记载，兵家又分为兵权谋家、兵形势家、兵阴阳家和兵技巧家四类。兵家的代表人物有春秋时的孙武、司马穰苴，战国时的孙膑、吴起、尉缭、公孙鞅、赵奢、白起，汉初张良、韩信等，今有兵家著作《孙子兵法》《孙膑兵法》《吴子》《六韬》《尉缭子》等。各家学说虽有异同，但其中均包含丰富的朴素唯物论与辩证法因素，兵家的实践活动与理论，影响当时及后世，为中国古代宝贵的军事思想遗产。

兵事是中国古代社会的存在常态。“争地以战，杀人盈野。争城以战，杀人盈城。”《孟子离娄》里的这几句话给了后人兵事残酷画面的强烈刺激。但是，兵事虽然是人类从古至今最蛮横的解决事端的方式，却极大地促进了人类智谋的发展。在中国古代的各家之谋中，兵家智谋可能是迄今为止仍然具有实用性、启发性甚至指导性的最重要的文化遗产之一。在兵事活动中，敌我双方的斗智斗谋具有一种无原则的平等性，正是这种平等性有效地促进了双方的智力竞争，从而诞生和发展了极具中国特色的兵事智谋。兵事智谋的代表性人物便是兵家。兵家智谋不仅仅是纯粹的军事话语，它在文化上的纵深影响要比单纯的军事谋略广泛而又深刻得多。可以毫不夸张地说，兵家谋略文化是中国传统谋略文化最重要的组成部分之一。在政治领域，法家的严刑峻法、耕战策略、以军治国；在人生智慧中，道家的夺予之道、以柔克刚之术；在普通百姓的智慧构成中，讲究韬晦之道、以忍为上，扩而广之；在整个文化精神上，高度的实用理智态度和追求天时、地利、人和时大量使用智谋韬略等，无一不是兵家谋略的纵深和横向反映。至于调虎离山、借刀杀人、声东击西、以逸待劳等原本属于军事领域的术语，更是成了后来人们日常的生活话语。

一、重战慎战

《孙子》开篇云：“兵者，国之大事，死生之地，存亡之道，不可不察也。”此处的“兵”，多数译为“战争”，李零翻译为“军事”，即古人所讲“兵事”与“军旅之事”。这种理解更为确切。包含军队建设、武器改进等在内的军事都是事关存亡的国家大事。战争耗费人力物力，影响经济民生，作为君主应当慎重用战。不得已而发生战争，则当速战，“其用战也贵胜，久则钝兵挫锐，攻城则力屈，久暴师则国用不足。夫钝兵挫锐，屈力殚货，则诸侯乘其弊而起，虽有智者不能善其后矣。故兵闻拙速，未睹巧之久也。夫兵久而国利者，未之有也”（《孙子・作战》）。

二、备战充分

备战充分，以实力作保障，自立于不败之地。《孙子・形》：“孙子曰：昔之善战者，先为不可胜，以待敌之可胜。不可胜在己，可胜在敌。故善战者，能为不可胜，不能使敌之必可胜。故曰：胜可知，而不可为。”“不可胜”，指形胜。《孙子》第四篇为《形》，第五篇为《势》，古代兵法重“形势”。汉代荀悦以为，“形”是“大体得失之数”，“势”是“临时进退之机”。李零以为，“‘形胜’就是‘以形相胜’，以实力相胜”。在实力对比上占优势，这样才能立于不败之地，然后等待时机，克敌制胜。《孙子・形》：“古之所谓善战者，胜于易胜者也……故善战者，立于不败之地，而不失敌之败也。是故胜兵先胜而后求战，败兵先战而后求胜。”“立于不败之地”即备战充分，取得“形胜”。

三、贵谋尚诈

《孙子》云，“兵者，诡道也”（《计》），又云“兵以诈立，以利动，以分和为变者也”（《军争》）。“诡”和“诈”意思相同，均指权诈、迷惑，这是《孙子》的重要特点。《孙子》第三篇为《谋攻》，可见对智谋的重视，篇中云：“是故百战百胜，非善之善者也；不战而屈人之兵，善之善者也。故上兵伐谋，其次伐交，其次伐兵，其下攻城。攻城之法，为不得已。”孙子以为兵家的最高境界并非百战百胜，而是不战而胜，以最小的成本取胜。《孙子》中对于战略、战术多有深入的探讨，如示敌以假象，“能而示之不能，用而示之不用，近而示之远，远而示之近”（《计》）；捕捉战机，“攻其无备，出其不意”（《计》）；迷惑和引诱敌人，“故善动敌者，形之，敌必从之；予之，敌必取之。以利动之，以卒待之”（《势》）；行军重技巧，“以迂为直”“以患为利”（《军争》）；置之死地而后生，“投之无所往，死且不北，死焉不得，士人尽力”（《九地》）；注重实战技巧，如火攻和用间。

四、对战争参与者的要求

对战争参与者提出了要求，君主、将帅与士卒应当具备的品格与素质各自不同。

国君要以民为本，心忧国事，“道者，令民与上同意也，故可以与之死，可以与之生，而不畏危”；择人善任，无须越俎代庖，否则可能惑乱军心。将军需要具备过硬的综合素质，“将者，智、信、仁、勇、严也”。将军应当“视卒如婴儿”，爱而能用。此外，将军还应做到不偏执，避免“五危”（《九变》）；“进不求名，退不避罪，唯人是保，而利于主”（《地形》）等。士卒则需具备勇武、训练有素、服从统一指挥等素质。

★ 史海拾贝

第一位对诸子百家进行分类的是西汉史学家司马谈，他将诸子百家分为阴阳家、儒家、墨家、名家、法家和道家六家。随后西汉史学家刘歆把诸子百家分为十类，除了司马谈列出的六家之外，还有纵横家、杂家、农家和小说家。西汉史学家班固在刘歆的基础上去掉小说家，后人将剩下的九家称为“九流”。

儒家是九大学派之首，政治上主张德治和仁政。自汉武帝“罢黜百家，独尊儒术”后，儒家学说成为中国古代社会文化的主流。代表人物有孔子、孟子、荀子。

道家在政治上主张无为而治，不崇尚贤人，不与民争利。代表人物有老子、庄子。

法家提倡重农抑商，力主耕战，主张严刑峻法。代表人物有韩非子。

墨家主张“兼爱”“非攻”，崇尚贤人，内部宗法严密，墨家领袖称为“巨子”（也称“矩子”）。代表人物有墨子。

名家着重研究“名”与“实”的关系，“白马非马”是名家著名的议题。代表人物有惠施、公孙龙。

阴阳家认为人类社会的发展受到“木、火、土、金、水”五行势力的支配，以“五德始终”学说来论证社会的变迁和王朝的兴替。代表人物有邹衍。

纵横家培养了一批纵横捭阖的谋士，苏秦主张南北合纵以抗秦，张仪主张东西连横以事秦，两派因此得名“纵横家”。代表人物有苏秦、张仪。

杂家是博采各家学说的综合学派，主张“兼儒墨，合名法”，代表了文化融合的趋势。代表人物有吕不韦，《吕氏春秋》是一部典型的杂家著作集。

农家重视农业生产，主张“与民并耕而食”。代表人物有许行。

除以上九个学派，常见的还有兵家、医家、小说家等学派。

★ 文化感悟和思考练习

1. 奇文共欣赏，疑义相与析。请联系生活，谈谈你对《论语》某一句话的理解或感悟。

2. 道家思想影响了中国古代的水墨山水画，你怎么看？

3. 老子坚持和顺应的观点，请你谈谈对当今的生活有什么启发？

4. 结合“三十六计”中的计谋，思考兵家智慧的精髓及其现实意义。

5. 儒家思想是中国传统文化的主流，其哪些思想对当今“以德治国”有着重大的现实意义。

6. 诸子百家思想中，重视自然无为，反对以自我为中心，强调人的自然性是（　　）。

A. 儒家思想　　B. 道家思想　　C. 墨家思想　　D. 法家思想

7. 孙武是春秋时期著名的军事家、军事理论奠基者，人称（　　）。

A. “武圣”　　B. “宗圣”　　C. “亚圣”　　D. “兵圣”

8. “故人不独亲其亲，不独子其子”的意思是人们不仅仅奉养自己的父母，不仅仅抚育自己的子女。请问，这句话出自哪部典籍？（　　）

A. 孟子》　　B.《论语》　　C.《礼记》　　D.《庄子》

★ 拓展链接

《文明之旅》儒家文化与生态文明

《文明之旅》儒道两行文化自信

第三章

和而不同的生活文化

在漫长的历史进程中，中国人形成了独特的生活文化。传统的日常生活就像一条河流，连接着中华民族的过去和现在，最真实地映照出民族性格和民族文化，以最可靠的方式使中华文明传承至今。我们的日常生活中，最基本的生活内容就是衣食住行。衣食住行不仅为每个人所必需，而且也是社会物质发展水平的重要体现。随着社会的发展，不同时代的衣食住行也不断发生着变化，因而有衣食住行的古今差别；不仅如此，即使同一时代，衣食住行也因阶层不同、地区不同、民族不同而显现出各自特点。可以说，中国古人的衣食住行是传统社会文化最鲜明的体现，集中展现着传统社会的伦理特征、价值取向和思想观念。

第一节　传统服饰文化

一、汉民族服饰

中国古代文明发展迅速，国力强盛，这在服饰方面也有鲜明体现，“衣冠王国”的称誉就说明了这一点。服饰是传统文化的一个重要组成部分，文化的多样性在服饰上表现为它的模式和特色往往因民族、地区、时代的不同而不同。需要指出的是，这里所说的服饰不仅指我们平常所说的服装，还包括人的头、手、颈、脚、胸等部位所佩带的各种饰物。以下我们将对部分民族的服饰加以介绍。

（一）首服

首服是指人们头上的冠带服饰，中国传统社会男女首服差异很大。在古代，成年男子一般按照身份地位的不同而戴冠、冕、弁、帻等首服。冠、冕、弁虽有不同，但都是贵族男子的首服，其中“冠”是三者的总称。古代男子二十岁行冠礼，表示他开始步入成年男人之列。古人将戴冠看成是一种“礼”，出门、待客都必须戴冠，当冠而不冠就是“非礼”。冕，是天子、诸侯、卿大夫在典礼、祭祀等重大场合所戴的首服。冕顶有长方板，称为“綖”，后高前低，略向前倾。綖的前端缀有数串小圆玉，谓之“旒”。后来，只有帝王才能戴冕有旒，于是“冕旒”就成了帝王的代称。弁，也是体现贵族尊贵身份的首服，有爵弁、皮弁之分。平民百姓不需着冠，但也要留长发，上罩头巾，称为“帻”。汉代逐步打破了唯庶人服帻的传统，“上下群臣贵贱皆服之”，自皇帝至庶人，平常皆可服帻。

与男性相比，女性的首服有着自身的特点，从形式上看有笄、簪、钗、步摇等。女子成年，行“笄礼”，《礼记·内则》云：“女子十有五年而笄。”笄礼要在许嫁后出嫁前举行，一般在十五岁举行，如果一直未许人，则推迟到二十岁行笄礼。簪是笄的发展，由金、银、玉、牙、玳瑁等制成凤凰、孔雀的形状，非常精美。钗是由两股簪交叉组合而成的一种头饰，以钗贯发可使发型更为稳固，也可使人更显美观。步摇是在顶部挂珠玉垂饰的簪或钗，因走动摇曳而得名，是贵族妇女最常见的发饰之一。

（二）身服

相传在黄帝时期，中国服饰的特有样式就产生了。《周易·系辞下》有这样的记载：“黄帝、尧、舜垂衣裳而天下治。”这里的“衣裳”是身服。在先秦时期，中国正式形成了身服的两种基本形式：一种是上穿衣、下着裳，一种是衣和裳连在一起。春秋以前多为上衣下裳制，当衣裳并举时，衣指上衣，裳指下衣。宽大轻松、没有袖端的上衣叫“衫”，后来发展成衣裳相连的长衫。裳指下衣，古代的裳就是裙，男女皆服。春秋战国时，出现了一种衣裳相连的服装——深衣。到了冬季，又有很多御寒的衣服，最常见的是裘。其中狐裘和豹裘最为珍贵，为达官贵人所服；鹿裘、羊裘比较普通。裤在古代写作袴、绔。古代的裤子没有裆，只有两个裤筒，套在腿上，上端有绳带系在腰间。裤子的材料有毛皮的，一般为穷人所穿；有纨(白色细绢）的，为富人所穿，所谓“纨绔”，是有钱人的服饰，代指不务正业的富家子弟。

先秦时期，女子身服与男子的差别不大。春秋战国时，上衣下裳相连的深衣兴起，女子穿的深衣是长衣大袖。到汉代，深衣逐步变为女子的礼服，平时多穿直裾长袍或衣裙两件式的便服。衣裙的特点是上短下长，窄衣大袖。唐代妇女流行小袖长裙服装，年轻女性流行穿红色的石榴裙。宋代的女装流行瘦、细、长，与以前各个时期不太相同。元、明时期的女装，大抵效仿唐宋，上衣下裙，大同小异。至清代，汉族妇女仍着小袖衣和长裙等明代款式，而满族妇女着旗装。至近代，在旗装的基础上加以改造，融合汉族袍服及大量的西洋元素，创造出了旗袍。旗袍外面加上一件坎肩，成为晚清和民国时最为时尚的女装。

（三）佩饰

古人十分重视身上的佩饰，不仅用以美化自身外形，而且借以标志身份等级。常见的佩饰有玉、珠、刀、帨等。玉是最重要的佩饰，为贵族富豪所有，《礼记·玉藻》称“古之君子必佩玉”。古人的佩饰常有警醒的作用，如佩弦、佩韦。弦是弓弦，佩弦是提醒自己要像弓弦一样紧张；韦是皮绳，佩韦是提醒自己要像皮绳一样柔韧。如《韩非子·观行》就说："西门豹之性急，故佩韦以自缓；董安于之性缓，故佩弦以自急。"古人还喜欢在身上佩带香袋，古称容臭，后称香囊，里面放香草香料，类似后代荷包的样子。如秦观《望海潮》有"当此际，香囊暗解，罗带轻分"。《红楼梦》中林黛玉为贾宝玉做香囊，说明香囊在很长的历史时期内都受男女青年的喜爱，而且有寄情的作用。

二、少数民族服饰

中国有五十多个少数民族，各个民族都有自己的服饰，其服饰都有鲜明的民族特色。兹举几例。

（一）藏族

藏族男女都穿长袍，其式样基本相同，都是长袖、宽腰、大襟。男子皮袍腰间系带，并配有短刀、火石等饰物。穿的时候常常褪下一只袖子袒露右肩，或将两只袖子都褪下掖在腰带间。这种习惯与青藏高原变化无常的气候有关。那里日夜温差大，中午炎热时就把袖子褪下来，早晚寒冷时再穿上，而露出右臂是为了便于劳作。藏族妇女的典型服装是斜领衫，外罩无袖长袍，多在腰间系图案瑰丽的围裙。在下衣方面，男穿裤，女穿裙。

（二）维吾尔族

小花帽是维吾尔族人最典型的首服，一般为四棱、六角或圆形，图案繁多，非常精美，男女出门都喜欢戴小花帽。男子一般（内穿绣有花边的衬衫），外套无扣、宽袖、对襟的长袍，俗称"袷袢"。女子多喜欢穿长衫或连衣裙，外面套深红、深蓝或黑丝绒坎肩。

（三）苗族

苗族服装的基本特点为：男子上身穿短衣或大襟长衫，下身穿长裤；女子上身也穿短衣，下边配短裙、长裙或长裤。颜色以黑色为底，上面绣满彩色图案。苗族服饰最突出的特色是配件多，图案精美，色彩艳丽。苗族女亏的头饰可以说是中国少数民族女子头饰中最丰富、最漂亮的。苗族人把他们虔诚崇拜的动植物绘绣成服装的装饰图案或夸张地表现在苗族银饰上从日、月、星辰到神秘天体再到龙、蝶、牛、鹰等的动物形象应有尽有，反映出浓郁的民族习尚和古老的文化传统。

（四）朝鲜族

朝鲜族自古就有"白衣民族"之称。朝鲜族服饰的款式自成一格。上衣自肩至袖头的笔直线条和领子、下摆、袖肚的曲线，构成了曲线与直线的结合，没有多余的装饰，体现了白衣民族古老袍服的特点。朝鲜族男子爱穿"灯笼裤"。这种裤子裤长腰宽，裤裆、裤管肥大，便于在炕上盘腿而坐。女装一般为短衣长裙。短衣有长长的白布带在右肩下方打蝴蝶结。长裙多有长皱褶。

（五）傣族

傣族的男子多穿对襟或大襟无领短衫，肥筒长裤，用白、青、淡黄色的布包头。傣族服饰以女子服饰最为有名，也最具有代表性。傣族女性一般喜欢穿窄袖短衣和筒裙，能够充分展现女性修长苗条的身材。傣族女子的饰物精致玲珑，多用白银制成，也有用翡翠、玉石或玛瑙制成的。纯银腰带是傣族妇女系于筒裙上的特殊饰物，用银丝或银片编织而成。据说银腰带是由母亲一代又一代传下来的，饱含了深深的母爱，所以傣族女子十分珍爱银腰带。

中国服饰文化源远流长，其间经历了各个民族、四方各地的不断融合，呈现出多样性、阶段性、兼容性等特征。尽管各民族的服饰有鲜明的民族特征，但潜藏在外在风格之下的文化内涵却保持着某种传统继承性，渗透了求吉趋福心理及崇宗敬祖与礼仪伦常观念，呈现出端庄、儒雅、含蓄、潇洒的共同特征，体现了各民族服饰在文化取向上的一致性。

三、传统服饰的文化特征

（一）传统服饰的社会伦理特征

古人认为，“修冠弁、衣裳、黼黻、文章、雕琢、刻镂皆有等差”，强调服饰的等级与贵贱。如服饰的图案，“龙”的图样只能绘于天子的服饰，否则就是犯上作乱。自汉唐至明清的两千余年间，各个朝代的服饰制度对上自天子，下至百姓的服饰式样、色彩、质地、穿着场合都有明确规定，所以贾谊《新书·服疑》中说“贵贱有级，服位有等，……是以天下见其服而知贵贱”，《后汉书·舆服志》也说“非其人不得服其服”。人贵衣华，人贱衣简，贵人先贵衣成了中国古代社会的服饰准则，并要求人们严格执行。对于那些敢于违背服饰制度、不按等级规定着衣的人，官方给予严厉惩治。《史记·魏其武安侯列传》记载了武安侯因没有着朝服上朝而被免官的事情。唐朝的服制规定，三品才能服紫，四品服朱，六品服绿，八品服青。服装的颜色成为地位的象征。这些说明传统服饰中有很强的社会伦理色彩。

传统服饰的社会伦理功能不仅体现在服饰的等级制度上，还体现在服饰对于社会角色的象征性上。最典型的是古代的冠礼和及笄礼。古代男子满二十岁，女子满十五岁，就标志他（她）已成人，拥有了成人的权利和义务。男子的头冠和女子的发饰就具有了规定社会角色的标志功能。这种标志功能，还体现在丧服中。服丧者与死者关系越亲，服制就越重，丧服形式也就越粗糙，以表示悲痛的程度。所以，参加传统丧礼，仅凭丧服，就可以判别其与死者的关系。这典型地说明了服饰的社会伦理功能。

（二）传统服饰的自然美

传统服饰注重服饰的质料、纹样、色彩、式样等形式因素与自然的统一，追求服饰的自然美。从质料而言，早期中国服饰的质料主要有两种：一是植物纤维，一是丝棉。这些质料做成的衣服穿着舒适，冬日保暖，夏日凉爽，这种取自自然的材料“适身体，合肌肤”。从式样、色彩、纹样而言，如皇帝冕服上绘制的十二章纹（日、月、星辰、山、龙、华虫、宗彝、藻、火、粉米、黼、黻）取象于自然；男冠女髻受鸟兽冠角的启发；“石榴裙”“百鸟裙”“孔雀裘”等，或因颜色，或因式样，莫不取法自然。以上种种，既说明了古代人善于观察自然，从自然中汲取灵感，从而创造出独具特色的服饰文化，也从一个侧面反映出古代人向往自然、顺应自然，力图回归自然、融入自然的精神追求，体现着中国传统文化“天人合一”的特点。

（三）传统服饰的含蓄美

传统服饰的风格是与中国人内敛、平和、中庸的价值取向一致的，总的风格是美观大方、含蓄雅致。与西方人突出形体的服饰文化不同，中国传统服饰提倡的是包藏而又不局限人体的舒适和含蓄。男女装都宽大合身，丝绸面料有飘动、悬垂的效果，衣纹纹理清晰多变，又井然有序、动静皆宜，没有过分的突出、夸张和刻意的造型，于恬淡中给人一种含蓄、平和的美感。

四、趣味小故事

（一）中国蚕丝的来源

传说远古时有个部落首领的女儿，父亲去打仗，女儿思念父亲，就对自己的白马说：“马啊，马啊，你如果能找到我父亲，我就嫁给你。”白马听到这句话马上跑出去，风一样把得胜归来的首领从半路上驮回家。父亲看到女儿很高兴，但发现后来几天白马一看到女儿就兴奋异常，感到很奇怪，女儿只好把实情告诉父亲。首领气坏了，暗中埋伏弓箭手把白马射死，把马皮剥下来晾在门口。有一天，女儿在门口玩，指着马皮说：“你不是想娶我吗？真是癞蛤蟆想吃天鹅肉。”话还没说完，马皮突然将女儿裹起来，卷走了。部落里的人赶紧去找，走了很远，在一棵桑树下发现了一条洁白的长着马头的虫子，幽幽地吐着丝，好像有无尽的悲伤要诉说，部落里的人推断这是女孩食言遭到了报应变成的，为这种会吐丝的虫子起名叫“天虫”，也就是蚕。蚕吐的蚕丝，经过加工处理，成为我国传统服饰的主要原料。

蚕丝

（二）盘扣的来源

盘扣，又称盘纽，是中国传统服装使用的一种纽扣，用来固定衣襟或装饰。其制作考究，造型细腻优美，花样繁多，富有想象力，是古时民间手工艺人经过长期的劳动实践而形成的民间手工艺品，它不但蕴含着艺人的智慧和创造精神，而且也是我国华夏文明的重要组成部分。

盘扣的历史源远流长，是从古老的“结”发展起来的。我国早期的服装，要使衣服合体保暖而不散落，便要借助于带子、绳子，而使用时，就要系扣、打结。“结”的式样很丰富，有起功能作用的束衣之“结”，也有起美化作用的装饰之“结”。同时，“绳结”在人民心目中也代表着各种美好吉祥的意义。经过不断演化，盘扣出现了。

现有的资料显示，宋代时的服装上就已经使用了盘扣，元明以后，渐渐用盘扣来连接衣襟，用布条盘织成各种花样，称为盘花。盘花的题材都选取具有浓郁民族情趣和吉祥寓意的图案。

尤其是清初的服装以袍、褂、衫、裤为主，盘扣在满族服饰中大量使用，成为满族以及当时中国服饰的代表性部件之一，中式盘扣达到其发展的顶峰。在民国时期形形色色的传统旗袍中，衣襟上的盘扣常常起到画龙点睛的作用，民族风韵浓缩其中。

今天，盘扣作为一种传统的服饰部件仍没有落伍，以极强的生命力丰富和美化着人们的生活。它不仅适用于旗袍类服装，也被许多服装设计师广泛用于各类时装作为点缀，成为中国时尚的符号。

盘扣

（三）帽子的来源

据字书《玉篇》记载：“巾，佩巾也。本以拭物，后人着之于头。”由此可见，巾原是劳动时围在颈部擦汗用的布。由于自然界中风沙、酷热、寒流对人类的袭击，人们将巾从颈部逐渐裹到了头上。在保暖、防暑、挡风、避雨、护头等实用功能的基础上，巾逐渐演变成为帽子的形式。

随着社会的进步和经济的发展，帽子逐渐具有装饰人体的美观功能。在历代服饰的演变中，衣冠配套构成了中国传统衣着风尚的一大特点。

许多形容衣着端庄体面的成语，如“冠冕堂皇”和“衣冠楚楚”等，都强调了“冠”在服饰中的重要地位和作用。

所谓的“冠冕”，是指我国古代帝王、官吏们戴的礼帽。古代的冠并不像今天的帽子，将头顶全部盖住，它只有狭窄的冠梁，遮住头顶的一部分，两旁用丝线系在领下，并打结固定住。古代的男子，从二十岁起就开始戴冠，戴冠时，要首先举行轟冠礼，以表示成年的开始。

“冕”的出现要早于“冠”。“冕”的顶部有一块长形冕板，前低后高，称作“冕”，表示恭敬。冕的前沿，一般用彩线穿成若干串珠玉，名叫“冕旒”。串珠垂面，使目不斜视。冕旒的数量以及所用的材料，是区别贵贱尊卑的标志。冕冠的两旁，各有一孔，用以穿插玉笄等物，以便于发髻相系。另在两耳之处，各垂一颗珠宝遮耳，称为“充耳”，表示不听信谗言。冕冠是古代帝王和臣僚们参加重大祭祀典礼时所用的冠帽。

现在人们的衣着习惯，以脱帽表示礼貌。而在我国古代，脱帽则是无礼冒犯的举动。“脱帽露顶王公前”，这在当时是很失体统的。

我国自古以来就十分重视服饰配套。在历代的礼制中就讲究一个人的衣帽要整齐，要“衣冠楚楚”，也就是说，一个人身上穿的和头上戴的都要搭配合体，特别是对头上戴的“冠”非常重视，把“冠”放在服饰中的首位，认为“冠”可以显示一个人的精神气质。在千姿百态的服饰中，如果忽视帽子的配套，那么，即使精美绝伦的服装，也会黯然失色。在服饰结构上，衣冠一体，不可分割，已构成我国传统的服饰风尚。

（四）鞋子的来源

俗话说“没有鞋，穷半截”，古代穷人借衣服穿并不少见，但鲜见“借鞋”，即所谓“借衣不借鞋”。这是因为鞋子太便宜，草、麻都可以用来做鞋，没有借的必要。所以，古代的草麻鞋别称叫“不借”。上古时期，鞋履制度没有形成，足上之物是随着织物原料的出现、衣裳问世而形成的。《世本》中记载：“于则（皇帝臣）作扉履。草曰扉，麻曰履。”《释名》中记载“齐人谓韦履曰扉。扉，皮也，以皮作之”。说明最初鞋的原料是草、麻。商周时期，履制已经相当丰富，甚至有了专门为天子掌管鞋履的“屦人”，这个时期的鞋，式样、做工和装饰已十分考究，用材、施色、图案也根据服饰制度有了严格的制度，鞋与衣裳和头冠配合起来，则形成了我国早期的服装体系。另外，从文献记载来看，最早的鞋履，不论以何种材料制成，都统称为“屦”。战国以后，“履”字替代了“屦”，成了鞋子的通称。大约到了隋唐之时，本来专指“生革之鞋”的“鞋”字，又代替“履”字而成了各种鞋子的通称。

从文化的角度来看，鞋是人类服饰文化的重要组成部分。它对推动人类服饰改革、发展有着突出贡献。它不仅注重实用，同时还有审美装饰的功能；有些鞋子不仅是等级的标志，代表了礼仪的规范，还深刻反映了历代人们的美好愿望，具有浓厚的文化内涵。从制作工艺上来看，鞋子本身就是一件艺术品，具有较高的文化价值、历史价值和艺术价值，并与民俗学、工艺学、美学、考古学等学科密切相关，它是一个国家、一个民族物质文明和精神文明的表现。

五、传统服饰的结构与礼仪

（一）汉服服饰结构

汉服，全称是“汉民族传统服饰”，又称汉衣冠、汉装、华服，是从黄帝即位到公元17世纪中叶（明末清初），在汉族的主要居住区，以华夏礼仪文化为中心，通过自然演化而形成的具有独特汉民族风貌性格，明显区别于其他民族的传统服装和配饰体系，是中国“衣冠上国”“礼仪之邦”“锦绣中华”的体现，承载了汉族的染织绣等杰出工艺和美学，传承了30多项中国非物质文化遗产以及受保护的中国工艺美术。

1. 基本结构

汉服采用幅宽二尺二寸（今50cm左右）的布帛剪裁而成，且分为领、襟、衽、衿、裾、袖、袂、带、韨等部分。取两幅相等长度的布，分别对折，作为前襟后裾，缝合后背中缝。前襟无衽即为直领对襟衣。若再取一幅布，裁为两幅衽，缝在左右两襟上，则为斜领右衽衣。前襟后裾的中缝称为裻，在督脉、任脉的位置，衽在任脉右侧，故称右衽。裾的长度分为腰中、膝上、足上。根据裾的长短，汉服有三种长度：襦、裋、深衣。袖子与襟裾的接缝称为袼，袖口称为祛。一套完整的汉服通常有三层：小衣（内衣）、中衣、大衣。

2. 交领右衽

汉服中左侧的衣襟与右侧的衣襟交叉于胸前的时候，就自然形成了领口的交叉，所以形象地叫作“交领”；交领的两直线相交于衣中线左右，代表传统文化的对称学，显出独特的中正气韵，代表做人要不偏不倚。如果说汉服表现天人合一，交领即代表天圆地方中的地，地即人道，即方与正。而袖子，则是圆袂，即代表天圆地方中的天圆。这种天圆地方学在汉服上的表现也是中国古代文化的一个体现。

汉服

汉服的领型最典型的是“交领右衽”，就是衣领直接与衣襟相连，衣襟在胸前相交叉，左侧的衣襟压住右侧的衣襟，在外观上表现为“y”字形，形成整体服装向右倾斜的效果。衽，本义衣襟。左前襟掩向右腋系带，将右襟掩覆于内，称右衽，反之称左衽。汉服在历代变革款式中一直保持不变的“交领右衽”传统，也和中国历来的“以右为尊”的思想密不可分，明显有别于其他民族的服饰。

3. 褒衣广袖

与同时期西方的服装相比，汉服在保护人性方面具有不可争辩的优异性。当西方人用胸甲和裙撑束缚女性身体发展时，宽大的汉服已经实现了放任身体随意舒展的特性。

汉服的袖子又称“袂”，其造型在整个世界民族服装史中都是比较独特的。袖宽且长是汉服中礼服袖型的一个显著特点，但是并非所有的汉服都是这样。汉服的礼服一般是宽袖，显示出雍容大度、典雅、庄重、飘逸灵动的风采。一直以来，除了唐以后在常服中有敞口的小袖外，汉服袖的主流依然是圆袂收祛。

4. 系带隐扣

汉服中的隐扣，其实包括有扣和无扣两种情况。一般情况下，汉服是不用扣子的，即使有用扣子的，也是把扣子隐藏起来，而不显露在外面。一般就是用带子打个结来系住衣服。同时，在腰间还有大带和长带。所有的带子都是用与衣服相同的布料做成。一件衣服的带子有两对，左侧腋下的一根带子与右衣襟的带子是一对相系，右侧腋下的带子与左衣襟的带子是一对相系，将两对带子分别打结系住则完成穿衣过程。

（二）旗袍服饰礼仪

1. 旗袍穿着的场合

参加正式晚宴、婚宴可以选择华丽的面料做成的旗袍礼宾或演出。

在有传统文化意义的场合可穿旗袍：外事活动、出席关于传统文化的公开活动或在中华文化氛围较浓的公司上班。如果公司文化比较西化，服装的选择要与公司文化相符合。

2. 穿旗袍时的礼仪

（1）旗袍的面料、花色应与着装的场合相协调。用普通棉布和真丝织锦缎做出同样款式的旗袍，其风格会截然不同：一个朴素雅致，另一个华丽高贵。购买旗袍时，一定要考虑穿着的场合因素，选择相应的面料和花色。

（2）选择旗袍时，要注意旗袍的款式与自己的身份相协调。前卫风格的无肩无袖或露胸旗袍，以及毛皮绲边的超短旗袍配上靴子，穿在明星身上会格外出众，却不适合在保守行业工作的人员日常穿着。

（3）旗袍的领围、领高、肩宽、胸围、腰围、臀围都要合身，任何一处过于紧绷或过于宽松，都会使美感大打折扣，自己穿上也会感觉很不舒服。女士在穿旗袍时，不管天气如何，旗袍所有的纽扣都必须全部扣上。任何一粒纽扣不扣，都会给别人留下“轻浮”的印象。

（4）旗袍应与场合相符。长及脚踝的高开衩旗袍，与袒胸露背、长及脚踝的西式晚礼服具有异曲同工的效果，因此只有在正式的晚宴、祝贺聚会或演出场合，或宾馆、酒店、礼仪培训等要求穿特定中式工作装的场合，女士才能穿开衩在大腿中部以上的高开衩长袍。日常工作或休闲场合的旗袍开衩不要高于膝盖上缘10厘米。

（5）穿旗袍时搭配的丝袜最好是连裤袜，这样就不用担心袜口从开衩处露出了。但要注意的是，旗袍的面料一定不能与丝袜起静电。

（6）穿旗袍时，要格外注意保持良好的仪态，行为要端庄，动作要优雅，腰身要挺拔。无论是站着还是坐着，双臂都应该紧贴身体，需要做任何动作时，也最好只是文雅地使用肘之前的小臂，避免因为幅度过大而露出下腋，这在穿无袖旗袍时更要当心。因为旗袍的造型非常贴近女性自然的曲线，所以不雅的站姿、坐姿都会在众人面前完全展露出来。坐下来的时候，请首先理一理后裙摆，给身体弯曲以足够的空间。旗袍是连体的紧身设计，如果不腾出空间，很容易引起面料的轻微撕扯。

（7）穿旗袍应配合中或高跟皮鞋，手拿无带式小坤包，化淡妆，必要时还应配上首饰。旗袍外应有大衣、风衣、斗篷之类的外套相匹配。

（8）不宜穿着旗袍上下公交车，或是骑自行车，旗袍的隆重典雅与户外的嘈杂拥挤气氛不协调。

第二节　中国饮食文化

饮食对于中国人来说，不仅是为了满足生理的基本需求，也是精神文化生活的重要组成部分。吃，是本能；但如何吃，却是文化。千百年来，中国的医家、养生学家、儒家、道家、佛家等，将中医营养学、阴阳五行、伦理道德、饮食审美等多元文化元素融入传统饮食，形成博大精深的饮食文化。我国饮食之考究，烹调技术之高超，是早已闻名世界的。中国近代著名革命家、政治家孙中山先生曾说过：“我中国近代文明进化，事事皆落人之后，唯饮食一道之进步，至今尚为文明各国所不及。中国所发明之食物，固盛大于欧美；而中国烹调法之精良，又非欧美所可并驾。”孙中山一生为革命奔走，足迹遍至全国，海外游踪也极广，因此他的评价具有世界性的眼光，充分说明了中国传统饮食文化的独特魅力。中国传统饮食取材广泛，烹饪方式多样，技艺精良，其间包含着丰富的文化内涵。

一、饮食材料

中国约在新石器时代就已经产生了原始农业。班固《白虎通》云：“古之人民皆食禽兽肉，至于神农……因天之时，分地之利，制耒耜教民农作。”在夏商周时期，人们逐渐放弃狩猎和采集的生产方式而以作物栽培为主，谷物粮食开始取代猎物和野果，成为人们饮食生活中的主粮。“五谷”是古代粮食作物的统称，其所包括的品种，最主要的说法有两种：一种是“黍、稷、麦、菽、麻”为五谷，另一种是“稻、黍、稷、麦、菽”为五谷。黍即现在北方的黍子，又叫黄米，色黄而黏。稷是今天的小米，北方称为谷子。在相当长的历史时期里，稷是最重要的粮食，为

“五谷”之长。古代以“社稷”代表国家，“社”代表土地神，“稷”是谷神。麦分大麦、小麦、杂麦，菽是豆类的总称，麻之所以列入谷类，是因为麻籽可以给穷人充饥。在夏商周时期，人们已经开始种植瓜果蔬菜。当时不仅有长年固定的菜圃，还有季节性的菜田。从《诗经》《周礼》等书中可以看出，野菜、野果在人们饮食原料中还是占很大的比例的。当时还没有植物油，也没有炒菜，当时吃菜的方法，一般是煮成汤或制成腌菜。同时，畜牧业也有一定的规模，现在常见的马、牛、羊、鸡、犬、猪，在当时已经非常普遍，但是当时家畜、家禽的饲养不充足，广大庶民百姓是很少食用的，孟子提出的“七十者可以食肉矣”在当时还是个理想状况，只有王室贵族才能时常享用，因此先秦时期将士大夫以上称“肉食者”。

汉武帝时，张骞通西域，凿通了一条“丝绸之路”，使西域的许多食物原料传入我国，如菠菜、黄瓜、胡萝卜、芹菜、豌豆、蚕豆、莴苣、大蒜、大葱、葡萄、石榴、芝麻、核桃、西瓜、甜瓜等，大大丰富了中国汉民族菜肴的品种，使餐桌上的野菜变为种植的蔬菜。香料和佐料品种的增多，也改变了过去一些菜的做法。大约在西汉时期发明的豆腐，为中国饮食原料增添了一味独具特色的食品。在这一时期，我国饮食中的植物油问世，而汉以前主要用动物油。魏晋以后，植物油的品种增多，生产量也在增长，烹制菜肴已经较多地使用植物油了。植物油的使用，大大促进了饮食品种的多样化。

唐宋时期，随着农业的发展，小麦的产量超过了稷，从而取代了稷而成为北方的主要粮食作物，这也导致了北方主食结构的变化，面食成为北方主食结构中的主要食品。唐宋时期的面食叫“饼”，样式繁多，有蒸饼、炊饼、煎饼、胡饼和汤饼等。唐代的蒸饼类似于现在的馒头，是唐代人的主食。炊饼是宋代的面食，由唐代的蒸饼发展而来。煎饼与今天的煎饼相似，胡饼则类似于今天的烧饼。汤饼是煮面，包括热面和冷面（冷淘）。唐宋时期的菜肴用料如果蔬、肉类、鱼类较前代更为丰富，品种繁多。中国传统的煎、炒、炸、炙等技术日臻成熟。“炒”出现于魏晋南北朝，唐代得到推广，宋代得以普及。

明清时期，小麦、水稻等传统粮食作物的产量大幅度增加，马铃薯、甘薯、玉米、番茄、辣椒、花生、花菜等从美洲或南洋引进，使饮食的原料更加丰富。但主食仍以面食、面点、米饭、粥等为主，但东西南北风味各异，品种花样非常丰富，数不胜数。

一直到现代，中国人的主食仍沿用传统，一般是米饭、面食和糕点三大类。而米饭和面食又有地域之分，南方人好米饭，米饭包括大米饭、小米饭、黍米饭等多种，其中以大米饭为主。北方人喜面食，包括馒头、饼、包子、饺子、油条、馄饨、麻花、面条和窝头等。糕点的种类则更多，但无论南方或北方，它都是一种辅助性的食品。

中国传统的饮品是茶和酒，两者都有悠久的历史，并形成了博大精深的茶文化和酒文化。中国是茶的故乡，至今已有四千多年的历史。西汉时，茶开始正式成为一种饮品。至唐代，饮茶之风在士大夫之间流行，陆羽写《茶经》，将修身养性的理论引入茶道，认为饮茶是一种精神享受，饮茶一时成为时尚，中国茶文化也随之形成，陆羽也被尊为“茶圣”。到宋代，饮茶风气已遍及大江南北，百姓家家备有茶茗，客来敬茶成为习俗。而士大夫更把饮茶视为高雅行为，饮茶常被写入文章、诗词，从而大大提高了饮茶的文化品位。明清时期，茶叶品种更加丰富，制茶工艺更加精细，饮茶风气更为普遍，并逐渐成为人们的生活必需品。茶经过漫长的发展历程，出现了品种繁多的名茶。著名的有西湖龙井，安溪铁观音，庐山云雾，六安瓜片，洞庭碧螺春，云南普洱，都是家喻户晓的名茶。至于酿酒的历史，可以说是与种植生产同步的。据说商朝人就特别喜欢喝酒，商纣王曾“以酒为池，悬肉为林”，足见饮酒风气之盛。古代的酒一般是黍、秫煮烂后加上酒母酿成的，成酒的过程很短，而且没有经过蒸馏，酒精含量较低，远不能跟现在的白酒相比。至宋代，酿酒技术趋于成熟，烈性酒开始出现，酒的品种日益增多。酒酿成时汁与渣滓混在一起，是混浊的，若经过过滤，除去酒糟，就清澈了，所以古人常说浊酒、清酒。显然，浊酒比较低级，所以古人以清酒为贵。至明清时期，传统酿酒业达到鼎盛，酒的种类、品质、产量都空前提高，酒也走上了普通百姓的餐桌。古人喝酒要行令，以增加筵席中的热闹气氛，加上文人的助推，形成了独具民族特色的酒文化。

二、饮食习惯

（一）从一日两餐到一日三餐

中国古代先民在每日饮食的次数和时间安排上，也服从农耕的需要，形成自己的饮食习惯。先秦时期，人们“日出而作，日落而息”，一日两餐。第一顿饭叫“朝食”，又叫“饔”，约在上午九点吃。第二顿饭叫“铺食”，又叫“飧”，约在下午四点吃。“铺食”一般是把“朝食”剩下的饭热一下吃。当时生产条件困难，农作物产量低，取火、做饭劳时费力。两顿饭不需照明，减少生火做饭次数，节约时间、食物，不误农时。直到今天晋、冀、豫交界的山区，以及鲁西南部分区域的农民，还保留每日两餐、晚餐吃剩饭的习惯。到汉代以后，一日两餐才渐渐变为一日三餐。

（二）从分食到合餐

从商周开始，中国人的饮食采取的是分食制，那时还没有桌椅板凳，人们吃饭只能坐在席子上进行，饭菜放在食案上，一人一案，无法进行合餐。后来由于“五胡乱华”，以及唐朝开放的文化政策，胡族的合餐制开始进入中原大地，但并没有普及。到宋代，由于椅子的普及，大家可以围着一张桌子吃饭，合餐渐渐增多。到明清时，合餐已经成为主流。

（三）以热食、熟食为主

以热食、熟食为主，是中国传统饮食习俗的一大特点，这与中国文明开化较早和烹调技术发达有关。《吕氏春秋·本味》说：“水居者腥，肉玃者臊，草食者膻。”热食熟食可以“灭腥去臊除膻”。古人发现，通过加热，不仅可以去除腥味，而且能增加食物的鲜味，“一热三分鲜”“趁热吃”是餐桌上的常用语；而且食物煮熟之后，易于咀嚼，容易消化。因此，无论是贵族家还是平民百姓家，餐桌上都散发出热气腾腾的香味。

（四）以植物性食料为主，取材广泛

自古以来，中国人都是以粮食为主，以蔬菜、肉食为辅的饮食结构。孙中山先生在《建国方略》中讲道：“中国常人所饮者为清茶，所食者为淡饭，而加以菜蔬豆腐。此等之食料，为今日卫生家所考得为最有益于养生者也。”

这种以植物为主的饮食习惯也促使了筷子的产生。火被使用后，在吃烫热的食物时，人们常用木棍来辅助，随着时间的推移，发展成为今天的筷子。筷子是与中国人的饮食习惯相适应的。因为中国人食肉较少，且切成小块，用刀叉不方便，用筷子则方便得多。而且筷子在夹炒熟的蔬菜时也有得天独厚的优势。

中国人民由于几千年来自给自足的小农经济及普遍低下的生活水平而形成了崇尚节俭朴素的传统生活伦理。中国人的食谱广泛，能食者皆食，毫无禁忌，举凡野菜、谷皮，莫不可以食用，所谓“菽藿糟糠”，都是穷人充饥的粮食。在肉食方面，则不仅仅是吃肉，内脏及全身可以食用的部分，都被烹饪成美味。许多西方人看来不可食的物品，经过中国厨师的精心制作，就会变成让人一见而食欲顿开的美味，真可以说是“物尽其用”。

三、中国传统饮食文化的特征

（一）以味为主的烹调文化

在世界饮食文化中，中国饮食的独特魅力，关键就在于味，味是中国饮食的灵魂。从先秦开始，先民们就是以谷物为主，肉少粮多，辅以菜蔬，这就是典型的“饭菜结构”。其中饭是主食，而菜则是为了下饭，即助饭下咽。因为主食并不可口，必须用菜配着吃才可口。当然菜的功能和盐的功能有共同点，但是不等同于盐。中国古代采用这种烹饪方式的首要目的是刺激味觉，使不可口的食物变得可口；久而久之，中国饮食就形成了注重色、香、味的特点，至于是否有营养则不太计较。所以在中国人的饮食中，比起西方饮食，更重视烹调的技法、选料、刀工、调味、火候等。

1. 讲究技法

中国的烹调技法如煮、蒸、烤、炒、烧、爆、煎、炸、溜、焖、熬，炖、熏、卤、腌、拌、涮等不下数十种。

2. 讲究选料

中国人在烹调时，对肉质的老、嫩，肉的部位都非常有讲究。在高级筵宴或重要的祭祀时专门选用羊羔、牛犊、小猪等肉质细嫩的家畜，甚至连家畜的雄雌都有讲究。

3. 讲究刀工

刀工在中国烹调技术中占有非常重要的地位，通过精湛的刀法可以将食材做成块、段、条、丝、片、丁、粒等形状，以适合烹调加工。刀工的精良与否，对食物的入味程度、口感好坏起着重要作用。

4. 讲究调味

烹饪食品时调味品放入时间的先后、量的多少，其间相差甚微，却都有一定的规则，都有一定的度，太早太迟、太多太少都会影响菜的口感。

5. 讲究火候

火候是指加热烹制食物过程中的火力大小、时间长短，掌握恰当的火候，可以使原料的成熟恰到好处，减少营养成分的流失，使食物的味道、形状、颜色符合烹饪要求。

为了追求饮食美味，中国人把食物的做法分为煮、烤、蒸、炒、炸五大类，由此产生了著名的具有代表性的鲁、川、粤、闽、苏、浙、湘、徽八大菜系。各种菜系的特点和烹饪方法也有所不同。鲁菜鲜咸、纯正，善用面酱，葱香突出，代表菜有葱烧海参、德州脱骨扒鸡、孔府一品锅、糖醋鲤鱼、九转大肠等；川菜辣、麻、油重、味浓，有“一菜一味，百菜百味”的美誉，代表菜有毛肚火锅、宫保鸡丁、麻婆豆腐、鱼香腰花、回锅肉等；粤菜讲究鲜嫩、爽滑，技法广采中西之长，趋时而变，点心精巧，大菜华贵，代表菜有三蛇龙虎凤大会、金龙脆皮乳猪、爽口牛肉丸、烧鹅、白斩鸡等；闽菜讲究滋味清新、色调美观，烹饪方法擅长于炒、蒸、煨，代表菜有佛跳墙、太极芋泥、龙身凤尾虾、鸡汤氽海蚌、通心河鳗等；苏菜讲究原汁原味，浓而不腻，鲜香酥烂，咸中带甜，烹调技艺擅长炖、烧、炒、焖、煨，代表菜有松鼠鳜鱼、清炖蟹粉狮子头、金陵桂花鸭、叫花鸡、沛公狗肉等；浙菜清香、脆爽、鲜嫩，注重原味，鲜咸合一，擅长调制海鲜、河鲜与家禽，代表菜有西湖醋鱼、龙井虾仁、干菜焖肉、冰糖甲鱼、干炸响铃、东坡肉等；湘菜多以辣椒、熏腊为原料，油重色浓，擅长腊、熏、炸、炒、炖、煨，代表菜有腊味合蒸、潇湘五元龟、霸王别姬、麻辣仔鸡、红椒酿肉等；徽菜以烹制山野海味著称，讲究火功，重色重油，要求食物保持原汁原味，代表菜有无为熏鸡、清蒸鹰龟、软炸石鸡等。最具代表性的是满汉全席，一般起码 108 种（南菜 54 道和北菜 54 道），分三天吃完，菜式有咸有甜，有荤有素，取材广泛，用料精细，包括各种山珍海味。

（二）传统饮食的“和合”特征

1. 中国传统饮食在食材选择上注重多样性的统一

中国传统饮食在食材选择上要求多样化，主食与副食搭配的膳食理念保证了人们对营养摄取的平衡。“五谷为养，五果为助，五畜为益，五菜为充，气味合而服之，以补精益气。”把五谷视为主食，五果、五畜、五菜视为副食，表现出中国传统饮食食材来源上的多样性，有利于营养的均衡。中国饮食不仅强调主食与副食的搭配，而且还强调主料与副料的融合。这种搭配与融合本身就是“和”的表现。清朝的袁枚就主料与副料的使用进行过说明：“烹调之法，何以异焉？凡一物烹成，必需辅佐。要使清者配清，浓者配浓，柔者配柔，刚者配刚，方有和合之妙。其中可荤可素者，蘑菇、鲜笋、冬瓜是也。可荤不可素者，葱韭、茴香、新蒜是也。可素不可荤者，芹菜、百合、刀豆是也。常见人置蟹粉于燕窝之中，放百合于鸡、猪之肉，毋乃唐尧与苏峻对坐，不太悖乎？亦有交互见功者，炒荤菜，用素油，炒素菜，用荤油是也。”足见中国饮食在食材搭配上的重视。

2. 中国传统饮食在食品烹饪上强调“咸、苦、酸、辛、甘”的五味调和

中国传统饮食文化中的五味调和理论，其思想根基可以追溯到中国哲学中的“五行”学说。“五行：一曰水，二曰火，三曰木，四曰金，五曰土。水曰润下，火曰炎上，木曰曲直，金曰从革，土爰稼穑。润下作咸，炎上作苦，曲直作酸，从革作辛，稼墙作甘。”（《尚书·洪范》）在这里，人们把自然现象和人的活动归结为水、火、木、金、土五种元素，饮食中的咸、苦、酸、辛、甘等五味便由此派生而来。五行统摄五味，表达了味之美来源于自然的观念。由于食材本身具有不同的性味，所以，融五味于菜肴之中，通过烹饪加工能够把食材本身之味与五味糅合到一起，使食品味道达到最佳效果。据《吕氏春秋·本味》记述，许多食物都有腥、臊、膻的气味，而如果能将调和食物滋味的咸、苦、酸、辛、甘等五味使用好，把烹饪食物的水、木、火等三材把握好，就能制成各种美味佳肴。

3. 在用餐上，讲究饮食环境气氛的和谐

中国人吃饭要有一个热闹、温馨的环境，天伦至亲或好友知己相聚围坐在一起，边吃边笑边谈话，显得十分亲密且热闹。即使和不太熟悉的客人在一起吃饭，也总会说说拉拢感情的话，让客人就像在自己家里一样。相反，用餐时如果主人和客人不谈话，在中国人看来，气氛就会显得格外冷清，是很不礼貌的行为。中国人用餐时这种其乐融融、同欢共乐的就餐环境，与西方人安静、克制的用餐文化大异其趣。

（三）传统饮食的审美特征

中国的饮食，除了食物本身的味道给人味觉的享受之外，食物的颜色、形状和名称，餐具的品质和风格以及就餐的环境等，都给人以美的享受。

中国烹调讲究色彩鲜明、温馨和谐，能够激发人的食欲。《山家清供》中记载：“采芙蓉花，去心、蒂，汤焯之，同豆腐煮，红白交错，恍如雪霁之霞，名‘雪霞羹’。”不难想象，这一道菜看着就是一种视觉享受。如果在主料的色彩上再配合一些副料的颜色给予点缀，更有锦上添花的美感。

中国饮食也讲究菜的造型。中国菜肴造型丰富，一盘菜经过装盘的堆放、排列、摆制、雕琢，可以塑造出不同的造型。据《清异录》记载，尼姑梵正用各种食物仿二十处景观做出大型的盆景；五代吴越地区用鱼片腌制发酵做成牡丹花，不能辨出真伪。食材塑造形态优美、惟妙惟肖，赏心悦目，给食者以美感的享受。

给菜肴加上优美的名称，也能使其增加美感。有的菜名具有高雅脱俗的艺术情趣，如几片胡萝卜，一盘炒蛋清，取名“红梅傲雪”；胡萝卜、西芹、黄瓜等拼在一起，取名“蝶恋花”，其他菜名如“雪里藏珍”“半月沉江”等都饶有诗词意境；有的菜名具有喜庆色彩，含有祝福的美好愿望，如“鸳鸯鱼片”“龙凤呈祥”“如意冬笋”“四喜汤圆”等；有的菜名还被赋予了浓厚的人文色彩，如“东坡肉”“太白鸡”以及和古代四大美女相关的“西施舌”“贵妃鸡”“貂蝉豆腐”“昭君鸭”等，听着这些菜名就会让人感受到中国传统饮食文化中所包含的丰富人文积淀。

器是指盛放食品的器皿。袁枚曾说：“美食不如美器。”食器使用得精当，可以增加食品的观感，提升饮食的意境。我国的饮食器具以陶瓷最为常见，瓷器不吸收水分，不与食物起化学作用，表面光滑，容易洗涤。而且，好的瓷器晶莹剔透，色彩多样，有幽雅的青花、鲜艳的红釉、洁净的白瓷、凝重的黑瓷等，这些都给人带来了很好的视觉效果。除瓷器外，还有铜器、金银器、玉器等，花样、色泽不断翻新。这些精美食器造型不一、风格别致，或玲珑小巧，或庄重典雅，或富丽堂皇，或精雕细琢，或简洁凝练，让人在饮食时获得丰富的审美享受。

良好的环境，可以增强人的食欲。酒席欢会，需要一定的环境气氛作烘托，以达到更好的效果。古代的文人雅士，喜欢在大自然中宴饮，把酒赋诗，欣赏小桥流水、芳草萋萋的自然之美。也有的是人造的环境，如为营造雅致的情调，唐代酒楼小店都将店里的墙壁粉白，供文人墨客在上面题诗作画；宋代的酒楼则张挂名人字画；现代的饭店则将音乐、舞蹈引入餐饮活动，使客人可以一边饮食一边欣赏。无论是自然还是人为的环境，都使餐饮活动更具有审美趣味。

（四）传统饮食的礼仪特征

中国是礼仪之邦，礼仪文化很自然地渗入到饮食中。饮食礼仪形成于周代，以后历代沿袭因循。传统饮食礼仪的涵盖面很广，按阶层划分，有宫廷皇家食礼、官府缙绅食礼、军营将士食礼、书院士子食礼、市场商贾食礼、行帮工匠食礼、城镇居民食礼和乡村农夫食礼；按用途分，有祭神祀祖食礼、重教尊师食礼、敬贤养老食礼、生寿婚丧食礼、贺年馈节食礼、接风饯行食礼、诗文欢会食礼、社交游乐食礼、百业帮会食礼和民间应酬食礼种种，形式和内容丰富多彩。上自帝王将相，下至黎民百姓，无不与之发生广泛的联系，无不依靠它进行社会交际。在各种食礼中，都强调尊卑、长幼之别，如宴席上必须以主宾、长幼、尊卑、亲疏、贵贱排列座次，同时在饭、菜的食用上都有严格的规范，通过饮食礼仪体现等级区别。

四、趣味小故事

（一）涮羊肉的由来

“涮羊肉”的由来与忽必烈有关。700 年前，元世祖忽必烈有一次在率军征途中，突然想吃草原美味“清炖羊肉”。于是随军厨师马上宰羊剔肉。不料敌情突发，来不及做“炖羊肉”了，厨师急中生智，将羊肉切成薄片，放在锅里一搅和就捞出来，放点调料送了上去。忽必烈饥不择食，吃罢迎敌并获全胜。军队凯旋后，忽必烈大喜，命厨师再如法炮制以宴群臣，并建议多放佐料，群臣吃后赞不绝口。忽必烈赐名“涮羊肉”。

涮羊肉

（二）宫保鸡丁的由来

晚清丁宝桢，因生前被封“太子少保”，所以被尊称为丁宫保。话说，当年丁宝桢由山东调任四川巡抚，时值都江堰水患。“新官上任三把火”，丁宝桢遂前往视察。某次视察耽误了午饭时间，于是他就在道边一家小餐馆进餐，不巧那天餐馆生意很好，菜已卖完，无菜可炒。众人饥肠辘辘，又等不及去别的餐馆，店主就用鸡肉和花生米，加上调料快炒之。没想到味道非常鲜美，丁宝桢很是满意，于是“宫保鸡丁”流传开来。

宫保鸡丁

（三）臭豆腐的由来

相传清朝康熙年间，安徽有一人叫王致和，他多次进京赶考，却屡考屡败，无奈之下，只好在京暂谋生计。王致和的父亲是开豆腐坊的，曾在王致和小的时候教过他做豆腐。于是，王致和租赁了几间房，并购置了一些简单设备，开始做豆腐，沿街叫卖。时值夏季，有时卖剩下的豆腐很快发霉，无法食用。但王致和又不甘心废弃，于是苦思对策。他将这些豆腐切成小块，稍加晾晒，寻得一口小缸，用盐腌了起来。之后他歇伏停业，一心攻读，渐渐地便把此事忘了。秋风送爽，王致和又想重操旧业，蓦地想起那缸腌制的豆腐，赶忙打开缸盖，一股臭气扑鼻而来，取出一看，豆腐已呈青灰色，用口尝试，觉得臭味之余却蕴藏着一股浓郁的香气，虽非美味佳肴，却也耐人寻味，送给邻里品尝，大家都称赞不已。后经不断改良，“王致和臭豆腐”已成老字号。

（四）老婆饼的由来

清末广州有一老字号茶楼，以各式点心及饼食驰名。某日，茶楼里一位来自潮州的点心师傅，带了店里各式各样的招牌茶点回家给老婆吃，想不到他老婆吃了之后，不但没称赞店里的点心好吃，甚至还嫌弃地说："茶楼的点心竟是如此平淡无奇，没一样比得上我娘家的点心冬瓜角！"这位师傅听了之后心里自然不服气，就叫他老婆做冬瓜角给他尝尝！一尝之下，风味果然清甜可口，这位潮州师傅不禁称赞起老婆娘家的点心。隔日，潮州师傅就将冬瓜角带回茶楼请大家品尝，茶楼老板吃完后更是赞不绝口，问起这是哪一间茶楼做的点心，师傅说："是潮州老婆做的！"老板就将之命名为潮州老婆饼，并且请这位潮州师傅改良后在茶楼贩卖，结果大受好评！老婆饼因而得名。

（五）佛跳墙

在福州民间佛跳墙这道菜有三种传说。

（1）清朝同治末年，福州一位官员设家宴请福建布政司同僚，其绍兴籍夫人亲自下厨做了一道菜，名叫"福寿全"，内有鸡、鸭、肉和几种海产，一并放在盛绍兴酒的酒坛内煨制而成。同僚吃后赞不绝口，遂命衙厨仿制。衙厨登门求教，并在用料上加以改良，多用海鲜，少用肉类，使菜越发鲜香可口。因福州话"福寿全"与"佛跳墙"的发音相似，久而久之，"福寿全"就被"佛跳墙"取代并名扬四海。

（2）福建风俗，新媳妇出嫁后的第三天，要亲自下厨露一手茶饭手艺，侍奉公婆，以博取赏识。传说一位富家女，自幼娇生惯养，不习厨事，出嫁前夕愁苦不已。她母亲便把家里的山珍海味都拿出来做成各式菜肴，一一用荷叶包好，告诉她如何烹煮。谁知到了出嫁后的第三天，这位小姐竟把烧制方法忘光了，情急之间她就把所有的菜一股脑儿倒进一个酒坛子里，盖上荷叶，撂在灶里头。第二天浓香飘出，合家连赞好菜，这就是"十八个菜一锅煮"的"佛跳墙"的来头了。

（3）相传有一群乞丐每天提着陶钵瓦罐四处讨饭，晚上聚集在寺庙外的墙边把讨来的各种残羹剩菜倒在一起烧煮，热气腾腾，香味四溢。某日，有个和尚闻到了，禁不住香味引诱，跳墙而出，大快朵颐，并有诗为证："酝启荤香飘十里，佛闻弃禅跳墙来。"

佛跳墙

饮食与礼仪

我国是礼仪之邦，吃饭用餐都很有讲究，饮食礼仪也是饮食文化的重要组成部分。

1. 座次

总的来说，若是圆桌，座次是“以右为上”“面朝大门为尊”。正对大门的为主人座，主人两边的位置，右侧尊于左侧，离主人越近的越尊贵。若为八仙桌，如果有正对大门的座位，则正对大门一侧的左边位置为尊。如果不正对大门，则北面东侧的一侧为首席。如果为大宴，桌与桌间的排列讲究首席居前居中，左边依次2、4、6席，右边为3、5、7席，根据主客身份、地位、亲疏分坐。如果你是主人，你应提前到达，在靠门的位置等待，并且为来宾引座。如果你是客人，那么就应该听从主人的安排入座，

2. 点菜

如果时间允许，应该等大多数客人到齐之后，将菜单供客人传阅并请他们来点菜。如果你的上司在酒席上，千万不要因为尊重他，或是认为他应酬经验丰富，而让他来点菜，除非是他主动要求。如果你是赴宴者，不该在点菜时太过主动，而应请主人来点菜。如果对方盛情要求，你可以点一个不太贵且不是大家忌口的菜，点菜前记得征询一下桌上人的意见，让大家感觉被照顾到了。点菜后，可以说“我点了菜，不知道是否合大家的口味”“要不要再点些其他的”等。点菜时，可根据以下三个规则：一看人员组成；二看菜肴组合；三看宴请的重要程度。还有一点需要注意，点菜时不应问服务员菜肴的价格或讨价还价，这样会显得小家子气，而且客人也会觉得不自在。

3. 吃菜

中国人一般都很讲究吃，并且也很讲究吃相。随着职场礼仪越来越被重视，饭桌上的吃和吃相也更加讲究。在中餐宴席进餐开始，服务员送上的湿毛巾是擦手的，不要用它去擦脸。上龙虾、鸡、水果时，会送上一只小水碗，碗里漂着柠檬片或玫瑰花瓣，它不是饮料，而是洗手用的。用餐时要注意文明礼貌，对外宾不要反复劝菜，可向对方介绍菜的特点，是否吃随对方意。客人入席后，不要立即动手取食，而应待主人打招呼，由主人举杯示意开始时，客人才能开始，不能抢在主人前面。夹菜要文明，应等菜肴转到自己面前时，再动筷子，不要抢在邻座前面，一次夹菜也不宜过多。要细嚼慢咽，这不仅有利于消化，也是餐桌上的礼仪要求，决不能大块往嘴里塞，狼吞虎咽，这样会给人留下贪婪的印象。不要发出不必要的声音，如喝汤、吃菜时嘴里发出声响，这都是粗俗的表现。嘴里的骨头和鱼刺不要吐在桌子上，可用餐巾掩口，用筷子取出来放在碟子里。餐后不要不加控制地打饱嗝，在主人还没示意结束时，客人不能先离席。

4. 喝酒

在酒桌上也有很多学问和讲究，以下一些酒桌上的小细节需注意：

细节一：长辈或领导相互敬完才轮到自己敬酒，敬酒一定要站起来，双手举杯。

细节二：可以多人敬一人，决不可一人敬多人，除非是长辈或领导。

细节三：自己敬别人，如果不碰杯，自己喝多少可视情况而定。

细节四：自己敬别人，如果碰杯，说一句“我喝完，您随意”，方显大度。

细节五：记得多给客人添酒，不要乱给上司代酒。

细节六：端起酒杯时右手握杯，左手垫杯底，记着自己的杯子永远低于别人。

细节七：如果没有特殊人物在场，敬酒最好按顺时针顺序进行，不要厚此薄彼。

细节八：碰杯、敬酒，要有恭敬或祝福的说辞。

细节九：假如遇到酒不够的情况，可将酒瓶放在桌子中间，让客人自己添。

5. 倒茶

首先，茶具要清洁。客人进屋后，先让座，后备茶。冲茶之前，一定要把茶具洗干净，在冲茶、倒茶之前最好用开水烫一下茶壶和茶杯，这样既讲究卫生，又显得彬彬有礼。现在一般的公司都使用一次性杯子，在倒茶前要注意给一次性杯子套上杯托，以免水热烫手，让客人一时无法端杯喝茶。

其次，茶叶要适量。茶叶过多则茶味过浓，茶叶太少则冲出的茶没味道。假如客人主动介绍自己喜欢喝浓茶或淡茶的习惯，那就按照客人的口味把茶冲好。倒茶时，不管杯子大小，都不能倒得太满，太满了容易溢出，若不小心还会烫伤自己或客人的手脚。当然，也不宜倒得太少。

再次，端茶要得法。按照我国传统习惯，应用双手给客人端茶。双手端茶也要注意，对有杯耳的茶杯，通常是用一只手抓住杯耳，另一只手托住杯底，把茶端给客人。

最后，添茶要及时。如果上司和客户的杯子里需要添茶，要主动去做，也可以示意服务生来添茶，或让服务生把茶壶留在桌上，由自己亲自来添茶。当然，添茶的时候要先给上司和客户添，最后再给自己添。

6. 离席

一般酒会和茶会的时间较长，大约都有两小时。一场宴会进行得正热烈的时候，因为有人想离开，常会引起众人一哄而散的结果，使主办人着急。为了避免这种尴尬的场面，当你要中途离开时，不要和每一个人告别，只需悄悄地和身边的两三个人示意。中途离席，一定要向邀请你来的主人说明、致歉，不能不告而别。和主人打过招呼，应该马上就走，不要拉着主人一直聊天。

第三节　中国建筑文化

中国古代建筑的类型十分庞杂，大致可分为四大类：第一类为社会管理类，包含政权建筑及其设施、防御建筑、标志建筑，其中皇家建筑是历代统治者所极力营造的，高度凝聚了劳动者的智慧和时代成就；第二类为基本生活类，包含居住建筑、市政建筑、商业手工建筑，其中民居建筑在所有建筑中的数量最多；第三类为精神教化类，包含礼制建筑、宗教建筑、教育文化娱乐建筑，其中以祭祀活动为主要内容的礼制建筑为历朝统治者所重视，成为中国古代一种重要的建筑类型；第四类为风景园林类，有皇家园林、寺庙园林、私家园林，以及风景区的亭台楼阁等。每一类建筑都有其独特的建筑形式、特定的功能，蕴含特定的文化内涵。

中国古代建筑既是生活的场景，也是咏叹的舞台，更是人们须臾不离的生死之地，是身体与心灵的庇护之所。

一、皇家建筑

中国古代的皇帝称为“天子”，拥有至高无上的权力，历朝历代在修建皇家建筑时都会不惜动用巨大的物力、财力，征调一流的工匠，因此皇家建筑是最隆重的建筑物，也最能代表一个时代建筑的最高成就。

（一）宫殿

据文献资料的记载，自夏朝建立后，就曾建造宫室，开启了中国古代宫殿建筑的历史。修建宫殿建筑，因为要满足帝王治国理政、日常起居、休闲娱乐和祭祀等需要，所以在建筑的布局和设置上，均以单体建筑为单元，基本分为主殿、配殿和附属建筑几类。这些单体建筑均按照一定的次序排列，组合成一组建筑群。其中，主殿均位于中轴线上，其他殿堂则布列于中轴线两侧。皇宫内分为前朝、后寝两部分。在殿堂建筑群四周均筑有围墙，围护成一个独立、封闭的区域。这个区域内即为皇宫，基本处于都城的中心位置。

出于历史原因，明朝以前历朝的宫殿建筑均已不存。现完整保存的宫殿建筑，均为明、清两代的宫殿。

故宫又称“紫禁城”，“紫禁”之名源自紫微宫，古人认为紫微星是宇宙的中心，天帝所居之处。汉代将首都长安未央宫称为紫微宫。清顺治十二年（1655 年），命名宫禁为紫禁城。紫禁城是皇城的核心部分，位居北京城的中心部位，是明、清两代的皇宫，是世界现存最大、最完整的木质结构的古建筑群，是无与伦比的古代建筑杰作。

清代紫禁城东西宽约 760 米，南北长约 960 米，占地面积约 72 万平方米，建筑面积 15.5 万平方米。宫殿是沿着一条南北方向的中轴线排列的，三大殿、后三宫、御花园都位于这条中轴线上，并向两旁展开，南北取直，左右对称。这条中轴线不仅贯穿紫禁城，而且南达永定门，北到鼓楼、钟楼，贯穿整个城市。所有宫殿建筑均是木结构、黄琉璃瓦顶、青白石底座，饰以金碧辉煌的彩画。

故宫院落的布局集中体现了皇权的至高无上，有居中、居前、居高等特点。

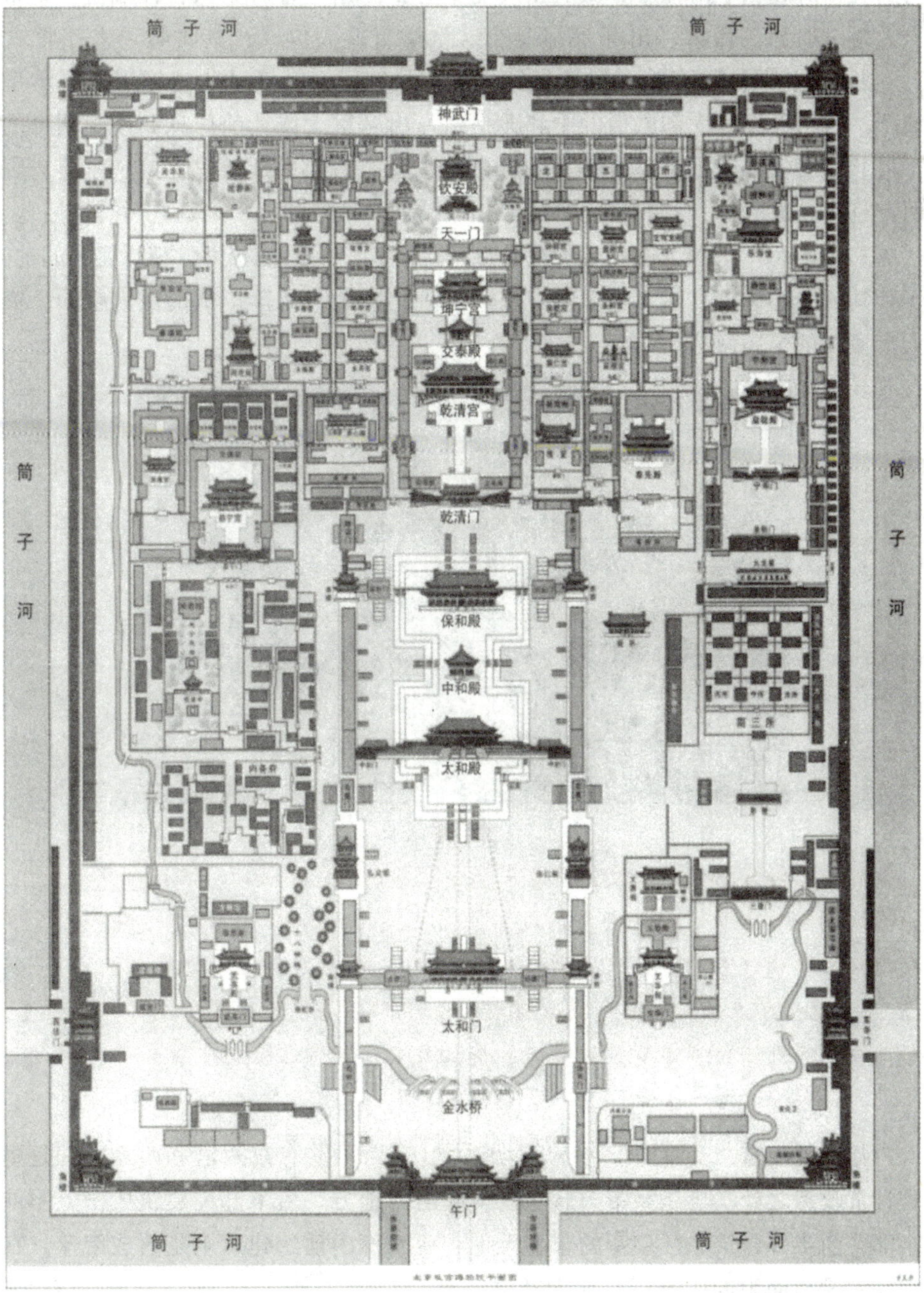

北京故宫平面图

居中：将皇帝临朝和帝后居住的院落布置在紫禁城的中轴线上，以体现皇权至尊威严，其他各宫殿院落围绕中轴线两侧安排，形成紫禁城东路、西路宫殿基本对称的格局。

居前：以乾清门为界，采用“前朝后寝”的院落布局。前部宫殿，庭院明朗开阔，在中轴线约十分之六的南段，布置了太和、中和、保和三大殿。其中，太和殿最为高大、辉煌，坐落在紫禁城对角线的中心，四角上各有十只吉祥瑞兽。皇帝登基、大婚、册封、命将、出征等都要在这里举行盛大仪式，其时数千人三呼“万岁”，数百种礼器钟鼓齐鸣，尽显皇家气派。故宫的设计者认为这样可以显示皇帝的威严，震慑天下。太和殿后的中和殿是皇帝出席重大典礼前休息和接受朝拜的地方，最北面的保和殿则是皇帝赐宴和殿试的场所。后部内廷要求深邃、紧凑，因此东西六宫都自成一体，各有宫门宫墙，相对排列，秩序井然。内廷之后是宫后苑。

居高：太和、中和、保和三大殿是皇帝举行朝会、行使权力、举行盛典的地方，位于紫禁城中心位置高达 8 米多的三层平台上，宫殿与院落形成的巨大空间，突出了天授皇权的至高威严。

太和殿

太和殿平时并不用于上朝，而是用来举行各种典礼的场所，实际使用次数很少。明、清两朝皇帝上朝的地方主要在太和门、乾清门（为御门听政）、乾清宫（有大事或重要的事情时皇帝召见大臣所在地）和养心殿（清朝后期垂帘听政）。明、清两朝 24 个皇帝都在太和殿举行盛大典礼，如皇帝登基即位、皇帝大婚、册立皇后、命将出征，此外每年万寿节、元旦、冬至三大节，皇帝在此接受文武官员的朝贺并向王公大臣赐宴。

内廷以乾清宫、交泰殿、坤宁宫为中心，东西两翼有东六宫和西六宫，是皇帝处理日常政务之处，也是皇帝与后妃日常起居的地方。后半部在建筑风格上不同于前半部，前半部建筑象征皇帝的至高无上，后半部内廷的建筑多是自成院落。在故宫内廷的最后面为坤宁宫，是明朝及清朝雍正皇帝之前的皇后寝宫，两头有暖阁。雍正后，西暖阁为萨满的祭祀地。

故宫建筑的后半部叫内廷，乾清门是内廷宫殿的大门，左右有琉璃照壁，门里是后三宫。

故宫内所有建筑都用红墙、黄琉璃瓦，檐下彩绘，地铺青砖，主要建筑衬以汉白玉阶陛，整齐严肃，气势雄伟，作为明、清两朝的宫城，整个设计思想突出体现了封建帝王的权力和森严的封建等级制度，满足宫廷各种功能需要，合乎礼制又创造出丰富的空间环境，是综合营造理念和高超技术体系之大成。

（二）陵墓

古人注重死后的归宿，各阶段的陵墓各具特点。中国帝王陵墓包括陵墓及其附属建筑，合称为陵寝，其规模宏大、数量众多、历史悠久、布局严谨、建筑宏伟、工艺精湛，在世界上独一无二。

秦朝是中国历史上第一个统一的中央集权的封建制国家。秦始皇开创的陵寝制度对以后历代帝王陵园建筑的影响巨大。秦始皇陵的主体至今仍没有发掘，但是已出土的陪葬坑——兵马俑坑早已闻名世界。

秦始皇陵兵马俑

公元前246年，年仅十三岁的秦王嬴政就开始修建自己的陵墓，历时三十九年才完工。目前出土的三个墓坑，其规模已经相当惊人，三个坑的挖土量达到十万多立方米。陵园的布局继承了秦国的陵寝制度，同时吸收了东方六国陵寝的一些做法，规模宏大且设施完备，仿照都城宫殿的规划布置，充分体现了中央集权制封建皇权的至高无上。

比较完整留下全貌的当数明清两代的皇陵。明朝皇帝的陵墓主要在北京的昌平区天寿山下，即十三陵。明十三陵中规模最大、最宏伟的是长陵（葬成祖朱棣）和定陵（葬神宗朱翊钧）。

明十三陵牌坊

明十三陵牌坊为中国现存最大的石牌坊，象征着墓葬主人与众不同的身份。

整个十三陵陵区气势恢宏，中轴对称，与周围的自然环境和谐统一。而这种中轴对称，使人很自然地联想到北京城的布局。长陵的陵宫建筑，其平面布局呈前方后圆形状，前面的方形部分由前后相连的三进院落组成。第一进院落，前设陵门一座，其制为单檐歇山顶的宫门式建筑；第二进院落，前设殿门一座，名为祾恩门，为单檐歇山顶形制，院内北面正中位置建有高大巍峨的祾恩殿，颇似缩小的故宫太和殿；第三进院落，处于祾恩殿与宝城之间。这种三进院落的形式与北方常见的民居形式——四合院十分相像。

皇陵的设计，让人感受到的不仅是建筑与自然的和谐统一，还有生者与死者之间的紧密联系——陵墓与城市、皇宫乃至民居都有一脉相承的设计理念，从中体现了古代中国人的生死观和价值观。

二、民居

中国传统民居深受宗法伦理思想与阴阳五行学说的影响。中国古代宗法伦理中的“礼”讲究的是父尊子卑、长幼有序、男女有别。表现在建筑布局上，就是父母居住的正屋安排在整个组群的中轴线上，位置居中；子孙辈居住的厢房对称排列在正屋东西两侧；父辈与子孙辈的居室在建筑规模、室内装饰和陈设上也有等级之分。男女之别反映在居室布局上，就是男处外室、女居内室。

中国地域广大，民族众多，不同的地理环境与民族风俗使分布在各地的民居在遵循中国传统建筑基本规律的前提下，具有浓郁的地方特色和民族风情。

（一）四合院

平遥古城完整地保存了中国明清时代的民居面貌，房子大多都被围在一个个院子里，方方正正，从空中望去，就好像一个个抽屉摆在一起，这就是中国北方的主流民居——四合院。典型的四合院是由“四”面的房子“合”起来围成的“院”子。在这个封闭的院子中，房屋的朝向、布局和功能都是有讲究的。

以北京的四合院为例，正规的四合院一般依东西向的胡同坐北朝南，大门辟于宅院东南角“巽”位，按风水学说和八卦方位，这是最吉利的“坎宅巽门”，可以带来财运。进门后迎面是一堵饰有精致砖雕的影壁，转西是一个小而窄的前院，院南的倒座房作外客厅、书塾、账房或者杂物间。前院北端是宅院的二门，也称“垂花门”，它位于南北向中轴线上，是分割内宅与外宅的分界门。垂花门内就是四合院的主庭院。庭院北边坐北朝南的是正房，大多三开间，两侧设有耳房。厢房对称地分布在庭院两侧，各三间。四合院还可以随着家族人口增长或生活需要“扩张”成多进院落，运用廊与墙来串

三进四合院外观鸟瞰效果图

联、围隔。

（二）吊脚楼

中国西南地区的建筑样式完全呈现出另一种面貌。这里风景秀丽、多山多水、气候潮湿，很多少数民族聚居在此。其中，苗族、壮族、布依族、侗族、水族、土家族等民族往往把自己的家建在半山坡上，一面靠着山，其他三面用柱子支起，建成“吊脚楼”。

吊脚楼

吊脚楼通常分为三层：一层养牲畜、放农具；二层里面是卧室，外面是堂屋；三层很矮，但通风极好，用来存放粮食。西南地区山地多、平地少，吊脚楼的多层结构依山势而建，巧妙地利用了有限的空间且三面立柱，阳光明媚，通风良好，有效地避免了潮湿。

（三）福建土楼

福建土楼俗称“生土楼”，因其大多数为福建客家人所建，故又称“客家土楼”。它是一种供聚族而居且有防御性能的民居建筑，源于古代中原生土版筑建筑工艺技术，宋元时期就已出现，明清时期趋于鼎盛，延续至今。结构上以厚实的夯土墙承重，内部为木结构。

福建南靖土楼

从外观上看，土楼就像堡垒一样。圆形一周都是房屋，中间围起封闭的大院子，厅堂就设置在院子中央。土楼里有水井、粮仓并喂养牲畜。

土楼的主要材料是木材和沙质黏土。木材主要用作房屋的梁、柱以及墙体的框架，沙质黏土则用来夯筑土墙。梁、柱等结构和中国传统木结构建筑差别不大，土楼的主要特点体现在土墙上。通过特定比例的混合，沙质黏土能够同时规避开裂和松散两个缺点，这样的黏土经过夯筑，会使墙体变得异常坚固，可以抵抗巨大的冲击。更神奇的是，当土楼老旧或要搬迁重筑的时候，墙体的黏土几乎可以完全重复利用，在今天看来，也不失为一种优质的绿色环保建筑材料。

土楼内部

三、礼制建筑

明清时期的天坛、地坛等，是帝王进行祭祀的地方，也是最能体现天人合一的大院子，其空间的寓意也深刻体现了天人对话的天地观及其丰富的内涵。北京天坛是古代坛庙建筑中最重要的遗存。

在北京，帝王等进行祭祀或活动的地方俗称“九坛八庙”。九坛八庙的主题与形式，是中国漫长而深厚的农耕文明在建筑文化上的集中体现。明永乐十八年（1420 年）建天地坛，配有日月、星辰、云雨、风雷四从坛，天地日月同祭。明嘉靖九年（1530 年）决定天地分祭，在大祀殿南建圜丘祭天，在北城安定门外另建方泽坛祭地。嘉靖十三年（1534 年），圜丘改名天坛，方泽坛改名地坛。大祀殿废弃后，改为祈谷坛。嘉靖十七年（1538 年），祈谷坛被废，于十九年（1540 年）在坛上另建大享殿，二十四年（1545 年）建成，于清乾隆十六年（1751 年）改名祈年殿。自此，北京天坛成为一座巨大的院落，包括圜丘、祈谷坛，占地面积比故宫还大，其坛墙南方北圆，象征天圆地方。天坛象征了中国人理念中的天地关系，体现了古代中国人的宇宙观，历代帝王都要在此顶礼膜拜。天坛神圣、崇高、典雅，备受世人尊敬。

天坛祈年殿典雅华贵，是北京天坛巨大院落诸要素核心之一，是最高大的中心建筑物，也是北京天坛的建筑象征，在一定程度上，也是北京乃至中国传统建筑的象征。

祈年殿

祈年殿由28根金丝楠木大柱支撑，柱子环转排列：内层4根龙井柱，高19.2米，直径1.2米，支撑上层屋檐；中层12根金柱支撑第二层屋檐，在朱红色底漆上以沥粉贴金的方法绘有精致的图案；外层12根檐柱支撑第三层屋檐。相应设置三层天花，中间设置龙凤藻井；殿内梁枋施龙凤和玺彩画。祈年殿内层4根龙井柱，象征一年的春夏秋冬四季；中层12根大柱比龙井柱略细，名为金柱，象征一年的12个月；外层12根柱子叫檐柱，象征一天的12个时辰。中、外两层柱子共24根，象征二十四节气。

祈谷坛是举行孟春祈谷大典的场所，主要建筑有祈年殿、皇乾殿、东西配殿、祈年门、神厨、宰牲亭、长廊，附属建筑有内外壝墙、具服台、丹陛桥，内坛墙上东南西北各设天门，西外坛墙设祈谷坛门，内坛东部有七星石。祈谷坛的祭坛为坛殿结合的圆形建筑，是根据古代“屋下祭帝”的说法建立的。坛为三层，高5.6米，下层直径91米，中层直径80米，上层直径68米；殿为圆形，高38米，直径32.7米，三重蓝琉璃瓦，圆形屋檐，攒尖顶，宝顶鎏金。

四、园林

中国古典风景园林是中国古代建筑艺术诗画长卷的绚丽之处，其艺术意境之高，是中国古代建筑艺术的代表之一。中国古典园林作为一门特殊的艺术，包含多种艺术——建筑、园艺、盆景、绘画、诗词，并经过长期相互交融渗透，进而成为一个体系完整的艺术门类。

皇家园林与私家园林是中国古典园林中最具代表性的两个类型，二者在各自的布局、构思、选材及对构景要素的处理上自成体系，从而形成了迥然不同的艺术风格。

（一）皇家园林

中国古典园林之皇家园林，壮观而有秩序，绚丽而威仪。

皇家园林之壮观，首先在于其面积广袤。皇家园林萌发于商周时期，其园主为帝王，园主至高无上的地位决定了其造园的规模与档次。而明清时期经济繁荣，绝对君权的集权政治发展至巅峰，皇家园林的规模较以前更为宏大，更体现皇家气派。如颐和园约占地2.9平方千米，圆明园约占地3.4平方千米，而承德避暑山庄约占地5.64平方千米。

皇家园林之壮观，其次在于园里山大、水多，建筑物数量多、体量大。例如，颐和园囊括了整个万寿山、昆明湖，拥有3000余间宫殿园林式建筑，可见其规模之大。

较之私家园林，皇家园林更多体现了严整对称的秩序美。如紫禁城中轴线尽端的御花园，体现了封建都城规划的“前宫后院”传统格局。其布局按照宫廷模式，主次相辅、左右对称，园路布设呈纵横规整的几何式，山池花木仅为建筑的陪衬和庭院的点缀。

皇家园林的建筑不仅具备物质的实用功能，而且注重其精神性的作用，凸显“皇权至尊，天子威仪”，整体布局宏大，单体建筑体量巨大，建筑群组合丰富，用色强烈，外观风格华丽，装修陈设富丽堂皇。

“三山五园”是北京皇家园林之集大成者，“三山”是指万寿山、香山和玉泉山，围绕三山分别建有颐和园（清漪园）、静宜园、静明园，还有附近的畅春园和圆明园，统称“五园”。

圆明园遗址

圆明园又称圆明三园，是清朝一座大型皇家宫苑，它坐落在北京西郊，与颐和园毗邻，由圆明园、长春园和万春园组成，所以也称圆明三园。此外，还有许多小园，分布在东、西、南三面，众星捧月般环绕周围。圆明园最大的特点是平地造园、以水为主、层次分明、体系完备、园中有园，一组又一组的中小型园林及建筑群布满全园。它们形式多样，或以建筑为中心，配以山水植物，或在山水之中点缀亭台楼阁，或利用山丘或墙垣形成一个又一个既独立又相互联系的小园。园中建筑类型多、形式多，极富变化，且集中出现了西方建筑形式，这是西方建筑形式第一次集中地出现在中国。

颐和园

颐和园是我国现存规模较大、保存较完整的皇家园林，在世界古典园林中享有盛誉。颐和园布局和谐、浑然一体，主要由万寿山和昆明湖两部分组成，其中水面占四分之三。环绕在山湖之间的宫殿、寺庙、园林建筑可概括为宫廷、居住、游览三大区域。园中的长廊、石舫、佛香阁、宝云阁、大戏楼、十七孔桥、玉带桥等都是艺术珍品。

颐和园自万寿山顶的智慧海向下，由佛香阁、德辉殿、排云殿、排云门、云辉玉宇坊，构成了一条层次分明的中轴线。山下是一条长700多米的“长廊”，长廊枋梁上有彩画8000多幅，号称“世界第一廊”。长廊之前是昆明湖，昆明湖的西堤是仿照西湖的苏堤建造的。万寿山后山、后湖古木成林，有藏式寺庙、苏州河古买卖街。后湖东端有仿无锡寄畅园而建的谐趣园，小巧玲珑，被称为“园中之园”。

颐和园的园林造景，充分利用自然景观，将园林建筑完美地融入天然山水之中，成功地造就了皇家园林的宏大气势和至高无上的皇家风范。整个园林艺术构思巧妙，在中外园林艺术史上地位显著，是举世罕见的园林艺术杰作。

（二）私家园林

中国古典园林除皇家园林外，还有一类为官吏、富商、地主等私人所有，称为私家园林。私家园林规模不大，通常采用“园虽小而诸境皆备”的“壶中天地”范式，追求雅致淡泊的意境。

魏晋南北朝时期，有实力的士族、士大夫开始在自己生活居住之地兴建具有山水之美的小环境，寄情于山水之间，这就是私家园林的开端。与皇家园林的广袤面积相比，私家园林可谓土狭地偏，园林面积非常小，不过“十亩之宅，五亩之园，有水一池，有竹千竿”，多追求自然意境而不是简单模仿。

私家园林大多以建筑作为园林景物的主体，有雕梁画栋，更有粉墙黛瓦，有精雕细砌，更有求拙苍秀，不一而论，大体有三个共性。

一是自然自由的布局。私家园林是庭院空间，或临街而建，或枕水而居，或藏于深巷。园林中各个景区、景物的设置都反映了一定的主题思想，多自由曲折的园路，峰回路转、小桥流水、曲径通幽，有着千变万化、匠心独运的空间组合，其布局是自然和自由的，不求对称严整，而求独特不拘。

二是野趣求拙的意境。私家园林的园主多为文人，其园林主要用来体现文人士大夫怡情自然山水、超脱世俗功名的情结，追求的是一种山林野趣和朴实的自然美，将景物在有限的空间无限地拓展和延伸。

三是天然淡雅的风格。私家园林在建筑风格上讲究曲折、流畅、轻盈。其建筑风格是一种“清水出芙蓉，天然去雕饰”的淡雅之美。园林建筑以粉墙居多，配以灰色瓦顶、栗色梁柱，内饰多用白墙、木本色、砖本色，色彩素净明快。苏州网师园冷泉亭、半亭的攒尖顶是黑的，漏明墙是白的，粉墙黛瓦，黑白相映，素净淡雅，饶有韵致。

拙政园

拙政园占地78亩（约52000平方米），分为东、中、西和住宅四个部分。拙政园中现有的建筑大多是在清咸丰十年（1860年）成为太平天国忠王府花园时重建，至清末形成东、中、西三个相对独立的小园。

拙政园利用园地多积水的优势，疏浚为池，水面约占园林面积的三分之一，“凡诸亭槛台榭，皆因水为面势”，用大面积水面造成园林空间的开朗气氛，基本上保持了明代“池广林茂”的特点。早期的拙政园，林木葱郁，水色迷茫，景色自然，园林中的建筑十分稀疏，仅“堂一、楼一、为亭六”而已，建筑数量很少，大大低于今日园林中的建筑密度。竹篱、茅亭、草堂与自然山水融为一体，简朴素雅，一派自然风光。中部现有山水景观部分，约占据园林面积的五分之三。池中有两座岛屿，山顶池畔仅点缀几座亭榭小筑，景区显得疏朗、雅致、天然。

拙政园的园林建筑早期多为单体，到晚清时期发生了很大变化，厅堂亭榭、游廊画舫等园林建筑明显地增加，建筑趋向群体组合。庭院空间变幻曲折，在园林山水和住宅之间，穿插了两组庭院，较好地解决了住宅与园林之间的过渡。对山水景观而言，由于这些大小不等的院落空间的对比衬托，主体空间显得更加疏朗、开阔。这种园中园、多空间的庭院组合，空间的分割渗透、对比衬托，空间的隐显结合、虚实相间，空间的蜿蜒曲折、藏露掩映，空间的欲放先收、欲扬先抑等手法，其目的是突破空间的局限，收到小中见大的效果。这种处理手法在苏州园林中带有普遍意义，也是苏州园林共同的特征。

留园

留园以其别具一格、收放自如的精湛建筑艺术而享有盛名。层层相属的建筑群组，变化无穷的建筑空间，藏露互引，疏密有致，虚实相间，旷奥自如，令人叹为观止。全园分成主题不同、景观各异的东、中、西、北四个景区，景区之间以墙相隔、以廊贯通，又以空窗、漏窗、洞门使两边景色相互渗透，隔而不绝。

一进大门，留园的建筑艺术就不同凡响：狭窄的入口内，两道高墙之间是长达50余米的曲折走道，造园家充分运用了空间大小、方向、明暗的变化，将这条单调的通道处理得意趣无穷。过道尽头是迷离掩映的漏窗、洞门，中部景区的湖光山色若隐若现。绕过门窗，眼前的景色才一览无余，收到了欲扬先抑的艺术效果。留园内的通道通过环环相扣的空间造成层层加深的气氛，游人看到的是回廊曲折、小院深深，是接连不断、错落变化的建筑组合。园内精美宏丽的厅堂，则与安静闲适的书斋、丰富多样的庭院、幽僻小巧的天井、迤逦相属的风亭月榭巧妙地组成有韵律的整体。

留园建筑艺术的另一重要特点，是它内外空间关系格外密切，并根据不同意境采取多种结合手法。建筑面对山池时，欲得湖山真意，则取消面湖的整片墙面；建筑各方朝向不同的露天空间时，就以室内窗框为画框，将室外空间作为立体画幅引入室内。室内外空间的关系既可以用建筑围成庭院，也可以用庭园包围建筑；既可以用小小天井取得装饰效果，也可以将室内外空间融为一体。千姿百态、赏心悦目的园林景观，呈现出诗情画意的无穷境界。

中国传统建筑的这些特点，不仅极大地丰富了中国传统文化的形式和内容，展示了中国古代的艺术成就，还显示了中华民族的创新精神和审美观，更体现了中国传统建筑的民族性。

五、传统建筑的文化特征

（一）以人为本的设计理念

传统建筑设计的出发点是尽量满足人的物质和精神的双重需求，将实用和审美高度统一起来，营造一种舒适温馨的居住环境。对称向心的整体布局使人感到稳定、安全，体现了农业民族的共同心态。“坐北朝南，依山傍水”的风水观，既有物质的需求，如冬暖夏凉，光线充足，水源丰富，冬可避寒冷强劲的北风，夏可迎清凉的南风，可谓得风、得水、得光，舒适温暖；同时又有山有水，风景秀丽，环境优美，给人以精神享受。木构架梁柱式的构造，可以使房屋在不同气候条件下，满足生活和生产所面临的千变万化的功能要求。曲径通幽的庭院式的组群布局、形象各异的斗拱飞檐、丰富多彩的彩绘雕饰，更给人一种心旷神怡之感。传统建筑的各种雕饰，如以“吉祥如意”为主题的“福、禄、寿、喜”及诗画装饰等，都充分体现了传统建筑以人为中心的理态，反映了人们对美好生活的憧憬。

（二）天人合一的建筑风格

古人重视“天时、地利、人和”的协调统一。《周易·乾卦》：“夫大人者，与天地合其德，与日月合其明，与四时合其序，与鬼神合其吉凶。先天而天弗违，后天而奉天时。”儒家崇尚“天人合一”，把人和天地万物紧密地联系在一起，视为不可分割的共同体。所以，古人在处理建筑与自然环境的关系时，不是持着与大自然对立的态度，用建筑去控制自然环境；相反，乃是持着亲和的态度，从而形成了建筑和谐于自然的设计理念。古人选址讲究山林风水，体现了与大自然的和谐。中国历代的职业风水先生，去除迷信成分，可称得上是选址专家。他们对周围的山川形势、地理特点、气候条件、林木植被等，都认真调查研究，使建筑布局、形式、色调等与周围的环境相适应。所以，南方民居往往依地势而建，呈开放式格局，房前屋后栽有大片树木、竹子；北方庭院式建筑是封闭式的，但庭院开阔，庭内植树种花，使自然之景进入院内，显示着人对自然环境的亲昵。中国传统建筑不仅重自然的山林风水，也重人工的山林风水，其目的都是构建与大自然的和谐，追求“天人合一”的境界。

（三）尊卑有别的等级观念

传统社会是宗法等级社会，这也深刻反映在建筑中。建筑的布局、结构、高低、大小等都有严格的等级差别。如布局上，尊者位于中心建筑，地位越高，距中心越近；反之越远。如古代都城，宫城居于中轴线的核心，而皇帝的正殿又位于宫城的中心。这种对中轴线的迷恋，与中国传统文化所特有的“礼”相关，“礼”强调尊卑有序，而“中”突出了权威居中；也与中华民族在历史中形成的独特的民族心理相关，中国人追求审美心理上的平稳、沉静、自持、静穆，因此在建筑中也就强调沿中轴对称的均衡。此外，在屋顶的颜色（黄色琉璃瓦为帝王专用）、屋脊上的装饰物（品级越高脊兽越多）、基座的高度（帝王 25 尺，平民 1 尺）以及房屋的开间、进深（帝王 9 间，5 进深）等方面都有严格的区分。

六、趣味小故事

（一）关于吻兽的来历

鸱吻最喜欢四处眺望，常饰于正脊上，它形似鱼尾，张牙舞爪，似乎要吞下整个屋脊，故又名“吞脊兽”。传说鸱吻是海龙王的九子之一，它属水，能激浪成雨，把它放在屋脊上可以当作灭火消灾的“镇物”；但又怕它吞下整条屋脊，故用宝剑将它牢牢扎住。既然龙王有九个儿子，鸱吻已经被钉在了屋脊上，那其他的八个又是谁呢？

关于这点民间有很多版本，其中一个版本如下：

长子赑屃（bìxì）：长得很像乌龟，喜欢背重物，可以作为石碑的碑座，台湾省台南市的赤崁楼就有赑屃背着石碑。

次子鸱吻（chīwěn）：喜欢登高俯瞰，所以在屋顶上，同时也有祈求降雨和消防的功能。

三子蒲牢（púláo）：喜欢大吼大叫，所以放置在钟楼上，传说它最害怕鲸鱼，一看到鲸鱼就大叫并落荒而逃，因此台北市大龙峒保安宫的钟楼上刻着“鲸发”二字并放置蒲牢，就是希望钟会像蒲牢碰到鲸鱼一样发出洪亮的声响，意指钟声能够响彻云霄。

四子狴犴（bìàn）：容貌威武，长得像老虎，长于议论，因此大多放置在监狱的牢房门上。

五子饕餮（tāotiè）：最喜欢品尝各式各样的美食，因此置于鼎盖上，沾沾油水。

六子趴蝮（bàxià）：擅长游泳，因此伫立在桥头。

七子睚眦（yázì）：发怒瞪眼，杀气腾腾，配于刀剑上。

八子狻猊（suānní）：长得很像狮子，而且喜欢烟火，因此庙里常常将之放置在香炉脚，让它“闻香”。

九子椒图（jiāotú）：性好僻静，镇守门边以照顾家庭的安宁，常刻于大门上的衔环或挡门的石鼓上。

（二）重脊前为什么用“仙人骑凤”

传说一：仙人是姜子牙的小舅子，想利用姜子牙的关系往上爬。姜子牙看出小舅子的居心，但深知他才能有限，因此对他说：“你的官已升到顶了，如果再往上爬就会摔下来。”古代的建筑师们根据这个传说，把他放在了檐角的最前端，如果再往上爬一步就会掉下去摔得粉身碎骨。

传说二：仙人是齐湣王，他在位期间不务正业，昏庸无道，所以遭到民众的憎恨，珍禽异兽对其穷追猛打，把他逼到走投无路的地步，再往前迈一步，就会掉下来摔得粉身碎骨。

“仙人骑凤”建筑脊端

至于为什么用仙人骑着凤凰，传说齐国的国君在一次作战中失败，被敌人追到一条大河边，眼看就要走投无路了。突然，一只凤凰飞到他身前，国君急忙骑上凤凰，终于化险为夷。因此人们把仙人骑凤放在建筑脊端，寓意逢凶化吉。

（三）故宫九千九百九十九间半的传说

相传，当初修建紫禁城的时候，明朝的永乐皇帝朱棣打算把宫殿的总间数定为一万间，可是就在他传下圣旨后的第五天晚上，他突然做了一个梦，梦见玉皇大帝把他召到天宫的凌霄殿。只见那玉皇大帝满脸怒气，永乐皇帝不知道是怎么回事，一问才知道是因为自己要建的这紫禁城的宫殿数一万间与他天宫一万间的数并肩了。于是他说道：“玉帝请息怒，小臣多有冒犯，我这凡间的宫殿数哪能超过您这天宫的呀！”

玉皇大帝听他这么一说，有了笑脸，说道：“这就对了，我赐你一块‘天石’，以镇宫院，你再请七十二地煞、一百只禽兽去保护你这凡间的皇城，这样才能风调雨顺，国泰民安！你可记住？”朱棣连忙谢恩，当他抬起头来再看那玉帝时，已了无踪影，原来是个梦。

永乐皇帝醒后连忙传旨，召刘伯温进宫，把那梦从头至尾说了一遍。刘伯温听了也是一愣：“那玉皇大帝可是惹不得的，还是顺从了他吧！他天宫是一万间，咱就建它九千九百九十九间半。既不驳他玉帝老儿的面子，又不失皇家的壮观气派和天子的尊严！”

不到四年的时间，紫禁城就建成了，刘伯温请永乐皇帝亲自察看。永乐皇帝在宫里转了大半天，心里十分高兴。这紫禁城建得别提有多气派了，雕梁画栋，金碧辉煌，那午门高大雄伟，那奉天殿（清朝时改名为太和殿）宽敞气派，和玉帝的凌霄殿相比，还真差不了多少。朱棣忽然想起了玉帝赐的那块镇宫院的“天石”和要请的七十二地煞、一百只禽兽，便问刘伯温都放在什么地方。

“万岁您别忙，臣带您一一看过。”刘伯温说着便把他带到华盖殿（清朝时改名为中和殿）后面的御路上，指着一块长方形的巨大石雕说：“这就是玉帝赐的那块镇宫院的‘天石’，名为‘云龙阶石’，上有九条巨龙，腾跃于流云之间，它是这宫中最大的石雕，有上万斤重！”“好！好！”接着永乐皇帝问，“那七十二地煞呢？”“这您就看不见了，臣把它们派到这宫中下面的七十二条地沟里去了，以防地下的小鬼儿闹事，坏了这宫里的风水！”“派得好！”“您再看那宫殿垂脊上的琉璃饰物，它们是蛟龙、凤凰、狮子、天马、狎鱼、斗牛、獬豸、狻猊。有天上飞的、地上跑的、水里游的，既有祈雨的，又有避邪的。”“不用说，这就是请的百兽了？刘爱卿所办之事，件件应了玉帝老儿说的，朕要重赏你呀！”朱棣最后问道：“这宫里的殿堂是不是九千九百九十九间半？”“正是！”“那半间在何处？”“在后廷西边儿的一间配房里。”“好！好！朕看那玉帝老儿还有什么话说。”

那刘伯温说出“九千九百九十九间半”，心里就是一哆嗦，其实这宫里的殿堂数并非真的是九千九百九十九间半。原来他到各地采购木料、石料时，看到老百姓的日子越过越苦，可皇帝却大兴土木，于是有意把设计好的图纸改了，这样一来就少建了几百间，实际建成的是八千多间。他想：“这紫禁城大了去了，这殿堂到底有多少，谁数得过来呀，我说是多少就是多少了。”于是就向朱棣报了九千九百九十九间半，朱棣信以为真，还重赏了他许多金银。

故宫

从此“紫禁城有房屋九千九百九十九间半”的说法就传开了，实际那数字并不确切，只是传说而已。目前故宫里殿、宫、堂、楼、斋、轩、阁总的间数是八千七百零七间。那传说中的半间房又在哪里呢？当您参观游览故宫，走到景运门外箭亭向南望的时候，会看到院墙围着的一座两层的绿色琉璃瓦建筑，那便是清代存放四库全书的文渊阁。就在那阁楼上的西边，有一独特之处，它和一般的楼阁不同，两柱之间不是一丈多的间隔，而是仅有五尺左右的距离，紫禁城的半间就在这里。

七、建筑的其他特质

（一）建筑与玄学

中国文化的特质是“天人合一”，建筑文化也追求“天人合一”，中国古代将之归纳为风水之说。

徽州许多村落有着秀丽的风光，其选址、方位、经营发展都与风水有关。西递、宏村古民居群是徽派建筑的典型代表，其“布局之工，结构之巧，装饰之美，营造之精，文化内涵之深”，为国内古民居建筑群所罕见，是徽派民居中的一颗明珠。

西递村始建于北宋，迄今已有 950 多年的历史，整个村落呈船形，四面环山，两条溪流串村而过，村中街巷沿溪而设，均用青石铺地，整个村落空间自然流畅，动静相宜。因村边有水西流，又因古有递送邮件的驿站，故而得名“西递”，素有“桃花源里人家”之称。

宏村始建于南宋绍熙年间，至今已有 800 余年。古宏村人规划、建造的牛形村落和人工水系，是当今“建筑史上一大奇观”。宏村紧邻南湖开凿有月塘，与村溪连通。巍峨苍翠的雷岗为牛首，参天古木是牛角，由东而西错落有致的民居群宛如庞大的牛躯。在宏村，步步入景，处处堪画，反映了悠久历史所留下的广博深邃的文化底蕴，宏村被誉为“中国画里的乡村”。

宏村徽派建筑

徽派建筑的结构多为多进院落式（小型者多为三合院式），布局以中轴线对称分列，面阔三间，中为厅堂，两侧为室，厅堂前方称“天井”，采光通风，亦有“四水归堂”的吉祥寓意。民居外观整体性和美感很强，高墙封闭，马头翘角者谓之“武”，方正者谓之“文”，墙线错落有致，黑瓦白墙，色彩典雅大方。

徽州建筑布局中天井、庭园和飞翘起的檐角是古代建筑学追求“天人合一”境界的途径。古人认为，堂屋应布置在住宅的主要方位，而厨房则应布置在住宅的次要方位。这对徽州民居的具体影响是，其平面结构呈现出一种序列：（气口）大门—前天井—堂屋—左右厢房—堂屋屏风后楼梯间—厨房—后天井。

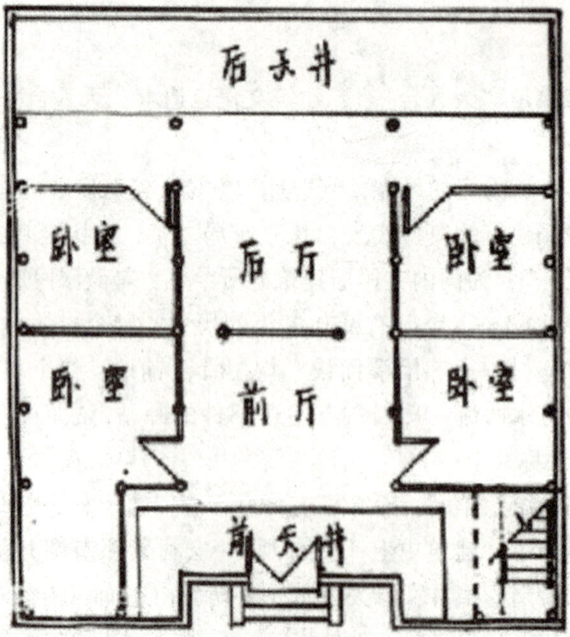

徽派民居平面图

1. 房屋朝向

传承数千年的徽派建筑典型特征，第一个就是方正，体现的是中正平和。我国房屋的朝向多为坐北朝南，徽派建筑也不例外，但徽派建筑大多不会将大门正中开在正南，而是略偏一点，以东南方最多。一来可以更好地纳入春天的东风和夏天的南风；二来东南为巽卦，巽为风，主传播，也代表文昌星的磁场能量。

2. 门楼

徽州建筑大门均配有门楼（规模稍小一些的称为门罩），主要作用是防止雨水顺墙而下溅到门上。门楼是住宅的脸面，成为体现主人地位的标志。门楼为出入之中枢，在徽派建筑文化中，将藏风聚气的概念发挥得淋漓尽致，藏代表内敛、包容和博大精深，聚代表人心凝聚、团结互助。

徽派门楼

3. 照壁

中国古代建筑讲究门户不能直接相对，两张“口”代表着口舌官非与家庭纷争，所以大门与院墙门不会相对。同时古代玄学中也以直冲不吉，以曲折为妙。故云：水忌直冲，堂忌无余气。因此在进了院墙门之后，首先要有一个照壁。古人认为，照壁不仅很好地解决了门门相对的问题，同时也具有挡煞的作用，化解了门外直冲而来的邪祟煞气等。

照壁

4. 天井

照壁之后是天井。古人认为，水聚多财帛，水有聚气之功，也就是聚财之效。雨水通过天井四周的水枧流入阴沟，俗称“四水归堂”，意为“肥水不外流”，体现了徽商聚财的思想。

天井

5. 马头墙

徽派建筑中，令人记忆最深的就是错落有致、黑白辉映的马头墙。徽派建筑的山墙因墙顶部分形状酷似马头，故称“马头墙”，又称风火墙、防火墙、封火墙，是徽派建筑的重要特色，使人感觉到一种明朗素雅和层次分明的韵律之美。因为当地大多村落房屋密集，又以木质结构为主，于是便在两山墙的顶部砌筑有高出屋面的马头墙，以此来应对邻居发生火灾时火势顺房蔓延的情况，起到隔断火势的作用。

马头墙

马是升官发财的吉祥瑞兽，有一马当先、马上封侯、马到成功等成语，于是马头墙的造型又有了文化寓意，将其分为金印式或朝笏式，并有两叠、三叠甚至五叠，俗称五岳朝天，体现了学优从仕的理想追求。在古徽州的村落中，隐喻着整个宗族生气勃勃，兴旺发达。

（二）建筑与旅游

中国的景观旅游资源相当丰富，以建筑物为代表的景点有万里长城、北京故宫、天坛、苏州园林、黄鹤楼、岳阳楼、承德避暑山庄、杭州雷峰塔、布达拉宫等。

1. 黄鹤楼

黄鹤楼位于湖北省武汉市，为“江南三大名楼”之一，自古享有“天下江山第一楼”和“天下绝景”之称。黄鹤楼始建于三国时代吴黄武二年（223），坐落在海拔61.7米的蛇山顶，当时只是夏口城一角瞭望守成的军事楼，晋灭东吴以后，三国归于一统，该楼失去其军事价值，随着江夏城的发展，逐步演变成为官商行旅“游必于是”“宴必于是”的观赏楼。唐代诗人崔颢的《黄鹤楼》，李白的《黄鹤楼送孟浩然之广陵》，以及历代文人墨客在此留下的许多千古绝唱，使得黄鹤楼闻名遐迩。

黄鹤楼

现存的黄鹤楼以清代“同治楼”为原型设计，楼高5层，总高度51.4米，建筑面积3 219平方米。黄鹤楼内部由72根圆柱支撑，外部有60个翘角向外伸展，屋面用10多万块黄色琉璃瓦覆盖构建而成。

黄鹤楼楼外有铸铜黄鹤造型、胜像宝塔、牌坊、轩廊、亭阁等一批辅助建筑，将主楼烘托得更加壮丽。整个建筑具有独特的民族风格，散发着中国传统文化的精神、气质、神韵。

2. 布达拉宫

布达拉宫坐落于西藏自治区的首府拉萨市区西北玛布日山上，是世界上海拔最高，集宫殿、城堡和寺院于一体的宏伟建筑，也是西藏最庞大、最完整的古代宫堡建筑群。

布达拉宫

布达拉宫依山垒砌，群楼重叠，殿宇嵯峨，气势雄伟，是藏式古建筑的杰出代表，主体建筑分为白宫和红宫两部分。宫殿高 200 余米，外观 13 层，内为 9 层。布达拉宫前辟有布达拉宫广场，是世界上海拔最高的城市广场。

布达拉宫最初为吐蕃王朝赞普松赞干布为迎娶尺尊公主和文成公主而兴建。清顺治二年（1645）清朝属国和硕特汗国时期护法王固始汗和格鲁派摄政者索南群培重建布达拉宫之后，成为历代达赖喇嘛冬宫居所，以及重大宗教和政治仪式举办地，也是供奉历代达赖喇嘛灵塔之地。

第四节　交通出行

一、出行方式

古代出行方式主要包含步行、车马、肩舆、舟船等。

古人对走路的动作分辨得很细，《释名》云："两脚进曰行。徐行曰步。疾行曰趋。疾趋曰走。奔，变也，有急变奔赴之也。"这里需要说明的是"趋"。在他人面前趋，也就是紧走几步，表示对对方的尊敬。在君王面前，趋是不可少的。如果谁被批准免去这一礼节，那就是非常显赫的荣耀。如萧何就是历史上第一个被允许入朝不趋的。除了趋之外，古代对步行还有一些规定，如《礼记・曲礼》有"行不中道，立不中门""入临（进门凭吊死者）不翔（大摇大摆地走）"等说法。

车马是中国古代陆行的主要工具，主要有马车和牛车。王室富贾多使用马车，其所拥有的马车，车辆制作考究，装饰华美，是财富和地位的象征。用马驾车，从文献上看，常见的是驾四马，当然驾三马、驾两马也有，驾四马叫驷，驾三马叫骖，驾两马叫骈。因为古代以四马为常，所以古人常以"驷"为单位计数车马。《论语・季氏》说"齐景公有马千驷"，不只是说他有四千匹马，还意味着他有一千辆车。牛车也是自古就有的，《周易・系辞下》云："服牛乘马，引重致远，以利天下。"牛车多用于载物。在马车受重视的时代，牛车被认为是低贱的。但在魏晋以后坐牛车变得时髦起来，这既与江南地区少马多牛有关系，也与当时的士族崇尚黄老之学、追求恬淡清闲的生活有关。

肩舆就是今天所说的轿子、滑竿，原为上山时所用，作为交通工具的时代较晚，开始也不普遍。自唐代开始，渐渐成为贵族出行乘坐的工具。跟肩舆相似的还有腰舆，肩舆是二人或多人前后上肩抬。腰舆不上肩，两人前后用手抬。腰舆较矮，因高仅及腰而得名。

古代水行的主要工具是木质的舟船，最原始的渡水工具应该是天然具有浮力的东西，如葫芦、树木等。《庄子・逍遥游》载"今子有五石之瓠，何不虑为大樽而浮乎江湖"，瓠就是葫芦，几个联在一起就可以渡河过水了。孔子云"道不行，乘桴浮于海"，"桴"就是今天的筏，用几根树木或竹子用绳子绑好即成。独木舟问世后，才算是真正出现了船。《周易・系辞下》中说"刳木为舟，剡木为楫"，也就是将木头挖空做成舟，切削木头做成桨。商周时期，木板船开始出现，至汉代制造了楼船，唐宋时发明了轮浆，明代制造出宝船。

交通有着鲜明的地域性，俗话说“南船北马”，意思是南方人出行主要用船，北方人主要骑马。在中国广袤的土地上，有云贵高原的马帮，有沙漠中的驼队，有黄河上的羊皮筏，有长江的竹筏。大家因地制宜，形成了不同的交通民俗。

二、古代交通的文化特征

（一）尊卑分明的等级制度

在等级森严的古代社会，统治阶级为了别尊卑、定贵贱，在交通工具上也做出严格的规定。一般来说，庶民通常是步行，或只能乘用制度允许下的交通工具。《汉书·董仲舒传》云：“乘车者，君子之位也；负担者，小人之事也。”车，已经成为等级制度的一部分，因此历代帝王都要对车服品级制度做出规定，任何人不得僭越。另一方面，该乘车而不乘，也是有失身份，为礼制和社会舆论所不允许。《论语》里曾经记载这么一件事：孔子最得意的学生颜渊死了，颜渊的父亲请求孔子卖掉车子来给颜渊置办外棺，孔子拒绝说：“才不才，亦各言其子也。鲤（孔子的儿子）也死，有棺而无椁，吾不徒行以为之椁。以吾从大夫之后，不可徒行也。”即使是儿子和最喜欢的学生死了，孔子也不能卖掉车子，因为他是鲁国大夫，外出就不能步行而必须乘车。在统治阶级内部，乘车骑马也是分等级的。皇帝至高无上，所以车马排场也就最大。其余公侯百官依品级乘坐舆马，乘坐的舆马因品级不同在装饰上也会有所不同。

另外，行路的“礼”也体现了等级制度。自周秦以来一直实行行路之“礼”，主要是行路、行车实行的交通避让或回避制度。“凡道路之舟车击互者，叙而行之，凡有节者及有爵者至，则为之辟禁野之横行径逾者”，或“贱避贵，少避长，轻避重，去避来”。这些行路回避制度体现了等级森严的封建伦理纲常。

（二）“天人合一”的道德传统

在古代，人与天地万物是和谐生存的关系。“天地与我并生，而万物与我为一”，人是宇宙中的一个存在，人与其他万物是伙伴关系而不是主次关系，遵循自然规律是一切宇宙生灵唯一的行为选择。交通活动也不例外。在古代，整个交通系统以一种低碳、环保的方式与自然界保持高度和谐，不会导致能源与气候的危机。如当时的马车、帆船、轿子、纤绳等交通工具，均属环保节能、零排放的环境友好型交通方式。西周时就建立“列树以表道”的路边植树制度，唐代规定“不得在官路上耕种和砍伐树木，路树缺损及时补植”，后代一直沿袭这一做法，使得我国古代交通一直处于一个良性状态。

（三）重本抑末的农业思想

在古代，“士农工商”，以农为本、以工商为末业的思想根深蒂固。虽然各种形式的运输业以自身的存在和发展证明了其重大社会价值，然而从事交通业的人员包括驿卒、铺兵、船夫、车夫、马夫、轿夫、驮夫、挑夫、脚夫、车轿工匠、路桥木石匠等人员的社会地位却十分低下。战国时秦孝公曾颁令："废逆旅则奸伪、躁心、私交、疑农之民不行。逆旅之民无所于食，则必农。农则草必垦矣。"因此，旅店业、运输业都成为秦国新政的打击对象，从而在一定程度上抑制了交通业的发展。

三、趣味小故事

（一）"马拉火车"的故事

1877 年，为了解决轮船招商局和北洋舰队的用煤问题，在唐山开平建煤矿，唐山距天津 120 千米，运输很麻烦，而且运费也高。如果用火车运煤，既可以减少运输上的麻烦，还可以降低成本。但因资金不足，拟先筑唐山至胥各庄一段铁路。李鸿章同意这一计划，于 1879 年向清廷奏准，并派英国工程师金达督修。但顽固派借口铁路奔驰会"震动陵寝"而大加反对，第一次筑路尝试就此失败。李鸿章授意再次奏请修建运煤轻便铁路，声明为免于震动东陵，不用机车，而用骡马牵引。李鸿章并为此在清廷中积极斡旋，最后，清政府在极度不愿意的情况下允许筑路。于是，筑路工程于 1881 年初动工，11 月工程竣工，这就是我国第一条自建铁路——唐胥铁路。

马拉火车

（二）中国第一车

我国现在保存最早的汽车——存放在颐和园的慈禧太后的座驾，被人冠以"中国第一车"的美名。这是袁世凯 1902 年从香港购买赠给慈禧的厚礼。

其时，慈禧经历了庚子年间八国联军之乱，偕同光绪皇帝微服逃至西安避乱，直至签订了屈辱的《辛丑条约》后才回到北京。此次，慈禧对袁世凯护驾有功甚为欣赏，晋升他为直隶总督。袁世凯更是感恩戴德，为取悦慈禧，就进贡了这辆时髦的名牌洋车。

该车是德国本茨公司 1898 年的产品，设有 4 个座位，发动机在前排底座下方，通过链条驱动后轮。汽车的造型还算气派，但谈不上豪华，采用开式车身，6 根垂直的杆子支起一个精美的顶棚，车头还挂着两盏精美的黄铜煤油灯，更为出色的是钢板弹簧悬架和4只充满气体的轮胎大大提高了汽车的平稳性。

中国第一车

尽管袁世凯为这件供品费尽心思，但慈禧并不喜欢，黑色的车身在西方人眼里虽然显得威严庄重，但比不上她心目中象征至高无上皇权的金黄色，汽车座位的式样和侧面的线条很容易使人联想起当时在中国已逐渐盛行的黄包车，汽车后面的座位较高，慈禧穿着3寸高底的旗鞋实在无法爬上去，侍从好不容易才把她抬上去，在宫廷内到处是高大的门槛使汽车无法行驶，而在宫廷外，这辆车也远不如前呼后拥的十六抬大轿显得威风凛凛。更令“老佛爷”不能容忍的是，驾驶员竟然大模大样地坐在她前面，让她感到有失体面，于是她下令驾驶员孙长富跪着给她开车……这辆车是文物，也是反映当时历史的一面镜子。

四、交通工具发展的三个时代

（一）古代时期

最原始的交通工具是人的双脚，然后人类驯服一些动物如马、驴子等作为乘坐工具或乘坐工具的动力（如马车），与此同时，轿子和以风作为动力的帆船也作为一种交通工具与畜力交通工具长期并存。

以人力、畜力和风力作为动力的交通工具占据了人类历史的绝大部分时间。

（二）蒸汽和内燃时期

蒸汽阶段为英国产业革命时期，代表性的交通工具为蒸汽火车、蒸汽轮船等，现在已经基本被淘汰。

中国的蒸汽火车现在已正式退出历史舞台，柴油机、汽油机等均为内燃机阶段的产物，交通工具体现为汽车、摩托车、拖拉机等，现在大部分的机动车辆的动力都是内燃机。蒸汽、内燃阶段的理论基础为能量转化定律。

（三）电气自动化时期

电磁感应定律、电与磁之间的相互转化为电动车的发展奠定了理论基础。电动机、发电机等均为这阶段的基础设备。

电动车的发明及迅速的商品化使得电动车站在了汽车、摩托车等现有交通工具的肩膀上，造就了电动车无与伦比的历史使命，并最终成为上述产品的升级换代产品。

★ 史海拾贝

魏晋墓壁“驿使图”画砖

“驿使图”壁画砖，出土于嘉峪关新城魏晋（220—420 年）墓葬群 5 号墓前室北壁东侧，现藏甘肃省博物馆。画像砖为米色底，黑色轮廓线，上绘一信使，头戴黑帻，着皂缘领袖中衣，左手持棨传文书，跃马疾驰；马身涂黄色，上有红色的斑块。

画师在这块砖中投入了太多的精力，把写实与写意完美融合，完美再现了生活情节。一人一马，传神写照，是中国古典绘画“以形写神”的经典之作。

画像砖中的马为驿马，只见其四足腾空，信使稳坐马背，可见其业务精熟。

快递在现代生活中已经不可或缺，而古代的快递业也非常发达。例如我们熟知的八百里加急、飞鸽传书、一骑红尘妃子笑等，都是对快递的描述。古代称快递为邮传、急传等。

秦汉时，快递多为短途，一般都是徒步送件。政府有规定：速度为平均每小时 5 里地，必须当日送达。如有紧急情况，快递小哥会启用马车。

唐时规定，陆驿最快日行 500 里，最慢为 180 里。

宋朝时期，快递行业发展日趋成熟。出现了一种新的运输形式——急脚递。急脚递，一般只在战事期间使用，马日行 400 里以上才可。

到了清代，由于战火不断、军情紧急，出现了“红旗报捷”，达到八百里日速度。

速度的不断加快，也反映了人们的生活速度加快了！

当然古代出行也要有交通法规，拿唐代来说：驾车伤人，唐朝法律更是有明确的处罚规定。唐代最具权威的法典《唐律疏议》规定“诸于城内街巷及人众中，无故走车马者，笞五十，以故杀人者减斗杀伤一等。”在人群里驾驶马车，造成伤人事故的，比斗殴伤人减少一个等级的量刑。这里有点“过失伤人”的意思。唐代的“交通法”有个特别的名字，叫《仪制令》，距今已有1300多年的历史，到了宋代依旧十分盛行。宋太宗曾经下诏，令京都开封及各州，在城内主要交通路口悬挂木牌，将《仪制令》写在上面，作为交通规则。碑文上面写的还有“尊老敬长必让道，来往应先后有序，讲究礼让”等内容，一块小小的交通法规牌体现了我国悠久的礼仪之邦传统。

★ 文化感悟和思考练习

2017年1月25日，中共中央办公厅、国务院办公厅发布了《关于实施中华优秀传统文化传承发展工程的意见》，旨在建设社会主义文化强国，增强国家文化软实力，实现中华民族伟大复兴的中国梦。文件指出：“实施中华节庆礼仪服装服饰计划，设计制作展现中华民族独特文化魅力的系列服装服饰”。

你对中国传统服饰文化的传承与创新有什么感想？请写下你的看法。

1. 在食具方面，中国人的饮食习俗的一大特点是使用筷子。筷子在古代称为________。

2. 元朝称饺子为________，可能出自蒙古语。

3. 除夕“一夜连两年”，吃过年夜饭，一家人围坐在炉火旁边，剥橘子、吃花生，叫做“________”。

4. 汉服交领形制中衣领一般为“右衽”，请问右衽的意思是__________。

5. 《百鸟朝凤》、《芙蓉鲤鱼》、《猫》分别是哪种刺绣的代表？（　　）。

A. 苏绣、蜀绣、粤秀　　B. 湘绣、粤秀、蜀绣

C. 湘绣、蜀绣、苏绣　　D. 粤绣、蜀绣、苏绣

6. 中国传统建筑在平面布局上以“________”为单位构成单体建筑。（　　）

A. 套　　B. 间　　C. 院　　D. 座

7. 苏州城中历史最悠久的一座园林是（　　）

A. 狮子林　　B. 沧浪亭　　C. 拙政园　　D. 留园

8. 吻兽的数量是表明宫殿的等级一般以单数排列最多九个。故宫太和殿有________个吻兽。

9. 茶叶冲以煮沸的清水，顺乎自然，清饮雅尝，寻求茶的固有之味，重在________。

10. 在唐代形成的中国茶道分________________。

★ 拓展链接

中国 56 个民族服饰

舌尖上的历史与文化饮食思想

上下五千年的中国饮食文化变迁

第四章

崇中尚和的审美文化

第一节　青铜文化

一、文化要略

2018 年 2 月，故宫博物院联合八家国家级重点博物馆以《国家宝藏》为题举办了一次特展。经过民众甄选，入选的 9 件国宝中，有 3 件是青铜器。这三件国宝重器是中国光辉灿烂的青铜文化的代表性作品。

云纹铜禁

云纹铜禁是一件春秋中期的青铜器，失蜡法铸就，工艺精湛而复杂，令人叹为观止。云纹铜禁 1978 年出土于河南淅川县下寺春秋楚墓，2002 年被国家文物局列为首批 64 件禁止出国（境）展览文物之一，现藏于河南博物院。

云纹铜禁是中国古代酒文化中酒以成礼的一件证物，引人深思。

大克鼎

大克鼎又称膳夫克鼎，是西周一名叫克的大贵族为祭祀祖父而铸造的青铜器。中国首批禁止出国（境）展览文物之一，收藏于上海博物馆。

大克鼎是西周青铜文明与礼乐文化的代表，鼎上的铭文体现出敬天法祖、自强不息的意识和观念。

皿方罍

皿天全方罍，简称“皿方罍”，商代晚期铸造，属酒器中的盛酒器一类，因器口铭文“皿天全作父己尊彝”而得名，被称为“方罍之王”。该器于1922年被发现，器盖于1956年由湖南省博物馆保存至今，器身流至国外。经多方沟通和协议，皿天全方罍器身于2014年6月14日回归湖南长沙。

皿方罍产生一个崇敬祖先和鬼神的时代，体现了古人崇祖敬天的一面。

青铜是人工冶炼出来的合金铜，具有硬度大、熔点低的优点。青铜铸造技术的发明，具有划时代的意义。

中国青铜文化起源于史前时期，这个时代相当于尧、舜、禹时期。据古文献记载，当时人们已开始冶铸青铜器。考古人员在龙山文化时期的几十处遗址中都发现并挖掘出了青铜器制品。

中国青铜文化发展的鼎盛期，即中国青铜时代，其时间跨度为夏至战国早期。

中国青铜器数量多，造型丰富，品种繁多，有酒器、食器、水器、乐器、兵器、车马器、货币、玺印等。

后母戊鼎

（一）后母戊鼎

后母戊鼎（原称司母戊鼎），1939 年在河南安阳出土，是商代时期青铜文化的代表作，现藏于中国国家博物馆。鼎身雷纹为地，四周为盘龙及饕餮纹样，体现了中国青铜铸造的超高工艺和艺术水平。

（二）三星堆遗址

三星堆遗址位于广汉市。三星堆遗址出土文物数千件。其中各种动物、植物青铜像构成了中国数量最多且形体最大的青铜雕像群：有通高 2.608 米的青铜大立人，有宽 1.38 米的青铜纵目面具，更有通高 3.99 米的青铜神树等，堪称独一无二的旷世神品。

青铜大立人

青铜纵目面具

青铜神树

（三）曾侯乙编钟

曾侯乙编钟，战国早期文物，中国首批禁止出国（境）展览文物之一，出土于湖北随州。整件作品由 65 件青铜编钟组成，其音域跨五个半八度，十二个半音齐备。它高超的铸造技术和良好的音乐性能，改写了世界音乐史，被中外专家、学者称之为“稀世珍宝”。

编钟是中国古代大型打击乐器，兴起于西周，盛于春秋战国直至秦汉。曾侯乙编钟是体现中国古代青铜铸造工艺的代表性作品，更代表了我国古代音律学的成就。

曾侯乙编钟

（四）四羊方尊

四羊方尊，商朝晚期青铜礼器，祭祀用品，出土于湖南宁乡，收藏于中国国家博物馆。

据考古学者分析，四羊方尊是用分铸技术铸造的。整个器物显示了高超的铸造水平，被史学界称为“臻于极致的青铜典范”。

四羊方尊

二、青铜文化的核心价值

（一）青铜的吉祥意义

青铜在古代被称为吉金。用青铜铸造的彝器在古人眼里是宝器，是传之万代的传家宝，尤其是祭祀必不可少的礼器。作为身份和财富的象征，贵族将青铜器供奉于庙堂，摆放在神案上，用以敬祖敬神。

（二）青铜器的国家象征

大禹所铸的九鼎被称为大禹鼎，在古代尤其是传说中曾被作为国家的象征。青铜礼器还以数量和组合形式来区分不同的地位、身份等，如天子九鼎。

（三）青铜器铭文的历史价值

大量青铜器上铸刻铭文，这是中国青铜文化有别于其他青铜文化的一个突出的特征。青铜器铭文的内容主要是对祀典、赐命、诏书、征战、围猎、盟约等活动或事件的记载，没有经过后世的修改，具有极高的研究价值。

（四）青铜器因形赋纹的意蕴

青铜器上的装饰纹样多分布于器物的腹、颈、圈足或盖等部位，大致可以分为动物纹、几何纹等几大类。纹饰内容复杂，丰富多彩。

饕餮纹青铜罍

乳钉纹青铜簋

龙纹青铜壶

三、史事拾微

（一）梁王争罍

西汉文帝的爱子梁孝王刘武是一位著名的古物收藏家，他收藏有许多古物，其中以一件青铜罍最为珍贵。他临死前立下遗嘱：此罍价值万金，要好好收藏，切勿给予别人。刘武的儿子刘买继位后谨记遗训，保管好青铜罍。

刘买去世后，刘武的孙子刘襄继位，为梁平王。平王王后知府库中有一件价值连城的稀世珍宝青铜罍，心生贪念，想要得到。这时李太后（刘武之妻）还健在，对王后说：先王有遗命，不准把罍给任何人，其他物品，即使价值千万，都任你挑选。然而，梁平王很宠爱王后，不听祖母李太后的劝阻，到府库取出青铜罍，送给了王后，祖母李太后大怒。梁平王和王后因此怨恨李太后，对她很不孝顺。

李太后死后不久，梁国有人向朝廷告发，详细说出了梁平王夫妇和祖母争罍的事情，朝中官员提议按法律废梁王为平民。皇帝给予宽大处理，削去梁国八座城市，把王后绑赴刑场斩首。

（二）欧氏铸剑

欧冶子，春秋末期至战国初期越国人。曾为越王允常、楚昭王铸宝剑。欧冶子铸造的一系列青铜名剑，冠绝华夏。

《越绝书》载："越王允常（勾践之父）命欧冶子铸剑。"欧冶子到闽、浙一带名山大川遍寻适宜铸剑之处。当他见到湛卢山（今福建松溪县）清幽树茂，薪炭易得，矿藏丰富，山泉清冽，适宜淬剑时，就结舍于此铸剑。3 年辛苦，终于铸就了锋芒盖世的湛卢之剑。此剑可让头发及锋而逝，铁近刃如泥，举世无可匹者。

越王勾践剑

越王勾践剑，湖北江陵出土。该剑出土时完好如新，剑刃锐利，剑身满布菱形花纹，铸造工艺非常高超。这一考古发现给欧氏铸剑的记载提供了一个近似的实物。越王勾践剑历经两千余年，仍然纹饰清晰精美，时人誉为"天下第一剑"，亦不为过。

（三）问鼎中原

传说夏禹铸九鼎，代表九州，作为国家权力的象征。夏、商、周三代以九鼎为传国重器，为得天下者所据有。

夏桀无道亡国，九鼎为成汤所得，成汤立商。商纣王暴虐亡国，九鼎为姬发所得，姬发建立了周朝。

公元前607年，楚庄王想取周而代之。楚庄王见了周的大臣王孙满便问道："周天子的鼎有多大？有多重？"言外之意，要与周天子比权量力。王孙满说："统治天下在乎德而不在乎鼎。"庄王很不服气地说："你不要依仗九鼎，我楚国有的是铜，我们只要折断戈戟的刃尖，就足够做九鼎了。"王孙满说："大王您别忘了，当初夏禹是因为有德，天下诸侯都拥戴他，各地贡献铜材，才能铸成九鼎以象万物。如果天子有德，鼎虽小却重得难以转移；如果天子无德，鼎虽大却是轻而易动。周室虽然衰微，但是天命未改，宝鼎的轻重，不可过问。"楚庄王知道自己还没有灭周的资本，无话可说便带兵回国了。从此以后，人们就将企图夺取政权称为"问鼎"。

（四）潘达于与青铜国宝

中国青铜重器中，大盂鼎和大克鼎是被称为"重器鸿宝"的西周铜鼎。

抗日战争爆发时，大盂鼎和大克鼎的保护人是潘达于。为了防止珍藏的青铜器出现不测，潘达于经过深思熟虑，决定把大盂鼎、大克鼎等青铜器埋在自己居住的庭院里。刚刚掩藏好文物，日本侵略者就占领了苏州。日军司令得知潘家珍藏着文物，派兵去潘宅一遍遍搜查也没有找到宝物，大盂鼎、大克鼎等国宝躲过了这场劫难。

1944年，埋在地下的木箱腐烂，地面塌陷。潘达于和家人秘密挖开大坑，把大盂鼎、大克鼎重新掩埋。就这样，大盂鼎、大克鼎被完好地保存了下来。

苏州、上海相继解放后，经历了几十年的坎坷，潘达于认识到，两只宝鼎交给人民政府才能妥善保护好它们。在征得了家人同意后，潘达于主动写信给华东军政委员会文化部，要求捐献大盂鼎、大克鼎。

上海市文物管理委员会举行隆重的潘氏捐献盂克两鼎授奖典礼，向潘达于颁发了文化部褒奖状。褒奖状写道："潘达于先生家藏周代盂鼎、克鼎，为祖国历史名器，六十年来迭经战火，保存无恙，今举以捐献政府，公诸人民，其爱护民族文化遗产及发扬新爱国主义之精神，至堪嘉尚，特予褒扬，此状。"献鼎之后，潘达于又在50至60年代分批向国家捐献了大批珍贵文物，这些文物如今大多都保存在上海博物馆和南京博物院。

潘达于把价值连城的文物都捐献给了国家，自己和家人却过着极其简朴的生活。这位普通而不平凡的伟大女性的名字，永远与大盂鼎和大克鼎连在一起，世代传扬。

第二节　书法文化

一、文化要略

我们的祖先极富智慧，原始先民没有纸，为了记录信息，他们则把字刻在龟甲或兽骨上，这就有了甲骨文，刻在青铜器上就是金文，到了春秋战国时期，人们把文字刻在了鼓鼓的石头上，于是大篆就产生了，也叫石鼓文，秦始皇统一六国后，文字也随之统一，称之为小篆是一种新书体。李斯成了中国书法史上第一位书法家，汉朝以后又出现了隶书，人们就以此为规范文字，再后来是草书、楷书和行书，其中行书和草书备受人们喜欢。就这样文字的出现形成了各种各样的书写方式，而有了纸张后，到了两晋时期，写在纸上的墨宝就形成了书法艺术。

写在纸上的文字才叫书法艺术，书法艺术离不开文房四宝即笔墨纸砚，自古以来，凡爱书者均对“文房四宝”情有独钟，他们不仅爱收藏，更喜欢钻研书法的笔势、笔力与笔意，把书写的快捷与滞迟，疾涩作为核心进行研究，使中国书法艺术繁花似锦，涌现出了王羲之、王献之、颜真卿等数不清的书法巨匠，他们进满腹经纶，又注重修身养性，勤奋钻研，堪称书法艺术的典范。

★ 史海拾贝

书法是线条的艺术，一千多年前的唐代书法家张旭，整天沉浸在他的行草世界中，但不见起色，一天，他来到长安街头，看到人头攒动，便凑近一看，见一女子，姿容较好，身形曼妙，挥动着长剑，凌空起舞，优美的身躯，飘拂的衣带，随风起伏，舞者的身体常见和外在的世界几乎合为一体，她就是名满京都的舞蹈家公孙大娘，张旭看得如痴如醉，从中悟出了书法的妙道，这就是无影无形无处不在的内在气脉，书法的流动气脉为灵魂。

而中国书法所谓的“一笔书”就是针对这一内化线条气脉而言的，“一笔书”不是指一笔书成，而是指外在断笔内在气连。张旭的书法即如此，这是一种内在力量，是一种张力形即“势”之所在，张旭的高举“达其性情，行其哀乐”的书法旗帜，他认为决定书法艺术高下的不在技巧，而在真性情的充分展现，没有它，不能创造出动人的书法艺术。

张旭爱酒，它是借酒挥毫的草圣。每至酒酣，他常常口出狂言，人送外号“张颠”，他以头濡墨，然后再用手抓住饱蘸浓墨的长发，狂呼大叫，在粉墙和屏障上东涂西抹。这是酒与书的联袂狂欢，线条的舞动如风，如龙，如疾驰的野马，一笔狂草，满壁纵横。

那上面写的是什么字已经不重要了，人们欣赏到的是一种骇世惊俗的表演——酒神的舞蹈、线条的舞蹈、肢体的舞蹈、灵魂的舞蹈。

二、经典选粹

（一）兰亭集序

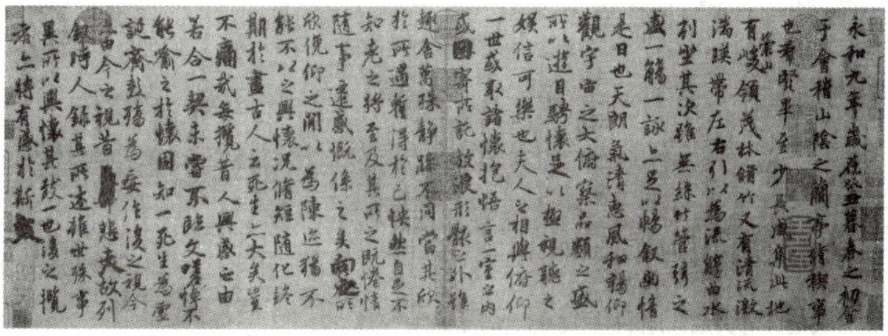

冯承素摹本　现藏北京故宫博物院

永和九年三月江南，正值“草长莺飞”的季节，天朗气清，惠风和畅。按照当时的风俗，人们都要到水塘边系由以消除不祥，这叫“修禊”时任右军将军，会稽内史的王羲之携家人及子侄辈，同朋友相约、齐聚，玩“流觞曲水”游戏，大家放酒杯中，羽觞随水漂流，停在谁面前，谁即饮酒赋诗。这可能是东晋名士中最富文学意味的一次雅集，前不见古人，后不见来者，面对春光烟景，大家开怀畅饮，放喉歌吟，在轻松愉快的氛围中留下了精美的诗集——《兰亭集》，作为雅集发起人王羲之义不容辞地担当起来为诗集作序的任务。

相传当年的兰亭集会可能是一场秘密的军事会议，王羲之是东晋的军事将领，参加兰亭聚会王羲之时任右将军。兰亭聚会的时间为永和九年，也就是公元353年，当时正是东晋处于内忧外患的非常时期。内部有张遇反叛，而外部有前秦对东晋虎视眈眈，在王羲之管辖的地区更是旱灾连连，在这样的情况下，忧心国家的王羲之怎么还会有心思吟诗作乐呢？并且当时参加这次聚会的人也十分蹊跷，算上王羲之参加兰亭集会的一共有42个人，在这42个人里面，其中有22个人都是军方的人，里面更有3人是属于前线的军人，而他们肯定不会为了前来吟诗而擅离职守，那让他们千里迢迢赶来参加兰亭集会，肯定是有别的原因。而东晋自从建立以来，一直都想要北伐兴复国家，在兰亭聚会的一年前，东晋曾经率领五洲共7万的驻军北伐，而在这种紧要的关头下，王羲之组织的这次聚会，很有可能就是在商讨北伐的军事事宜。而在这个会议结束几个月之后，东晋就开始派出士兵去攻打洛阳，开始了北伐的序幕。所以说在1600多年前的那次兰亭集会中，他们表面上是饮酒，赋诗作乐，但是私底下的真正目的可能就是进行军事会议。由此可见《兰亭集序》可能是为了掩人耳目，再加上王羲之确实也对这场战争有自己的思考，在讨论期间肯定也有感而发，和那些将领一样，把自己心中的抱负和对国家的感情，用吟诗的方式抒发了出来，最后才有了我们现在所知的兰亭集会和《兰亭集序》。这绝对是一篇立意深刻，文辞优美的著名散文。写环境、叙友情、谈感慨、悟生死，都是其中重要内容。

“仰观宇宙之大，俯察品类之盛”，万物随季节变化而变化，人生赖宇宙运转而运转。看山，千岩竞秀，听水，万壑争流。清风使他沉醉于朦胧，鸟鸣使他留恋于幽深。山风牵衣，使他恍惚生命的短暂，由此使他浮想联翩……从自然界到人类万物，他想到了快乐与悲伤，想到人的命运与生死，更想到后人如何看待他们……情思、哲思、文思激荡，有如春潮拍案卷起千堆雪。于是他大笔一挥，一气呵成了千古传诵的《兰亭集序》。

文妙，字更妙！一篇三百多字的美文却有二十个不同形态的“之”字，每个“之”字形态各异，无一雷同，各具独特风韵。重字之多，都别出心裁，自成妙韵，如：“事、为、以、所、欣、仰、共、畅、不、今、揽、怀、兴、后”等异字异构，妙趣横生，令人爱不释手，这件书法作品流露出的活泼趣味，尽在字里行间，给人以流畅回环，参差错落之美，显示出了飘逸不凡的气质。

然而经典的诞生往往就在瞬息之间，它凝聚了作者半生的功力，贯通了前世与后世的文化血脉，让历史的瞬间成为永恒。

遗憾的是，我们今天看到的“天下第一行书”的墨迹只是唐人的临摹本，原作早已随唐太宗入昭陵沉睡了，留给后世的却是一个永远的想象。

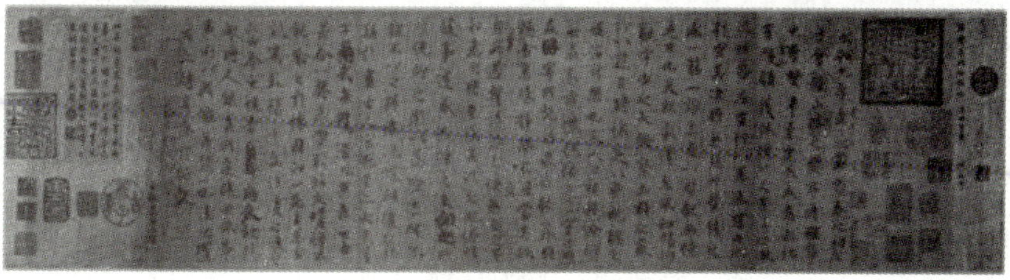

虞世南摹本

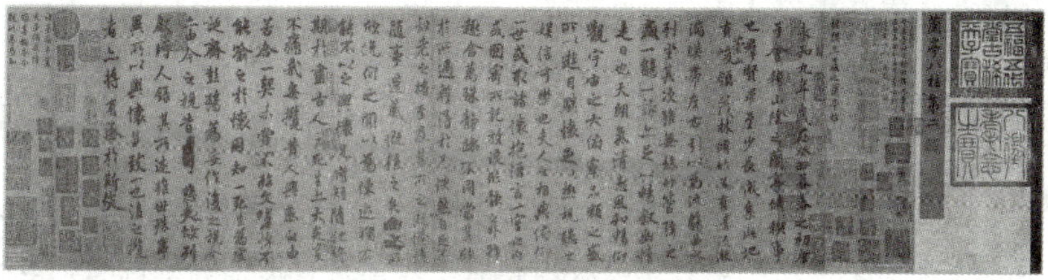

褚遂良摹本

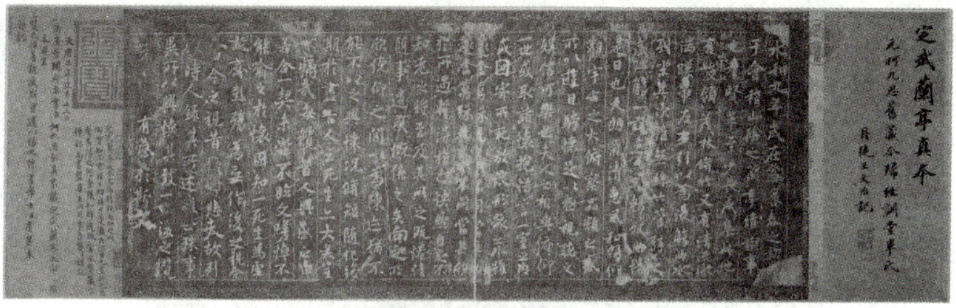

欧阳询《定武本》

（二）鸭头丸帖

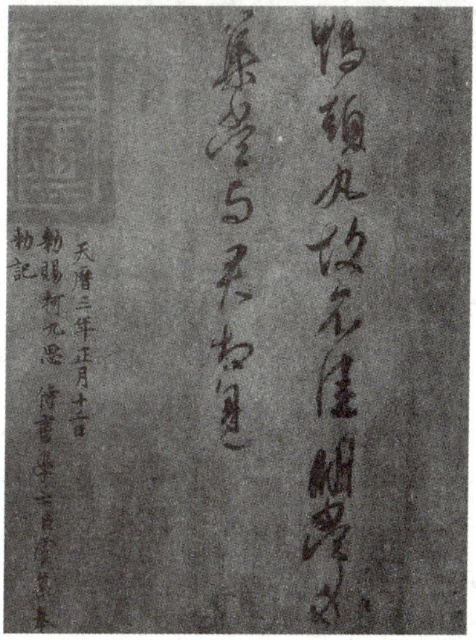

唐代摹本　现藏于上海博物馆

王献之（344-386），字子敬，琅琊（山东临沂）人，王羲之第七子，年少即负盛名。献之高标自持，风流清立，属于当时的高门名士，同时也是王门书法派系的中坚人物。他在七八岁的时候开始学习书法，由他的父亲王羲之教导。

有一次，王羲之看他正聚精会神地练习书法，便悄悄走到他背后，突然伸手去抽王献之手中的毛笔，王献之握笔很牢，没被抽掉。父亲很高兴，夸赞他握笔姿势不错，将来一定能成大器。

到了十来岁的时候，王献之的字已经不错了。于是他跑去问父亲："我现在的水平只要再练三年就可以了吧？"而王羲之只是微微笑着并没有回答，在一旁的母亲摇着头说还差远了。献之又问五年总可以了吧。母亲仍旧是摇头。献之终于急了，问究竟要多久才能练好字。王羲之指着院内的一排大缸说道，只要你把院子中的十八口大缸里面的水全部用完，你的字就会练好了。

于是王献之开始夜以继日地练习书法，用完了三缸水。他自认为字已经写得很好了。于是他带着自己的得意之作来给父亲看，父亲只是在他写的"大"字下面加了一点，成了"太"字。献之又将作品给母亲看，母亲看后感慨道："吾儿磨尽三缸水，唯有一点似羲之"。献之一看，母亲指的正是父亲刚才加上去的那一点。献之感到十分羞愧，于是他开始更加勤奋地练习书法。后来，王献之真的写完了这十八缸中的水，与他的父亲一样，成了著名的书法家。

《鸭头丸帖》行书纵 26.1 厘米，横 26.9 厘米

现藏于上海博物馆，此幅作品是唐代摹本

这幅作品运笔非常熟练，笔画劲利灵动，风神散逸，主要有以下一些特征"笔锋人纸灵巧而又变化多姿，方笔、圆笔、侧锋、藏锋都有。字与字之间气脉贯通，连中有断，断连结合使整幅字有疏有密，空白灵活。帖中的 10 多个字曲直结合：横竖较直，有刚劲之美；又有圆转外拓的曲笔，有遒婉之美，用墨巧妙自然，墨色有枯有润，变化丰富。章法上行距很宽，显得萧散疏朗，堪称是一幅不拘法则而又无处不存在法则、妩媚秀丽而又散朗洒脱的行书精品。

唐张怀瓘对他这种"神骏"的行草书风倍为尊崇，认为这也是行草书法的范式，即个人情性超越法度之上，神采存乎笔墨之外，感性情感的抒发超乎理性思维的控制。这也恰恰是王献之对行草书法的贡献。由于唐太宗对王献之书法的抨击，致使王献之书法存世量受到了一定的冲击，刻帖和摹本的数量均远远不如王羲之。

王献之一生钟情于书法，其书法成就也是多方面的，楷、行、草等诸体兼善，尤以草书见长，在王羲之、张芝等人的基础上，加强外拓用笔，笔势外展，字与字上下相连属，气息则隔行不断，所谓“一笔书”，从而形成了丰润妍美、散朗多姿的新风尚，不亚于父亲王羲之，父子合称为“二王”。

（三）祭侄文稿

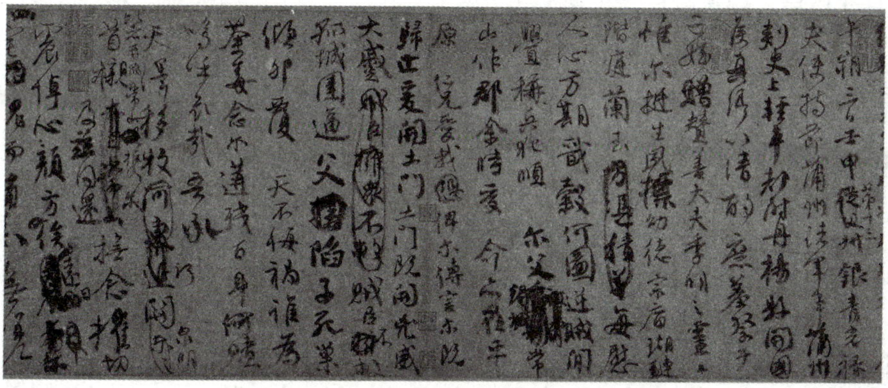

现藏台北故宫博物院

颜真卿，是唐代的大书法家，与赵孟頫、柳公权、欧阳询并称为“楷书四大家”。他初学褚遂良、二王，后又师从草圣张旭，学其笔法，吸众人所长，一改初唐风范，自成一体。

相传一次张旭对他说：“我学书法开始不得其门，一天和友人到江边散步，看到银白色的沙滩在眼前延伸，就勾起了书写的欲望，可是没带笔，怎么办？正好随身带了一把锥子，就用它在沙上写起了字，锥子画入沙中，字很快就被掩埋了大半，只留下一些痕迹，我忽然悟出了写字的方法：书法就如同画沙，关键在一个“藏”字啊！有了“藏”字，字才能沉着凝重，才能力透纸背。”

颜真卿对老师的启迪心领神会，毕生以藏为书法准则。发明了“藏头护尾”的颜家书风，他的作品端庄秀丽、气势磅礴、遒劲有力，被称为“颜体”。

颜真卿字体端庄雄伟，方正平稳，坚韧厚实，骨力藏中，外柔内刚，不露锋芒，气势博大，相传这位刚直不阿的儒家学者，忠臣，在一场动乱中为说服叛逃敌人，孤身前往被俘，临危不惧，以身殉节。官场氤氲中诞生的颜体，其中登峰造极的作品《祭侄文稿》，被称为字字泣血的“天下第二行书”。

《祭侄文稿》颜真卿

《祭侄文稿》是颜真卿50岁时，悼念其堂兄颜杲卿的第三个儿子颜季明所写的一篇祭文。

《祭侄文稿》是颜真卿在巨大悲痛心境里写的。唐代安禄山叛乱，敌军劝降，颜真卿的哥哥颜杲卿不从，敌军便当着颜杲卿的面把他的儿子颜季明的头砍下来。他眼睁睁地看着儿子在自己面前断头，颜杲卿依然坚守着忠诚，破口大骂，誓死不降。敌军没办法，只能把颜杲卿的舌头割下来，这就是后代文天祥正气歌里所说到的“为颜常山舌”典故的由来。

一年以后，颜真卿反攻，收复常山，人们才在废墟之中找到了他侄子的头颅。面对着他的头颅，在悲恸气愤的情绪中写下了这篇“抚念摧切，震悼心颜”的《祭侄文稿》。

为什么这篇歪歪扭扭涂涂改改的文字，竟然被历代文人称为天下第二行书？

《祭侄文稿》中每个字都融入了书家最真实自然的情感。行气随感情起伏不断调整，笔下没有顾及到工拙，随处有圆点涂改，让人强烈地感受到耿直的颜真卿感情的起伏变化。

开头几行，字的大小变化不大，节奏缓慢，字势沉着。这是痛定思痛、悲愤郁结的沉吟。

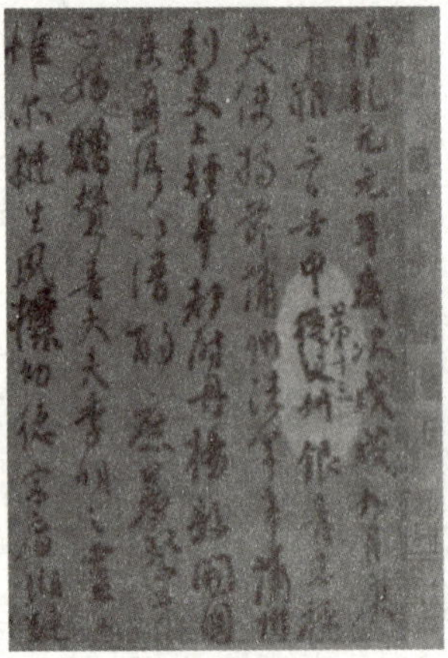

《祭侄文稿》篇首

最值得注意的地方是第二行被圈掉的部分。为什么将“从父”两个字涂掉，改成“第十三叔”？要知道，我们往往脱口而出的话，才是我们的真话，后面涂改的部分，是我们想要更庄重的修饰。你可以看到颜真卿脱口而出的话是“从父”。

可见，他非常疼爱他的这个侄子，虽然在古代，“从父”就是“叔叔”的意思，但是从字面上，从父的感觉比叔叔要亲近得多。在颜真卿眼里，这个侄子就像自己的儿子，他在后面也讲到，在他们下一辈中，最有才华人品最好的就是颜季明，他特别心疼这个侄子。

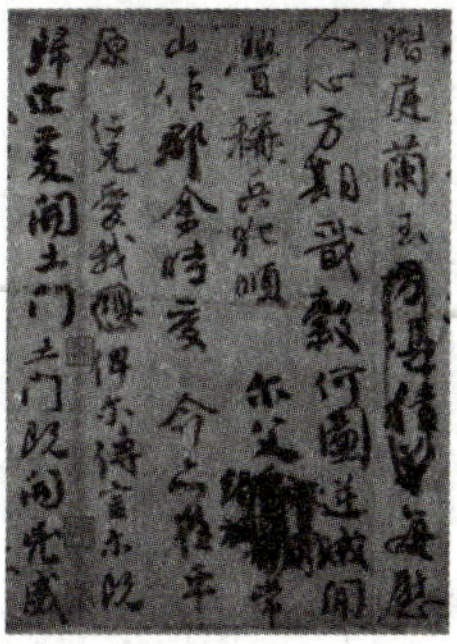

《祭侄文稿》第 8–13 行

从第八行开始，随着感情的激发，字的轻重大小错综而出，字行也开始倾斜，并有大面积涂改，颜真卿愤怒之情开始涌动。

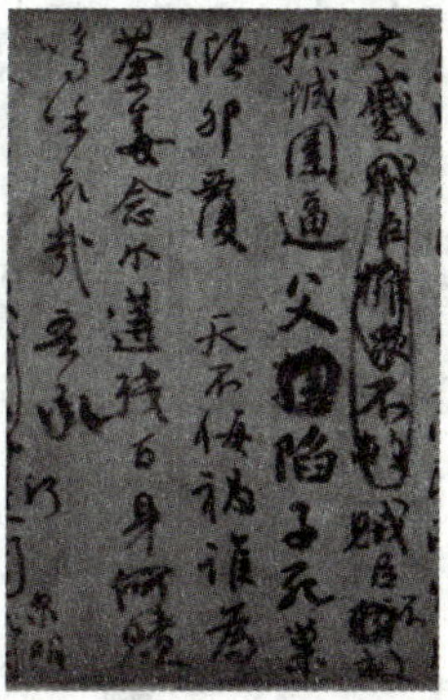

《祭侄文稿》第 14–18 行

到第十四行的“贼臣不救，孤城围逼，父陷子死，巢倾卵覆，天不悔祸，谁为荼毒”时，对奸臣的义愤，对乱贼的仇恨，对亲人的哀伤，百感交集，一齐迸发于胸间。这说明了颜真卿写此稿时的唯一原则就是一任感情的倾泻，而不复较其书体是真，是行，是草，因而达到了合情即合理的艺术境界，充满了对安禄山叛军的刻骨仇恨和对贤侄、亲人们的无限思念及深切哀悼。

“呜呼哀哉，尚飨”文末情感达到极致

后文转到对侄儿的抚念与哀悼，由行入草，并有多处改写，颜真卿仿佛进入情感的旋涡之中，笔势连绵，有如老泪滂沱，不能自已。尤其是祭文最后的“呜呼哀哉，尚飨”，颜真卿的悲愤痛心之情达到了极点，情感终于挣脱了法度的束缚，笔下几乎“书不成字”了，达到了“从心所欲不逾矩”的自由境界。

血浓于水的亲情，穿越千年从未改，如果你也曾体会过类似的痛楚，假如能穿越千年，就能读懂颜真卿情到浓处方为真了。

（四）黄州寒食帖

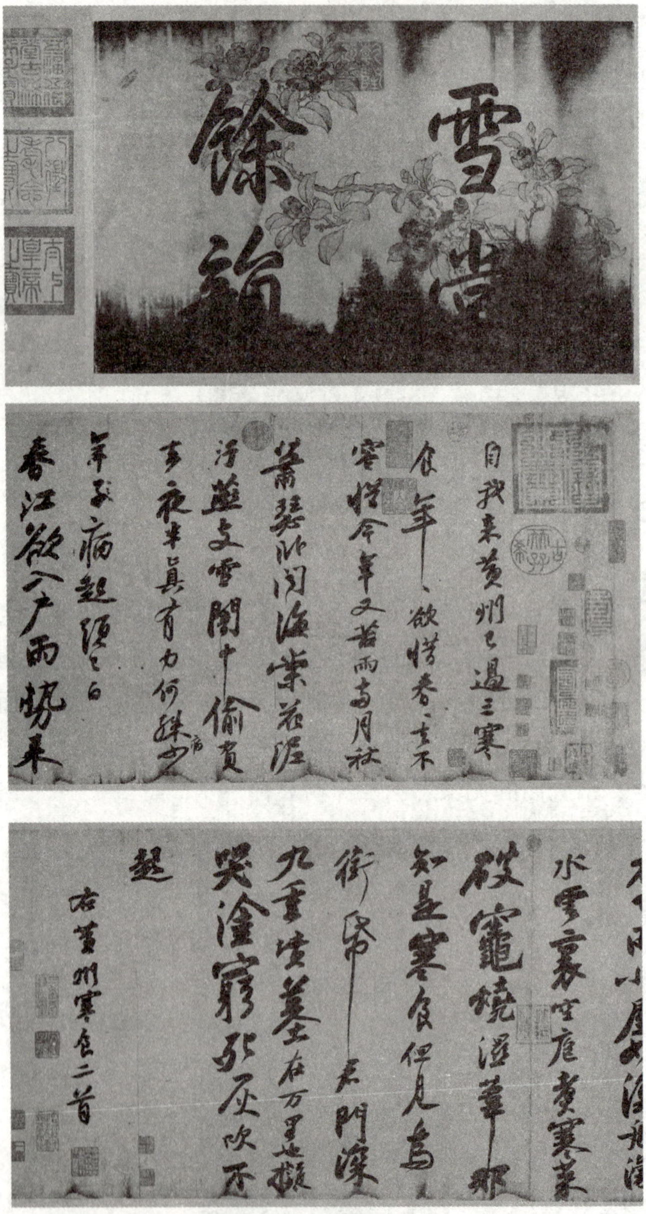

《寒食帖》又名《黄州寒食诗帖》或《黄州寒食帖》。苏轼撰诗并书，墨迹素笺本。横 34.2 厘米，纵 18.9 厘米，行书十七行，129 字，现藏台北故宫博物院。

元丰三年（1080）二月，苏轼因“乌台诗案”受新党排斥，被贬谪黄州（今湖北黄冈）为团练副使，这一年他四十五岁。苏轼是中国历史上的一位传奇人物，集儒释道众家思想于一身，诗词、文、绘画、书法、美食等无一不精，生性旷达洒脱。

乌台诗案是苏轼人生的转折点，被贬黄州，自然是郁郁不得志，加之生活上穷愁潦倒，他将情感寄托在这幅书法作品中，书法不仅是用来传递信息的，更重要的是书法情感、品性、追求的再现。

《黄州寒食帖》是苏轼书法作品中的上乘，在书法史上影响很大，洋溢着起伏的情绪。元朝鲜于枢把它和王羲之《兰亭序》、颜真卿《祭侄稿》并称为“天下三大行书”。这幅书帖的内容是一首诗：自我来黄州，已过三寒食。年年欲惜春，春去不容惜。今年又苦雨，两月秋萧瑟。卧闻海棠花，泥污燕支雪。暗中偷负去，夜半真有力，何殊病少年，病起须已白。春江欲入户，雨势来不已。小屋如渔舟，蒙蒙水云里。空庖煮寒菜，破灶烧湿苇。那知是寒食，但见乌衔纸。君门深九重，坟墓在万里。也拟哭途穷，死灰吹不起。

苏轼说：我到黄州，已过了三个寒食节了。这个开头起的非常直白平实，笔锋丝毫没有凌厉之感，显得柔和自在，仿佛是随意之作，然而这丝毫不妨碍书帖的伟大。

“年年欲惜春，春去不容惜。今年又苦雨，两月秋萧瑟。”年年岁岁到了寒食就意味着春天也要过完了，真令人惋惜。他重复用了两个“春”字，可见苏轼很爱惜这春光。今年雨下得特别多，阴历三四月就像秋天一样非常萧瑟阴郁。其实阴郁的不只是天气，更是他的内心。

“卧闻海棠花，泥污燕支雪”，躺在床上看到那株海棠，花瓣掉落，被泥土弄脏了。其实就像乌台诗案前的苏轼，他的前半生是绚丽的，如同盛开的海棠，但是被抓进牢狱，被贬谪黄州，自己就像落入泥土那样卑微！

“何殊病少年，病起头已白。”之前不服老，总觉得自己还年轻，可是坐牢生了一场病后，头发竟然都白了。我们看到在“病”之前点了四个点，表示他写错了一个字，并且明明白白告诉面前的观赏者，这就是中国“行草”很特殊的魅力，行云流水，随意任性，随心所欲，想怎么写就怎么写，及时写错了再改，而且明明白白告诉你。

“春江欲入户，雨势来不已。小屋如渔舟，蒙蒙水云里”，语言还是明白如话，这是苏轼的行文风格，不喜用艰涩难懂的典故，这才是性情之人。雨一直下，雨要涨到屋里来了，家好像一个渔船，荡漾在一片水雾中。

“空庖煮寒菜，破灶烧湿苇。那知是寒食，但见乌衔纸。”可能是有点饿了，到厨房找点东西吃，因为是寒食节，不能吃热的东西，只能是冷菜冷饭，就如同这个天气和心情一样。空庖、寒菜、破灶、湿苇，好像一切都很冷。忽然看见一只乌鸦叼了一张烧剩的纸钱的纸灰飞过去，真是触目惊心。写到“乌衔纸”三个字的时候，笔锋完全变了，一改柔和和敦厚，变得锋利起来。这是坟墓，是凄凉，是不甘？也许都有。

君门深九重，坟墓在万里。也拟哭途穷，死灰吹不起。苏轼父亲的坟冢在四川眉山，清明也回不去，无法尽人子孝道。是否我可以学一学阮籍，走到没路的地方大哭一场，但是此时，我也心如死灰，连哭的情绪都没有了，真是无限凄凉。

书法审美中最高的境界是自然而然，毫无矫揉造作，重要的是心境，整篇书法几乎没有锋芒毕露的而感觉，看起来柔软含蓄，但是这其中隐藏着苏轼刚硬的韧性。通篇一气呵成，便随着自己情绪心境的变化，起伏跌宕人书合一，

这篇书法以“右黄州寒食二首”结束，连落款都没有，苏轼自此之后的人生几乎都是在贬谪中度过，可是苏轼的内心能量太大，他把每一次苦难都当作很快乐的得到，即使在儋州那个让自己九死一生的荒蛮之地，仍然活得很开阔。东坡给一千年后的现代人也树立了一个如何对待苦难的典范和标榜！

（五）肚痛贴

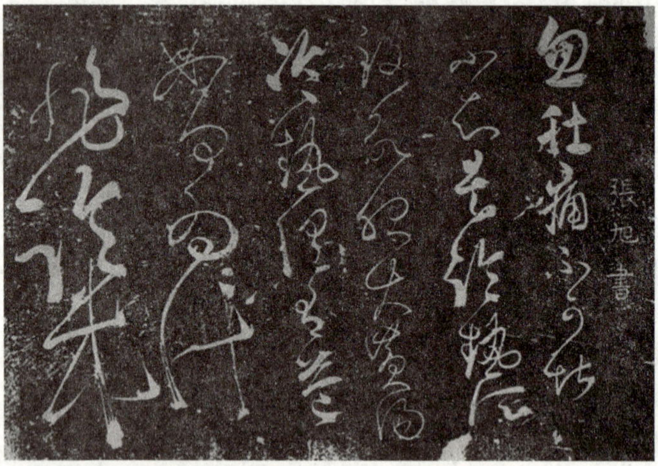

《肚痛帖》为宋嘉祐三年（1058）摹刻上石

李白是唐朝的标志性人物，其诗歌曾被唐文宗下诏御封为大唐“三绝”之一，那另外两绝是什么呢？到底是什么绝技能和李白的诗相提并论呢？张旭草书和裴旻剑舞。

张旭活跃在开元年间，张旭的草书被称作狂草，到底有多狂多草呢？唐代李颀曾经形容张旭：张公性嗜酒，豁达无所营。皓首穷草隶，时称太湖精。露顶据胡床，长叫三五声。兴来洒素壁，挥笔如流星。

原来和李白一样，张旭也喜欢饮酒，没有酒就没有好字。不过，这个“太湖精”喝醉酒后也不是胡乱鬼画符，他写字最大的特点就是在狂草的同时，还能“不逾规矩”，张旭的草书是在将传统笔法纯熟运用的基础上，再随性赋形和畅意表现而形成的。例如他的楷书名作《郎官石柱记》，工整端方，法度雅正。张旭被后世尊称为“草圣”。

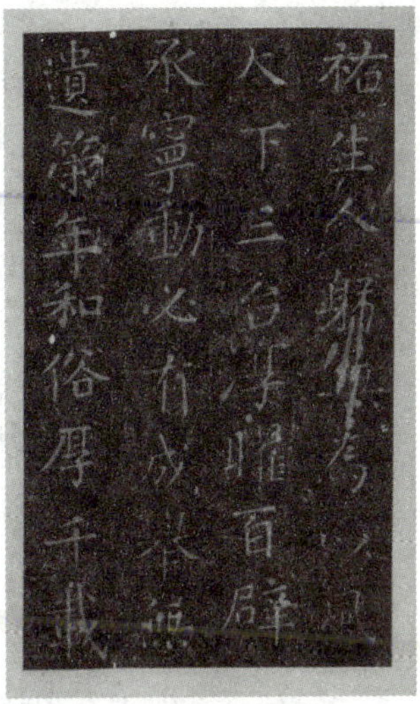

楷书《郎官石柱记》

当然最能代表他性情和艺术成就的还是草书，如这幅《肚痛帖》。这是一幅有趣的书法作品，真迹已经丢失，有宋刻本，明代重刻，如今西安碑林。全帖六行 30 字：“忽肚痛不可堪，不知是冷热所致，欲服大黄汤，冷热俱有益。如何为计，非临床。”

这幅作品的字形变化有极强的画面感。最开始的三个字，笔锋还算规正，说明作者这个时候肚子还没有特别疼。越往后，肚子越疼。最后简直疼到写字一顿一顿，想要到床上躺下了！从第四字开始，每行尽是一笔到底，一气呵成，映带相连，越往后越癫狂，草书所能表达的情境在这里已经发挥到极致了。

这篇因肚子痛而写成的作品竟然被中国人奉为临摹的神品，因为它达到了书法艺术的最高境界——率性而为，随心而动。当然这种看似随意的书法是需要极致的勤奋、极高的技巧和那时那刻稍纵即逝的灵感共同创造的。这也许就是书法艺术的魅力！

三、书法欣赏

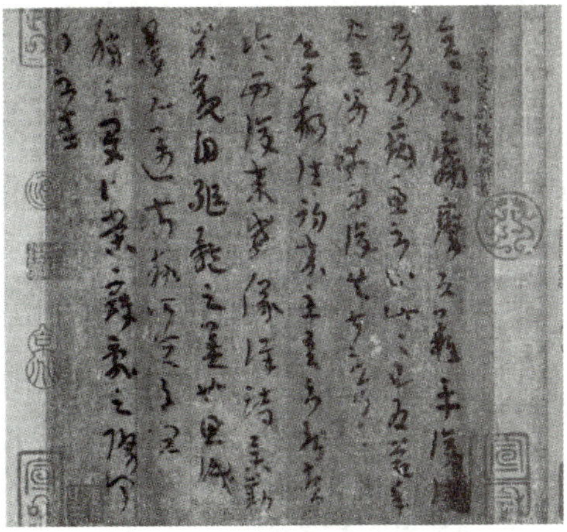

西晋 · 陆机《平复帖》行书

晋 · 王羲之《快雪时晴帖》行书

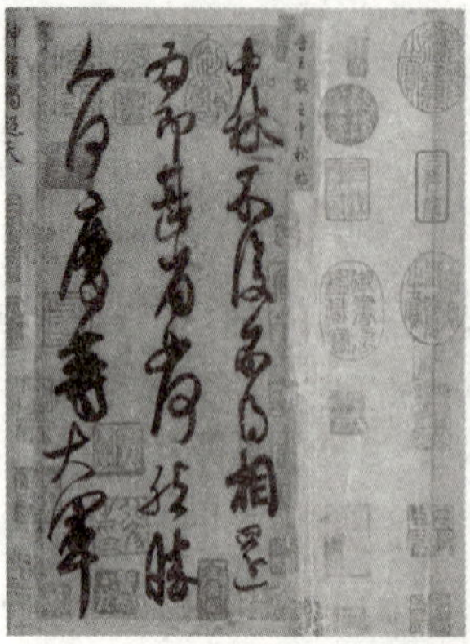

晋·王献之《中秋帖》行书纸本手卷

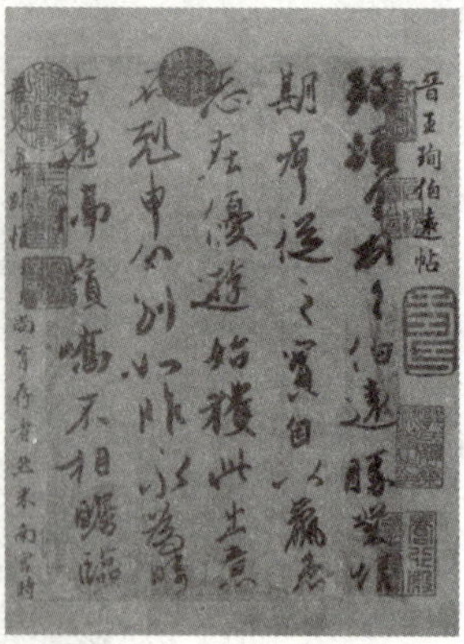

东晋·王珣《伯远帖》行书

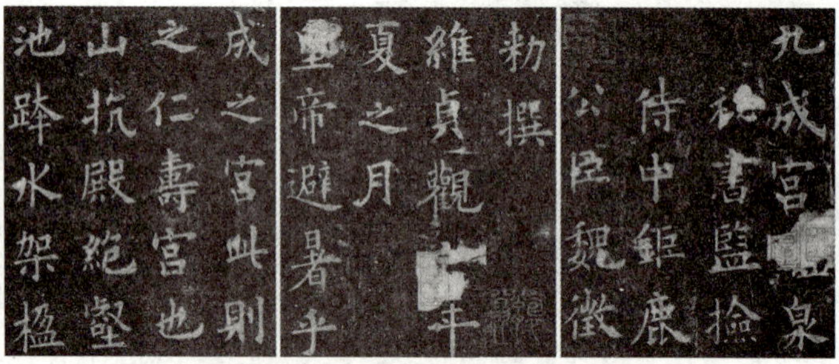

唐·欧阳询《九成宫醴泉铭》楷书

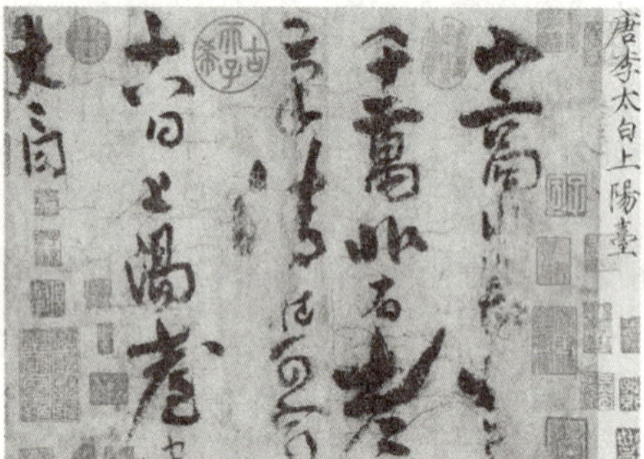

唐·李白《上阳台帖》

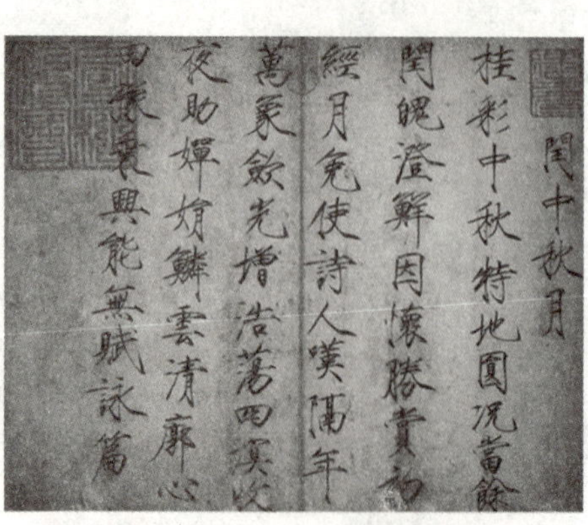

北宋·赵佶《闰中秋月》

第三节　陶瓷文化

一、文化要略

在2018年的《国家宝藏》特展中，有两件推荐宝物为陶瓷作品：一是故宫博物院推荐的清乾隆各种釉彩大瓶；二是湖南博物馆推荐的长沙窑青釉褐彩诗文执壶。

清乾隆各种釉彩大瓶

清乾隆各种釉彩大瓶，清代乾隆年间烧制，器身自上而下装饰的釉、彩十余种，是中国古代制瓷工艺的代表性作品，现藏北京故宫博物院。

这件各种釉彩大瓶，集各种高温和低温釉彩于一身，素有“瓷母”之美称，集中体现了当时高超的制瓷技艺，传世仅此一件，弥足珍贵。各种釉彩大瓶是对中国陶瓷艺术的提炼与整合，体现了数千年文化积淀下对自身物质文明的自信。

唐代长沙窑青釉褐彩诗文执壶，高 19 厘米，底径 11 厘米，1983 年出土于湖南长沙窑窑址，现收藏于湖南省博物馆。

以诗歌为饰是长沙窑装饰的重要特征。此壶腹部题写诗歌一首：“春水春池满，春时春草生，春人饮春酒，春鸟哢（lòng）春声。”

这个执壶可以使我们感受到唐朝时人们热爱和享受生活的情趣，以及他们对人生释然的态度。

（一）中国陶瓷

陶瓷是陶器和瓷器的总称。陶器由黏土等混合物主要经成型、干燥、烧制而成。瓷器则是用瓷土（高岭土）烧制的。

早在新石器时代早期，中国的原始居民已经创制出各种生活用的陶器。

陶瓷，是中华五千年文明的符号。中国瓷器从隋唐时期便开始向外域流传，在宋、元、明、清各代，瓷器都作为重要商品行销全国，走向世界。陶瓷是一种工艺美术，也是民俗文化，是受世界敬仰和认可的中国手工艺术品，所以中国素有“瓷国”之称，誉满全球。

中国传统陶瓷的发展，经历过一个相当漫长的历史时期。陶瓷艺术装饰形式大体可分两类：一类是写意绘画；另一类是工笔绘画。这两种绘画装饰形式都是中国绘画艺术在陶瓷产品上的呈现，但中国陶瓷装饰形成了自己特有的艺术风格。

历代陶器和瓷器装饰纹饰既有自然界的山山水水、花鸟鱼虫，又有人类自身，表现出追求人与自然的和谐统一，反映了古人对美好生活和美好事物的艺术化的追求。

（二）宋代五大名窑

宋代五大名窑包括钧窑、汝窑、官窑、定窑、哥窑。五大名窑正式开创了烧制实用器皿与观赏器皿的“瓷器”时代。

1. 钧窑

钧窑窑址在今河南省禹州。钧瓷的釉色为一绝，千变万化，红、蓝、青、白、紫交相融汇，灿若云霞。

2. 汝窑

汝窑窑址在今河南省宝丰县清凉寺，宋时属汝州，故名。汝窑以青瓷为主，有“釉色天青色”“蟹爪纹”“香灰色胎”“芝麻挣钉”等特点。

3. 官窑

宋代官窑瓷器主要为素面，最多使用凹凸直棱和弦纹为饰。胎色铁黑、釉色粉青，“紫口铁足”呈古朴典雅之美。

4. 定窑

定窑窑址在今河北曲阳，在宋代属定州，故名。定窑以烧白瓷为主，瓷质细腻，质薄有光，釉色润泽如玉。

5. 哥窑

哥窑。传世哥窑瓷器不见于宋墓出土，其窑址也未发现。哥窑的主要特征是釉面有大大小小不规则的开裂纹片，大开片纹路呈铁黑色，称“铁线”，小开片纹路呈金黄色，称“金丝”。“金丝铁线”使釉面具有了一定的“韵律美”。

（三）四大名陶

四大名陶，是指江苏宜兴紫砂陶、云南建水陶、广西钦州坭兴陶、重庆荣昌安富陶。

1. 紫砂陶

宜兴陶瓷已有四五千年的历史，其中紫砂陶最具特色。其造别致型、色泽古朴，在国内外享有很高声誉。紫砂陶文化的特点是将诗情画意直接刻画在紫砂陶器上，以其特浓郁的文化气息，为人们称颂和珍视。

2. 建水陶

建水紫陶，因产于云南建水呈赤紫色而得名。建水紫陶集书法、绘画、刻填、镶嵌、烧制、磨光等工艺于一身。

3. 坭兴陶

钦州坭兴陶盛于清朝咸丰年间，制陶工艺有“双料混炼、骨肉相融、自然素烧、烧炼出彩、陶刻纹印、陶艺造型”等。钦州坭兴陶在传统工艺的烧制过程中，不添加任何陶瓷颜料却可能产生“窑变”，堪称“中国一绝”。

4. 安富陶

荣昌陶器已有 800 年的历史，品种繁多。工艺陶中素烧的“泥精货”，具有天然色泽，给人以古朴淡雅之感。以各种色釉装饰的“釉子货”，质地晶莹剔透，叩声清脆悦耳，装饰大方朴质。

宜兴紫砂陶

建水紫陶

钦州坭兴陶

荣昌安富陶

二、陶瓷文化审美

陶瓷文化具有明显的工艺美术特点，与此同时它也是一种民俗艺术。陶瓷文化审美以陶瓷材料及其工艺为基础。陶瓷艺术品的造型之美、釉色之美、装饰之美受到人们的喜爱。

（一）造型之美

造型是陶瓷鉴赏的首个要素。中国陶瓷造型在历史上出现了斗笠碗、梅瓶、玉壶春瓶、胆瓶、橄榄瓶、观音瓶等，这些造型是中华民族经过几千年的陶瓷艺术实践而沉淀下来的经典造型。

（二）釉色之美

五颜六色的陶瓷釉色，凝聚着陶艺工匠的聪明才智。不同的釉色给人以不同的感受，陶瓷釉色以其光、色、透、洁，深深地打动着爱美之人的心。

（三）装饰之美

装饰是陶瓷的衣服。陶瓷艺术的画面装饰以图案、色彩、工艺和创意，呈现着与造型浑然一体的风韵。无论是技术上还是在绘画上，都在表达着中国人的社会生活、世态人情与审美追求的人文精神。

元青花鬼谷子下山青花罐

元青花鬼谷子下山青花罐，使用钴料绘出四层青花纹饰；第一层为颈部的水波纹；第二层为肩部的缠枝牡丹；第三层为腹部的“鬼谷子下山”；第四层为下部的变形莲瓣纹。主题画面描述了古代著名谋略家鬼谷子下山搭救齐国名将孙膑的故事。青花纹饰呈色浓艳，画面饱满，疏密有致。人物刻画神韵十足，山石皴染笔笔精到，十分完美。

三、史事拾微

（一）宁封子制陶

传说黄帝时期人们虽已懂得用火烧熟食物吃，但没有锅，盆、碗、罐等，只能把猎获的食物用火烧熟后双手抓着吃，口渴了就到河边用双手掬水喝。

一次，有个叫宁封的人把几条尖尾鱼用泥封住放进火堆里烧。后来发现封鱼的泥被烧成了一个硬外壳。宁封把泥壳拿到河边盛满水，仔细观察装在泥壳里的水点滴不漏。宁封又想，假若把泥封在其他东西上用火烧后会是什么样子呢？于是宁封立即着手尝试。他先找了些富有黏性的泥土，制成器皿的坯子，再建造一个密封的土包，把土坯放进土包里，土包下面生火烧制。三天三夜之后，宁封打开土包，拿出烧过的泥罐，看到泥罐已经被烧得变了颜色，质地非常坚硬，以手叩击发出脆响。宁封给这件新东西取了个名字——陶。

由于使用方便，陶器成为人们盛水和煮食物的器皿。黄帝知道后，任命宁封做陶正之官，也就是后来史书记载中的官窑瓷器检察官，让他把制陶的技术和经验传授给人们。鉴于其伟大的贡献，后人尊奉他为宁封子。

（二）千年沉船“黑石号”

2017 年 5 月 14 日，国家主席习近平在“一带一路”国际合作高峰论坛开幕式上发表主旨演讲时，特意提到了在印度尼西亚海域发现的千年沉船“黑石号”，以此讲述古丝绸之路上各国交往的历史。

“黑石号”是德国打捞公司于 1998 年在印度尼西亚的勿里洞岛附近海域发现的一艘唐代沉船。这艘商船在中国装载了大量瓷器等物品，触礁沉没后在海底已经沉寂了千年之久。

从海底的“黑石号”打捞上来 6 万多件珍贵文物，其中 90% 以上为陶瓷物品，以湖南长沙窑的瓷器为主，另有河北邢窑白瓷、河南巩县白釉绿彩瓷和浙江越窑青瓷等。此外，还出水了 30 多件铜镜、30 件金银器和 18 件银锭。“黑石号”沉船展示了唐五代时期海上丝绸之路的盛况。

长沙窑瓷碗

长沙窑执壶

第四节　国画文化

一、文化要略

在2018年的《国家宝藏》特展中，故宫博物院推荐的宝物中有《千里江山图》。《千里江山图》将中国山河的宏伟囊括于画卷中，具有巅峰级水准和较强的家国情怀。

《千里江山图》是北宋王希孟创作的作品。这幅画卷不仅是青绿山水的代表性作品，而且集北宋以来水墨山水之大成，并将创作者的情感付诸创作之中。

（一）中国的绘画

中国的绘画史可以上溯到石器时代。最初的中国绘画主要画在陶器和岩壁上，后来逐渐发展到画在墙壁、绢和纸上。

汉代的墓室壁画、帛画，深沉雄大；魏晋南北朝时期的绘画发展得最为突出的是人物画和动物画；隋唐时期的绘画有了全面的发展，仕女画及宗教画更见完备。宋代设立了“书画院”，“画学”被正式列入科举；元代“文人画”盛行，诗、书、画的结合体现了中国画的又一次创造性的发展；明清的绘画流派纷繁，各个画科全面发展，山水、花鸟的成就最为显著，表现手法有所创新。

新中国成立后，中国美术开始了一个新阶段。当时，中国画创作主要体现为延安革命美术传统、苏联社会主义现实主义和徐悲鸿所倡导的写实主义相结合而成的形式。“文化大革命”的到来，使得中国画的发展几乎陷于停顿。改革开放以来，革新中国画的探索呈现多元趋势，对组织中国画的创作、研究与销售等，都作出了积极的贡献。

（二）国画的分类

国画，即中国画，是我国传统艺术形式之一。按照内容，国画可分为以下三大类。

人物画，指以人物形象为主体的绘画，大体有道释画、仕女画、肖像画、风俗画、历史故事画等。人物画力求人物个性刻画逼真传神、气韵生动。

山水画，指以描写山川自然景色为主体的绘画。山水画的特征是有意境，追求

“境界”，亲近自然、陶冶情操、净化心灵。

花鸟画，指以花、鸟、鱼、虫等为描绘对象的绘画。花鸟画的表现技法多样，从绘画手法看有工笔花鸟画和写意花鸟画，从水墨色彩看有水墨花鸟画、泼墨花鸟画、设色花鸟画、白描花鸟画等。

韩熙载夜宴图

五代南唐画家顾闳中的《韩熙载夜宴图》，是人物工笔画的传世经典之作。画家通过对人物不同姿态、目光等的描绘，以形写神。画中人物的身姿容貌处理得生动传神。

（三）工笔画和写意画

工笔画和写意画是国画两种画法。

工笔画用笔工整细致、敷色层层渲染，细节明彻入微，用极细腻的笔触描绘事物，着重线条美，一丝不苟，通过取神得形、以线立形、以形达意获取神、形的完美统一。在工笔画中，不论是人物画，还是花鸟画，关注“细节”，注重写实。

写意画用简练、豪放、洒脱的笔墨，描绘物象的形和神，抒发作者的感情。写意画要求有高度的概括能力、以少胜多的含蓄意境。

另外，国画还有一种画法叫“兼工带写”，综合运用了工笔和写意这两种方法。一幅画中的形象，有笔法工整细致的部分，也有较放纵写意的部分，用工、写二种笔法，表现出物象的形神。

工笔画

写意画

兼工带写画

（四）国画的特点

有人说，西洋画是“再现”的艺术，中国画是“表现”的艺术。国画的主要特点是：

（1）追求神似，注重意境。国画讲究“气韵生动”，不拘泥于物体外表的肖似，多强调作者的主观情趣，也就是讲求“以形写神”，追求一种“妙在似与不似之间”的感觉。不仅画出事物的形态，还要画出其内在的意蕴。

（2）以墨线为造型的主要手段。国画注重线条勾画，不管是人物、山水还是花鸟鱼虫，多使用线条和墨色。

（3）诗、书、画、印相融合，产生形意相生、形色相映的艺术效果。

（五）绘画的工具

国画的绘画工具主要有笔、墨、颜料、纸、砚等。

毛笔为中国所创，毛笔可分为硬毫，软毫和兼毫。选笔的标准是“尖、齐、圆、健”。

“尖”是笔锋尖锐，蘸墨后尖利如故；“齐”是修削整齐，笔尖铺开压扁，笔毛一律崭齐；“圆”是圆浑饱满；“健”是劲健有力。

墨在中国绘画中具有独特的地位。墨有固体墨与液体墨两种。国画的传统用墨是固体墨。液体墨由于使用方便，现在十分普及，用于写意画较好。

国画使用的颜料包括植物颜料、天然矿物颜料及化学合成颜料三大类。植物颜料可以相互调和使用，但容易褪色。矿物颜料相互不能调和使用，但覆盖力强，不易褪色。化学合成颜料使用方便、价格低廉，但颜料本身的色泽远不及天然矿物颜料纯正美丽，容易褪色。

国画用纸种类广泛，如宣纸、皮纸、棉纸等，还有绫、绢等织物也是绘画的材料。

砚是磨墨用的，要求细腻滋润，容易发墨，并且墨汁细匀无渣。砚是一种久负盛名的中国传统手工艺品。中国四大名砚为歙砚、端砚、洮砚及澄泥砚。

歙砚

端砚

洮砚

澄泥砚

二、中国十大传世名画

《洛神赋图》为东晋顾恺之的画作，描绘了曹植与洛神真挚纯洁的爱情故事。《洛神赋图》原作已失，现传世的是宋代摹本。

《洛神赋图》布局采用了连续多幅画面表现一个完整情节的手法，人物安排疏密得宜，开创了中国传统绘画长卷的先河。

《洛神赋图》

《清明上河图》为北宋画家张择端仅见的存世精品，该画描绘了北宋时期都城（今河南开封）的自然风光和繁荣景象，具有很高的历史价值和艺术价值。

《清明上河图》

《富春山居图》为元代画家黄公望的绘画作品。该画因被焚而成两段，前半卷《剩山图》现收藏于浙江省博物馆；后半卷《无用师卷》现藏台北“故宫博物院”。

《富春山居图》

《汉宫春晓图》为明代画家仇英创作的一幅仕女画。该人物长卷画生动地再现了汉代宫女的生活情景，被誉为中国“重彩仕女第一长卷”。

《汉宫春晓图》

《百骏图》由意大利籍清代宫廷画家郎世宁创作。此图共绘有 100 匹骏马，姿势各异，尽显骏马之态。

《百骏图》

《步辇图》是唐朝画家阎立本的名作之一。作品反映的是松赞干布迎娶文成公主入藏的故事，具有珍贵的历史和艺术价值。

《步辇图》

《唐宫仕女图》，作者是唐代张萱、周昉。该画描绘了唐代美女众生相。

唐宫仕女图

《五牛图》为唐朝韩混创作的黄麻纸本设色画。该画是少数几件唐代传世画真迹之一。

《五牛图》

《韩熙载夜宴图》是五代十国时期南唐画家顾闳中的绘画作品。该画描绘了官员韩熙载在家设夜宴载歌行乐的场面。

《韩熙载夜宴图》

《千里江山图》为北宋王希孟创作的绢本设色画。

《千里江山图》局部

三、国画文化审美

（一）国画的意境之美

国画的精髓是不但要把事物的形神传达给观众，重要的是画家要把思想感情也传染给观众，即在绘画的过程中将自己表达的思想感情和画面感受有机结合在一起，寓情于景，情景交融，借景抒情。例如，山水画中山川壮丽、小桥流水、山路崎岖、楼台高立等，使人们感受到了画家对大自然的那份深情，感受到了充满情趣的、有独特意境的美。

（二）国画的笔墨之美

国画以线造型，行笔快慢、顿挫、提按与墨色干湿、巧拙、涩畅交替使用，加上墨与色在宣纸上的渗化，塑造出生动的艺术形象。墨色的浓淡变化，使画面产生层次；墨或彩的泼洒、点染、堆积形成色彩变化的独特的效果。

（三）国画的色彩之美

国画用色独特：白描画只勾线不染色，素雅别致；浅绛山水画浅浅敷色、水墨淡彩；工笔画勾勒填彩；没骨画以色彩运笔造型，将线隐在物象形体之中。

（四）国画的气韵之美

国画运用多种形式和艺术语言来追求气韵生动，无论是诗、书、画、印的安排，还是画中人物、景物的布局，都强调恰到好处地处理疏密、繁简、动静、聚散等画面关系，使画面浑然一体，韵味十足。

四、史事拾微

（一）《清明上河图》的流传

《清明上河图》为北宋画家张择端所作，该画生动记录了北宋都城的城市面貌和当时社会各阶层人民的生活状况。

据说《清明上河图》最早由北宋宫廷收藏，“靖康之难”后流入民间，历经辗转，后为南宋贾似道所得。元朝时再度进宫，至正年间又流落民间。明朝时该画落到严嵩、严世番父子手上，严嵩倒台，图被没收进而第三次纳入宫廷。后来，太监冯保将其偷出，在画上加了题跋，之后真本又不知去向。清朝时，该画为湖广总督毕沅收藏，毕沅死后，《清明上河图》第四次进宫，深藏紫禁城内，一直在清宫珍藏。

1911年以后，《清明上河图》连同其他珍贵书画一起，被溥仪盗出宫外，先存在天津租界内的张园，后来被带到长春。长春解放后，该画被收缴，后来又调到故宫博物院珍存。

（二）郎世宁与新体画

郎世宁是意大利人，清康熙时期来到中国，在中国从事绘画50多年，并参加了圆明园西洋楼的设计工作，极大地影响了康熙之后的清代宫廷绘画。主要作品有《十骏犬图》《百骏图》《乾隆大阅图》等。

据文献记载，郎世宁的画法被称作“线画法”，采纳中国绘画技巧而又保持西方艺术的基本特点，融中国工笔绘画技法和西洋画三维要领为一体，从而形成了自己独有的风格并开启了新的画风，在一定程度上代表了西方文化和中国文化的汇通。

《百骏图》局部

郎世宁的《百骏图》既有欧洲油画的特点，又有中国传统绘画之笔墨趣味：幽远空阔，全国颜色亮丽，形象传神。其作品既有光线上的精细处理，又有对细节纹路的墨线勾勒。

★ 史海拾贝

关于绘画的哲理名言

◎作画妙在似与不似之间，太似为媚俗，不似为欺世

——齐白石

◎山水画乃写自然之性，亦写吾人之心

——黄宾虹

◎出新意于法度之中，寄妙理于豪放之外

——苏轼

◎惟绝似又绝不似于物象者，此乃真画

——黄宾虹

◎意存笔先，画尽意在

——张彦远

◎学画所以养性情，且可涤烦襟，破孤闷，释躁心，迎静气

——王昱

◎以气韵求其画，则形似在其间矣

——张彦远

◎夫画道之中，水墨最为上，肇自然之性，成造化之功

——王维

◎味摩诘之诗，诗中有画，观摩诘之画，画中有诗

——苏轼

◎无画处皆成妙境

——笪重光

第五节 玉石文化

一、文化要略

在2018年的《国家宝藏》特展中，浙江省博物馆入选的国宝为《玉琮》。

玉琮

玉琮，重约6500克，整体图案采用浅浮雕和线刻技法雕琢而成。琮是良渚玉器中最神秘又最富代表性的器物，其功用说法不一，多数学者认为它用于祭祀。

此玉琮是目前发现的良渚玉琮中最大、最重、做工最精美的一件，通称“琮王”。良渚玉琮力证五千年中华文明，刻于其上的纹饰显示了那个时代高超的技艺。

玉，是一种质地细密、温润光洁的“美石”，以玉制成的物品称为玉器。以玉器的各种形式、蕴含、观赏、寓意和审美所形成的独特文化及文化现象，被称为玉

文化。

中国玉文化的起源可以上溯至新石器时代中晚期。六七千年前，中国先祖就开始开发利用玉石。玉器蕴藏着深刻的中国传统哲学思想和人生理想，有着深厚的文化底蕴。

（一）玉文化的演变

中国玉文化发展历程大体经历了神玉、官玉、民玉三大历史阶段。

1. 神玉时期

在古代，人们认为玉是人与神明沟通的载体，因此，人们把玉制成了礼器用来进行各种各样的祭祀、祈福。玉被视为圣物，受到人们的尊崇和膜拜。汉代时，人们认为玉能使尸身不腐，所以玉器被用于丧葬，如玉衣、玉握和琀蝉等。

2. 官玉时期

从春秋到汉初，玉被看成是官员或上层阶级的标志，体现等级差别。比如从秦朝开始，皇帝以玉为玺，一直沿袭到清朝；又如唐代，明确规定了官员用玉的制度，三品以上的官员可按官级被授予不同玉质的玉带，玉成为官阶的象征。

3. 民玉时期

唐代开始，玉逐步进入了实用器的阶段，玉器也逐渐在民间流传，而不再是王权贵族的专属。元代至清代是我国玉文化发展的高峰，人们不再仅仅停留在对玉器的欣赏上，还把玉作为收藏品。当然，元代至清代真正拥有玉的也只能是达官显贵或巨贾。直到 20 世纪 80 年代初，玉才结束了几千年来被垄断和管制的状态，真正走入了寻常百姓家。

（二）中国四大名玉

中国四大名玉指和田玉、蓝田玉、独山玉和岫玉。

1. 和田玉

秦始皇统一中国时，和田玉被称为“昆山之玉”“于阗玉”。直到设立和田直隶州时，才被正式命名为“和田玉”。和田玉并非特指新疆和田地区出产的玉，而是一类产品的名称。我国把透闪石成分占 98%以上的石头都命名为和田玉。

2. 蓝田玉

蓝田玉主要产于陕西蓝田。历代文人墨客对蓝田玉多有赞誉，唐朝诗人李商隐的一句诗：“沧海月明珠有泪，蓝田日暖玉生烟”，更是成就了蓝田玉的千古美名。蓝田玉质地坚硬，色彩斑斓，光泽温润，纹理细密，往往一玉多色，乳白、青、黄、红诸色错杂，是制作工艺美术品的良好原料。

3. 独山玉

独山玉主要产于河南省南阳的独山。独山玉质地坚韧，细腻柔润，色泽斑驳陆离，有绿、白、黄、紫、红、白 6 种色素 77 个色彩类型。早在 6000 年以前，古人已开采独山玉，安阳殷墟妇好墓出土的玉器中，有不少独山玉的制品。西汉时曾称独山为“玉山”。

4. 岫玉

岫玉主要产于辽宁省鞍山市岫岩满族自治县。岫玉质地温润、细腻、性坚、透明度好，且为历代所重视。

（三）制玉大师陆子冈

陆子冈是明嘉靖、万历年间活跃于苏州的著名玉雕艺术家，是中国玉雕史上最负盛名的艺术大师，也是中国玉文化史上第一个坚持把自己的名字留在作品上的人。他一生创作了众多玉雕作品，把中国玉雕工艺提高到了一个新的艺术境界。

陆子冈所制玉器贴近生活、规整清雅、线条流畅、琢磨工细。他使雕刻技艺达到了高超精美的程度，成为当时名闻朝野的玉器雕刻大师。

陆子冈完成一件成品都要在不显眼处刻上“子冈”二字，这在当时属于一种“大胆放肆”的行为。

子冈牌

陆子冈制玉挂件中的长方形牌被称为“子冈牌”。这种长方形玉牌以精湛的浮雕工艺将书法、绘画融入其中，成为颂咏山水、寄吟情怀之物。

子冈牌洁白无瑕，温润细腻，精细的雕工和精美的玉质融为一体。

（四）我国古代玉带使用制度

玉带，即饰玉的腰带。唐代按玉带銙的佩戴形式来体现官位，其制度化是中国封建社会历史上的首创。作为古代官场礼服的重要组成部分，玉带在正式的冠服制度体系中具有等级、礼仪功能。《新唐书》记载三品以上的官员才可以用玉带。

唐代至明代，对玉带使用有严格规定，以带板的质地、纹饰、銙数不同来表示官员品级的高低。清代开始，官方玉带使用制度被废除，但玉带仍作为一种装饰品盛行于民间。

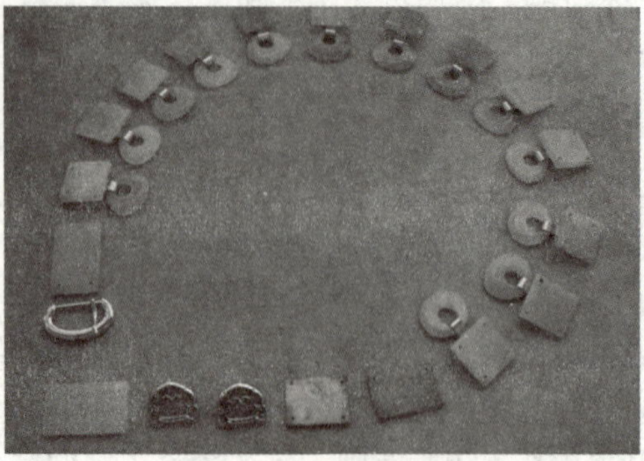

十三环蹀躞金玉带

2013年3月，扬州曹庄隋炀帝墓出土了蹀躞（dié xiè）金玉带，这是目前国内出土的最完整的十三环蹀躞带，也是古代带具系统最高等级的实物。

二、中国四大国宝级翡翠

中国四大国宝级翡翠分别被命名为《含香聚瑞》《群芳览胜》《岱岳奇观》和《四海腾欢》，现陈列于北京中国工艺美术馆。

这四大翡翠作品是由北京玉器厂在20世纪80年代以近40名玉雕大师利用四块大型翡翠原料，耗时六年时间精雕细刻而成。

《含香聚瑞》花熏的主体是以两个半圆合成的圆球体，综合体现了中国当代琢玉技艺的水平。

《群芳览胜》花篮，其中满插牡丹、菊花、月季、山茶等四季香花。

《岱岳奇观》以珍贵的翠绿充分表现泰山正面的景色，突出了十八盘、玉皇顶、云步桥等奇景，凸显了泰山的雄伟气势。

《四海腾欢》插屏的整个画面以中国传统题材中的龙为主题，9条翠绿色巨龙，在白茫茫的云海里恣意翻滚，气势磅礴，是当今世界最高大的一个翡翠插屏。

含香聚瑞

群芳览胜

岱岳奇观

四海腾欢

三、玉石文化审美

(一)玉石之美

谦谦君子，温润如玉。玉石，是高贵和纯洁的象征。自古以来，人的美好品德常与玉的温润光洁联系在一起。玉的美可以从以下几个方面体味：

1. 玉质之美

玉以质地细腻、致密、纯净为特征。“美玉无瑕”“冰清玉洁”“洁白如玉”正是对玉石质地的赞誉。

2. 玉性之美

玉石能够保存千年不变，玉的韧性和耐磨性使其呈现出温、厚、细、润、凝的特性。君子如玉，玉的坚韧、温和、细腻和人性有着极大的一致性。“温润如玉”“洁身如玉”，是赞美人的品德的代名词。

3. 玉色之美

玉的色彩十分丰富，白如凝脂、绿若翠羽、黄如蒸栗、赤如鸡冠、黑如纯漆。

4. 玉德之美

古籍中玉有五德、九德、十一德等多种学说。归纳起来就是“比德于玉”及“君子无故，玉不去身”等。玉德之美，在德行与灵性，做人有着玉的温润、玉的细腻，也有着玉的淡定和从容。

5. 玉琢之美

指玉器的艺术美。

(二)欣赏“皇后之玺”

陕西省历史博物馆收藏的一枚“皇后之玺”，是汉代吕后之物，是迄今为止发现的两汉时期唯一的一枚帝后玉玺。

“皇后之玺”高2厘米，边长2.8厘米，重33克，以新疆和田羊脂白玉雕成。

玉色纯净无瑕，晶莹润泽。玉质坚硬致密。玺体为正方形，钮为高浮雕的螭虎。螭虎形象凶猛，体态矫健，四肢有力，双目圆睁，眼球圆而凸出，隆鼻方唇，张口露齿，双耳后耸，尾部藏于云纹之中。背部阴刻出一条较粗的随体摆动的曲线，6颗上齿也以阴线雕琢。玺面阴刻篆书“皇后之玺”4字，字体结构严谨大方，笔画粗细均匀。

皇后之玺

四、史事拾微

（一）孔子“比德于玉”

原文：子贡问于孔子曰：“敢问君子贵玉而贱碈者，何也？为玉之寡而碈之多与？”孔子曰：“非为碈之多故贱之也，玉之寡故贵之也。夫昔者君子比德于玉焉：温润而泽，仁也；缜密以栗，知也；廉而不刿（guì），义也；垂之如坠，礼也；叩之，其声清越以长，其终诎（qū）然，乐也；瑕不掩瑜，瑜不掩瑕，忠也；孚尹旁达，信也；气如白虹，天也；精神见于山川，地也；圭璋特达，德也。天下莫不贵者，道也。诗云：‘言念君子，温其如玉。’故君子贵之也。”——《礼记·聘义》

翻译：子贡向孔子请教说：“请问君子贵重玉而轻贱似玉的美石，这是为什么呢？是因为玉很少而美石很多吗？”孔子说：“并不是因为美石多所以才轻美石，也不是因为玉少所以才重玉。是因为从前君子把美德和玉相配比的：玉的温润而光泽，就是仁；玉的致密坚实，就是智；玉的棱角方正而不伤人，就是义；玉的沉重欲坠，就是礼；玉的敲击，声音清越悠长，终了戛然而止，就是乐；玉的瑕不掩瑜，瑜不掩瑕，就是忠；玉的色彩四溢，就是信；玉的气质如白虹，就是天；玉的精神体现在山川，就是地；玉制的圭璋用于礼仪，就是德。天下没有不重玉的，就是这个道理。《诗经》中说：‘想念那位君子，他的温柔如玉。’所以君子就重玉。”——《礼记·聘义》

（二）“玉痴”乾隆

古代帝王多喜爱玉器，清代的乾隆皇帝喜爱玉器超过历代帝王。我国玉器制作之所以在清代能够达到顶峰，与乾隆有着密不可分的关系。清宫遗留的古代玉器，大多为乾隆时期收集的。

乾隆得到一件珍贵的玉器就题诗吟咏。据不完全统计，他的咏玉诗有近八百首。

乾隆给皇子们起名字都和“玉”有关。

乾隆对于宫廷玉器制作给予了极大的关注，亲自过问玉器的生产，并制定对玉工的惩罚办法。重要的器物，他还对画稿以及最后的装饰、摆设等，一一审查，亲自指示。乾隆去世后，国力迅速衰落，对玉器的需求大大减少，玉器制造开始走入低谷。

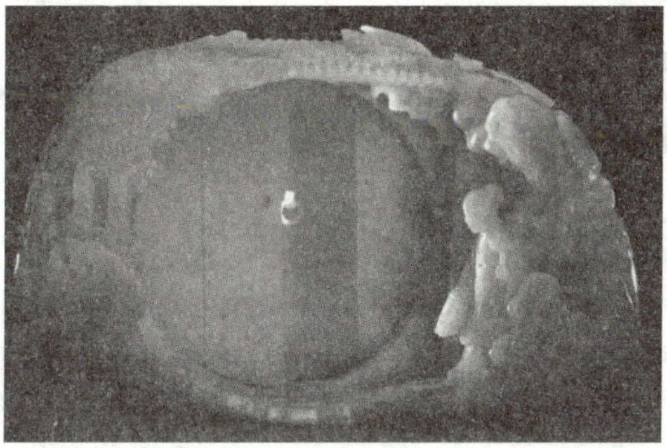

桐荫仕女图

苏州工匠利用废玉料琢成的“桐荫仕女图”，是一件表现江南庭园景色的巧夺天工的作品。乾隆非常欣赏这件作品，在底部刻文：“和阗贡玉，规其中作椀，吴工就余材琢成是图，既无弃物，又完璞玉。御识。”及诗：“相材取椀料，就质琢图形。剩水残山境，桐檐蕉轴庭。女郎相顾问，匠氏运心灵。义重无弃物，赢他泣楚廷。”。

（三）卞和献玉

楚国的卞和在楚山中得到一块未经雕琢的璞玉，拿去献给楚国国君厉王。厉王叫玉匠鉴别。玉匠说：“这是一块普通的石头呀！”厉王认为卞和是个骗子，把卞和的左脚砍掉了。

楚厉王死了以后，武王当了楚国的国君。卞和又把那块璞玉献给武王。武王叫玉匠鉴定。玉匠又说：“这是一块普通的石头啊！”武王也认为卞和是个骗子，把卞和的右脚砍掉了。

武王死了以后，文王继承了王位。卞和于是抱着璞玉在楚山脚下痛哭了几天几夜，眼泪哭干了，连血也哭出来了。文王听到这事，便派人去问卞和：“天下被砍掉双脚的人多得很，为什么唯独你哭得这样伤心呢？”

卞和回答说：“我并不是伤心自己的脚被砍掉了，我所悲痛的是宝玉竟被说成普通的石头，忠诚的好人被当成骗子，这才是我最伤心的原因啊。”

文王便命人剖玉察看，证实那果然是一块举世无双的美玉。于是把这块美玉琢成玉璧，为了肯定卞和献玉有功，遂以卞和之名命名此璧为“和氏璧”。

中华优秀传统文化

（四）完璧归赵

赵惠文王时，赵国得到楚国的和氏璧。秦昭襄王听说了这件事，派人给赵王送了一封信，说愿意用十五座城给赵国，请求换取和氏璧。

赵王召见蔺相如，派他带着和氏璧向西进入秦国呈献给秦王。秦王非常高兴，把和氏璧传给其他人员看，群臣都称赞不已。蔺相如看出秦王没有把城池给赵国的意思，就上前说："璧上有点毛病，请让我指给大王看。"秦王把和氏璧交给蔺相如。这时，蔺相如捧着璧退了几步站住，背靠着柱子。他对秦王说："我看大王无意补偿给赵国十五座城，所以又把它取回来。大王一定要逼迫我，我的头现在就与和氏璧一起撞碎在柱子上！"

秦王怕他撞碎和氏璧，就婉言道歉，坚决请求他不要把和氏璧撞碎，并召唤负责的官吏察看地图，指点着说要把从这里到那里的十五座城划归赵国。

蔺相如估计秦王只不过是以欺诈的手段假装把城划给赵国，就对秦王说："和氏璧是天下公认的宝贝，大王也应斋戒五天，在朝堂上设'九宾'之礼，我才敢献上和氏璧。"秦王答应斋戒五天，把蔺相如也安置了下来。蔺相如估计秦王必定违背信约，就让随从穿着粗布衣服，怀揣那块璧，从小道逃走，把它送回了赵都。

过了五天，秦王召集大臣在朝堂之上举行接受和氏璧的仪式。蔺相如不慌不忙地走上殿，向秦王行了礼，镇静地说："大王真要那块璧的话，请先把那十五座城割让给赵国，然后再让使者跟我一起到赵国去取玉璧。赵国得到了十五座城以后，便会把璧交出来。"秦王听蔺相如说得振振有词，不好翻脸，只得说："不过是一块璧，不应该为这件事伤了两家的和气。"结果，还是让蔺相如回赵国去了。蔺相如回到赵国，赵王认为他完成了使命，就提拔他为上大夫。

★ 史海拾贝

弘扬玉文化：中华玉文化博物馆

中华玉文化博物馆又称中华玉文化中心，位于河南省镇平县石佛寺镇。博物馆共分六个展区：

第一展区为玉史长廊，详细介绍了玉在中华文明史上所处的历史地位、玉器的种类和用途、玉与健康、玉与美容等知识。

第二展区为玉作坊，以泥塑和图片的形式生动地再现了从古到今不同时期的玉雕加工的工艺流程。

第三展区为玉石大观，陈列了100多种300多块、来自40多个国家和地区的优质玉料。

第四展区为大师榜，展现了烈裔、陆子冈、仵永甲等制玉名人的风采。

第五展区是精品苑，琳琅满目的玉镯、玉戒、玉佩，集欣赏、收藏、实用为一体的酒具、茶具、玉枕、玉席等，充分体现了玉雕工艺的精湛。

第六展区为百玉图，搜集的"百玉图"和"玉词集"汇集了王羲之、柳公权、赵孟頫、颜真卿、岳飞、苏轼、毛泽东等古今百名书法家的“玉”字和带“玉”的诗词。

中华玉文化博物馆全面展示了中华玉文化的灿烂历史及其内涵，也展示了玉文化对中国政治、经济、文化等多方面的影响，详尽介绍了玉器与人类生活的关系及玉雕产业发展的现状等，堪称一部中华玉文化的百科全书，是全国规模最大的玉文化博物馆。

第六节 京剧文化

一、文化略述

2018 年 6 月 24 日，在纽约佩斯大学文化艺术中心，由童小苓和李军联袂主演的京剧《乱世佳人》成功上演。美国观众在社交媒体上留下不少评论，一位观众写道：“京剧艺术别开生面，让我开了眼界”。

早在 1930 年 2 月 16 日，京剧艺术家梅兰芳登上美国的舞台，当晚的表演反响热烈，接下来两个星期的戏票三天内便一售而空，在美国掀起了“梅兰芳热”和“中国热”的浪潮，这是中国近代史上最为成功的一次对外文化传播事件，成为中国传统文化对外传播的里程碑。近些年来，京剧走出国门没有停止过，上海京剧院根据莎士比亚的《哈姆雷特》改编的《王子复仇记》，十几年来海外邀约不断。走出国门的京剧传播国粹艺术，宣扬了中华文明。

2010 年，京剧成功入选联合国教科文组织的《人类非物质文化遗产代表作名录》。

（一）京剧艺术

京剧是我国的国粹，是流行于全国的重要剧种之一。清乾隆五十五年（1790），原来在南方演出的三庆、四喜、春台、和春 4 个徽班陆续进京演出。他们同来自湖北的汉调艺人合作，相互影响，又接受了昆曲、秦腔的部分剧目、曲调和表演方法，并吸收了一些民间曲调，逐渐融合、演变，发展成为京剧。京剧融合了中国南北方戏剧元素，孕育于民间，在北京发展成熟，广泛流布于全国。

京剧的音乐基本上属于板腔体，唱腔以徽调的二黄和汉调的西皮为主，所以旧时称之为“皮黄”。另有反二黄、南梆子、四平调、吹腔、高拨子等唱腔。伴奏乐器以京胡为主，二胡、月琴、三弦为辅。有的唱腔及乐曲以唢呐、笛等伴奏。打击乐器有单皮鼓、檀板、大锣、小锣、铙钹、堂鼓等。

京剧表演讲究唱、念、做、打并重，常用虚拟动作，重视情景交融、声情并茂。

唱：指京剧的唱腔。京剧的唱腔有快、慢、缓、急、托腔等。

念：指京剧中的说话，用京剧的术语讲就是念白。京剧的念白分京白、韵白、方言白三种。

做：指京剧的表演，可概括为手、眼、身、法、步。

打：指京剧中的格斗与战争场面。

京剧传统剧目很多，流行的有《将相和》《群英会》《空城计》《贵妃醉酒》《三岔口》《拾玉镯》《打渔杀家》等。

（二）京剧行当

京剧行当又称角色，主要可分为“生”“旦”“净”“末”“丑”五大行当。

“生”分为老生（须生）、小生、武生等。

“旦”分为青衣、花旦、武旦、老旦等。

“净”又称“花脸”，分文净、武净等。

“末”专司引戏职能。

“丑”又称小花脸、三花脸，分文丑、武丑，多扮演诙谐幽默的角色。

京剧五大行当

（三）京剧服饰

传统京剧服饰带有强烈的中国特色，无论是色彩搭配，还是图案设计，都秉承着中国京剧艺术一贯的写意风格与象征手法，豪华而绚烂。京剧服饰不分季节性和朝代性，具有很大的兼容性，不论春夏秋冬，不论哪朝哪代，都遵循固定的着装套路。在具体穿戴时，必须按照人物的身份、地位进行穿戴，不容有丝毫差错。

京剧演出服饰按照人物类型进行了划分，其中蟒、帔、靠、褶、衣是我国京剧演出服饰的重要服饰类型。

男蟒

男女帔

男靠

女褶子

（四）京剧脸谱艺术

京剧脸谱是一种具有中国文化特色的特殊化妆方法。由于每个历史人物或某一种类型的人物都有一种大概的谱式，就奏乐都要按照乐谱一样，所以称为“脸谱”。

脸谱对于不同的行当，情况不一。“生”“旦”面部化妆简单。而“净行”与“丑行”面部绘画比较复杂，特别是“净”，重施油彩，图案复杂，因此称“花脸”。

京剧脸谱的艺术特色主要表现在变形、传神、寓意三个方面。每一种脸谱画法各异，但都是从人的五官部位、性格特征出发，以夸张、美化、变形、象征等手法来寓褒贬，分善恶，从而使人一目了然。

脸谱最初的作用，只是用夸张的手法表现剧中人物的特征，以此来为整个戏剧的情节服务，发展到后来，脸谱逐渐成了一种具有民族特色的艺术。

京剧脸谱色彩十分讲究，脸谱的通用色彩含义举例如下。

红色一般是表现忠贞、英勇的人物，多为正面角色，如关公等。也有用于讽刺，表示假好人。

黑色一般是表现正直、无私的人物，如包公。有的表示阴阳中的阴或鬼魂。也有的用以表示肤色较黑或面貌丑陋。

白色一般是代表阴险、奸诈的人物，如曹操。也用于表示太监或老人。

紫色一般是表现刚正、沉着的人物。也用于表示面色不好的人物等。

黄色一般是代表骁勇的人。

蓝色一般是表现刚强、骁勇且有心计的人。

金色一般是神仙、高人。也可表示猛将。

京剧脸谱

（五）京剧四大名旦

京剧四大名旦是指梅兰芳、程砚秋、尚小云、荀慧生，他们是我国京剧旦角行当中四大艺术流派的创始人。无论扮相还是作品，他们都是时代经典。民国时期，他们始终坚持弘扬国粹，坚守着爱国的气节；新中国成立后，他们仍然不改初心，坚持将京剧艺术推向新的高度。

梅兰芳，中国京剧表演艺术大师，代表作有《贵妃醉酒》《天女散花》《宇宙锋》《打渔杀家》等。梅兰芳在京剧唱腔、念白、舞蹈、音乐、服装上均进行了独树一帜的艺术创新，发展了京剧旦角艺术。梅兰芳综合青衣、花旦等的表演特点，创造出自己特有的表演形式和唱腔，形成了一个具有独特风格的艺术流派，世称“梅派”。梅兰芳曾率团赴美国、苏联等国演出京剧并考察国外戏剧，被人们称为中国京剧艺术的文化使节。

程砚秋，中国京剧表演艺术大师，代表作有《锁麟囊》《荒山泪》《文姬归汉》《春闺梦》等。程派艺术至今仍传唱不衰。程砚秋编创了许多具有爱国主义思想的剧目，引起观众强烈共鸣。在表演上，无论眼神、身段、步法、指法、水袖、剑术等，程砚秋都有一系列创造，作为一个完整的艺术流派，展现在京剧艺术舞台上。

尚小云，中国京剧表演艺术大师，代表作有《昭君出塞》《三娘教子》《战蒲关》《秦良玉》等。尚小云在近六十年的舞台实践中创造出了“文武并重，歌舞兼长，清新英爽，洒脱大方”的京剧尚派艺术，对后世影响极其深远。他锲而不舍、精心琢磨的剧目，不仅代表着尚派艺术的风格特色，而且与梅、程、荀的传世名作一样，至今仍代表着京剧旦角艺术的最高水平。

荀慧生，中国京剧表演艺术大师，代表作有《红娘》《红楼二尤》《玉堂春》《棋盘山》等。荀慧生功底深厚，汲取梆子戏旦角艺术之长，形成了独特的艺术风格，世称“荀派”。

京剧四大名旦合影

梅兰芳《贵妃醉酒》剧照

二、典例精粹

（一）《杨门女将》

《杨门女将》讲述了宋天子因朝中无人领兵挂帅想与敌国求和，杨家遗孀强忍悲痛，佘太君挂帅，穆桂英做前锋，杨门女将上阵杀敌的英勇故事。

（二）《铡美案》

《铡美案》，讲述了包拯不畏权势，执法如山，把驸马陈世美依法斩杀于龙头铡之下的故事。

（三）《红灯记》

《红灯记》的故事取材于电影《自有后来人》。

《红灯记》讲述了这样一个故事：在抗日战争时期的东北敌占区，我地下党工作者李玉和接受了转送密码的任务。由于叛徒的出卖，李玉和遭日寇杀害，李玉和的女儿铁梅继承父志，将密电码送上山，游击队歼灭了追赶铁梅的日寇。

（四）沙家浜

《沙家浜》的前身是沪剧《芦荡火种》。讲述了抗战时期江南新四军浴血抗日的故事。

新四军某部指导员郭建光带领十八名新四军伤病员在沙家浜养伤，“忠义救国军”胡传魁、刁德一假意抗战暗投日寇，共产党员阿庆嫂依靠以沙奶奶为代表的进步抗日群众，巧妙掩护新四军伤愈并最终归队。沙家浜敌顽武装最终被消灭。

（五）智取威虎山

《智取威虎山》据《林海雪原》改编而成，讲述了1946年解放军对东北地区的匪帮余孽进行清剿的故事。

臭名远扬的座山雕狡猾残暴，盘踞地势险要的威虎山，祸害夹皮沟，当地民不聊生，怨声载道。杨子荣假扮匪徒上山送联络图，博取座山雕的信任。杨子荣深入虎穴，大智大勇，最后与解放军追剿队里应外合，全歼匪众。

三、京剧的发展

在当今多元文化的趋势面前，京剧艺术渐渐从文化的主流滑向了边缘地位，懂京剧、爱京剧的人越来越少，京剧如何随着时代的发展而发展，成为一个迫切的问题。

首先，我们应该认识到，京剧作为一种古典艺术在当今时代陷入不景气是一种必然的现象。从艺术发展规律来讲，每一种艺术形式都是它所处的那个时代或社会环境和氛围的产物，当社会环境和氛围发生变化以后，它的地位也会相应发生变化。中国的京剧、欧洲的歌剧都经历过这样的变化。

其次，京剧的传承与创新并不矛盾，没有传承就没有创新和发展。只有在全面深刻了解传统的基础上，才有能力塑造新的形象、新的内容。京剧的古典传统性决定了京剧的发展和创造都必须从继承起步，因为京剧有自己的“规矩”，不掌握表演法则或规矩，就谈不到表演和艺术。在遵循京剧表演规律的基础上做到创造性转化，创新性发展，才能使传统不断发展。

再次，传统京剧要赢得当代观众的青睐，应兼顾当代人的审美特点。将传统艺术与现代化的传播手法、新时代的审美需求相结合，吸引人们尤其是年轻人关注京剧艺术，才能重新拥有观众市场和不断发展的可能。

最后，京剧在现代仍然具有较旺盛的生命力。近些年来，国家有关部门已加大力度扶持戏曲事业，实施当代戏曲名家优秀代表作推广工程，建立戏曲文化数字平台。一些中小学将京剧作为特色校本课程设课，一些剧团送戏进大学校园，有些高校还成立了业余京剧社团。因此，对于京剧的发展，我们应当保持乐观的态度。

京剧的艺术特点

京剧舞台艺术在文学、表演、音乐、唱腔、锣鼓、化妆、脸谱等各个方面有一套互相制约、相得益彰的规范化程式。它作为创造舞台形象的艺术手段是十分丰富的，而用法又是十分严格的。京剧的表演艺术趋于虚实结合的表现手法，最大限度地超脱了舞台空间和时间的限制，以达到“以形传神，形神兼备”的艺术境界。表演上要求精致细腻，处处入戏；唱腔上要求悠扬委婉，声情并茂；武戏则不以火爆勇猛取胜，而以“武戏文唱”见佳。

画脸谱

1. 表现手法

京剧表演的四种艺术手法是唱、念、做、打，这也是京剧表演的四项基本功。唱是指歌唱，念是指具有音乐性的念白，做是指舞蹈化的形体动作，打是指武打和翻跌的技艺。

2. 行当分类

京剧行当的划分，除依据人物的自然属性（性别、年龄）和社会属性（身份、职业）外，主要是按人物的性格特征来分类，在化妆、服装各方面加以一定程度的艺术夸张，这样就把舞台上的角色划分成为生、旦、净、丑四种类型。这四种类型在京剧里的专门名词叫作“行当”，各个行当都有一套表演程式，在唱、念、做、打的技艺上各具特色。

生：除了净、丑以外的男性正面角色的统称，分老生、武生、小生、红生、娃娃生。

旦：女性正面角色的统称，分青衣（正旦）、花旦、闺门旦、刀马旦、武旦、彩旦。

净：俗称花脸，大多是性格、品质或相貌上有些特异的男性角色，化妆用脸谱，音色洪亮，性格粗犷，主要分为文净、武净两大类。

丑：喜剧角色，因在鼻梁上抹一小块白粉，俗称小花脸，分文丑、武丑等。

3. 唱腔分类

京剧唱腔主要分为西皮与二黄两大类。

4. 京剧脸谱

京剧脸谱的色画方法，基本上分为三类：揉脸、抹脸、勾脸。脸谱最初的作用，只是夸大剧中角色的五官部位和面部的纹理，用夸张的手法表现剧中人物的性格、心理和生理上的特征，以此来为整个戏剧的情节服务，可是发展到后来，脸谱由简到繁、由粗到细、由表及里、由浅到深，本身就逐渐成为一种具有汉民族特色的、以人的面部为表现手段的图案艺术了。

一般情况下，京剧验谱中：红脸含褒义，代表忠勇；黑脸为中性，代表猛智；蓝脸和绿脸也为中性，代表草莽英雄；黄脸和白脸含贬义，代表凶诈、凶恶；金脸和银脸含神秘，代表神妖。

5. 伴奏乐器

京剧伴奏乐器分打击乐器与管弦乐器。打击乐器有板、单皮鼓、大锣、小锣、铙钹等，管弦乐器有京胡、二胡、月琴、三弦等。

★ 文化感悟和思考练习

1. 在中国青铜文化中，你可以看到原始文明的印记以及人类思维的发展、艺术的精美、技术的进步、传统观念和文化性格的形成……如今人们的生活中其实仍然有青铜文化的影响。例如，我们常说有关青铜器的成语“言重九鼎”“大名鼎鼎”“革故鼎新”“鼎力相助”，其中蕴含着极其丰富的精神内涵，我们应当继续发挥这种优秀传统文化的影响力。

青铜文化带给你哪些思考？请写下你的感想。

2. 陶瓷是中国人对世界文明的贡献之一。先民捏弄泥土，再以烈火烧制，出炉的既是器物，更是凝聚智慧的艺术品。从一件件陶瓷艺术品中，我们可以看到工艺、技术、绘画、书法、历史与民俗，还能看到陶瓷文化中的民族精神意蕴、生命情思和审美趣味。

对陶瓷文化你有什么感悟？请写下你的所思和所想。

3. 中国的书法艺术，不能脱离文字基础而存在，不能脱离笔墨工具来表达。但是仅仅有了文字，仅仅有了笔墨就称得上书法了吗？中国书法，能够延续千年之久，而且至今还在散发着无穷的艺术魅力。那么支撑它艺术价值最为根本的东西又是什么呢？

4. 元代是中国历史上疆域最大的时期，在瓷器烧造方面也是一个承前启后的重要时期，原来的很多窑厂都渐渐衰落了，一个叫做景德镇的地方慢慢成了中国的瓷都。在元代的瓷器展销会上，最能代表当时瓷器新品种，受国内外市场欢迎的是（　　）。

①唐三彩　②邢窑的白瓷　③青花瓷　④釉里红

A. ①②　　B. ②③　　C. ③④　　D. ①④

5. 出产在和田县而得名，又因为产地属于昆仑山脉，所以也被称为________；又因为和田县是古代西域于阗国的中心，所以被称为________，和田玉表面有着油脂般的光泽，质地非常细腻，有微微的透明度，而且里面的杂质很少，这些特点是其他玉石所不具备的。

★ 拓展链接

中国青铜文化探秘

京剧艺术

千年书法名作
淳化阁帖刻石

第五章

一脉相承的中国精神

古代文学是了解中华文化的最佳窗口，也是蕴含中华民族传统美德和传承优秀中国精神的载体。

中国古代文学史讲的是从上古一直到1919年五四运动以前中华民族文学发展的历史。中国古代文学源远流长，在绵延数千年的历史流播中，涌现了一大批经典性的文学名著。中国古代文学是五千年中华优秀传统文化的智慧结晶，滋养了一代又一代的炎黄子孙，哺育了华夏民族悠久灿烂的文明。

王国维说："凡一代有一代之文学，楚之骚，汉之赋，六代之骈语，唐之诗，宋之词，元之曲，皆所谓一代之文学，而后世莫能继焉者也"《宋元戏曲考·序》。中国古代文学不仅内容丰富，而且诗歌、散文、戏剧、小说众体兼备，各种文体互相渗透、影响，互相借鉴，有交融的特点，深受中国文化的影响，在不同的历史时期又呈现出不同的形态和特点，并且与各个时代的政治、经济、文化密切相关。

中国古代文学的精彩瞬间，记载着沉甸甸的历史与文化，同样也滋养着我们的民族精神，锻造着我们的民族性格。中国古代文学很早就强调"文以载道"，这里的"道"就是文学所传承的符合民族利益的思想和精神。在五千年的文明进程中，中国古代文学也确实形成了一套系统、完整、成熟的精神价值体系，包括关注现实的理性精神、以人文本的仁爱精神、物我交融的天人合一精神、自强不息的进取精神、崇智尚武的侠义精神，这些文学作品背后的基本精神是文学发展过程中的内在动力，也是指导民族文化不断前进的基本思想。体现了中华民族的民族品格和民族精神特质，这些精神在新时代仍然焕发出新的活力和力量。

第一节　理性精神

《礼记·大学》中说："古之欲明德于天下者，先治其国；欲治其国者，先齐其家；欲齐其家者，先修其身；欲修其身者，先正其心；欲正其心者，先诚其意；欲诚其意者，先致其知，致知在格物。物格而后知至，知至而后意诚，意诚而后心正，心正而后身修，身修而后家齐，家齐而后国治，国治而后天下平。"这也是中国古代知识分子的座右铭。从孔子、屈原、司马迁、杜甫、文天祥、辛弃疾……到曹雪芹，他们关注现实，强调经世致用，极具济世情怀。在这些人生观的影响下，中国古代文学作品也更多地强调个人的人生价值和生存意义应该在现实人生中实现，而不是虚幻的寻找快乐。

中华文化的这种特点，千百年来一直深刻地影响着古代文学创作：

第一，很多生活在艰难动荡时世中的古代知识分子，他们虽然历经苦难，却常常感怀时事、满怀悲愤，创作出千古不朽的文学作品；

第二，古代士人，面对人生的无奈艰难，不是虚妄地寄托于彼岸世界，而是勇敢、豁达面对人世沧桑，甚至去思考人生和宇宙，无比重视和真爱生命存在的价值。

关注现实的理性精神，是中国古代文学的重要精神，也是中华文化的核心精神。

一、悲愤伤怀

（一）

魏风·硕鼠

《诗经》

硕鼠硕鼠，无食我黍！三岁贯女，莫我肯顾。
逝将去女，适彼乐土。乐土乐土，爰得我所。
硕鼠硕鼠，无食我麦！三岁贯女，莫我肯德。
逝将去女，适彼乐国。乐国乐国，爰得我直？
硕鼠硕鼠，无食我苗！三岁贯女，莫我肯劳。
逝将去女，适彼乐郊。乐郊乐郊，谁之永号？

《诗经集传》，上海古籍出版社，1987：45

【作品选注】

（1）魏风：《诗经》“十五国风”之一，今存七篇。

（2）硕鼠：大老鼠。一说田鼠，土耗子。这里用来比喻贪得无厌的剥削统治者。

（3）无：毋，不要。黍：黍子，也叫黄米，谷类，是重要粮食作物之一。

（4）三岁贯女（rǔ）：侍奉你多年。三岁，多年，说明时间久。三，非实数。贯，借作“宦”，侍奉。女，同“汝”，你，指统治者。

（5）莫我肯顾：“莫肯顾我”的倒装。顾，顾惜、照顾的意思。

（6）逝：通“誓”。去：离开。女：一作“汝”。

（7）爰：乃，于是。所：处所。

（8）德：加恩，施惠。

（9）国：域，即地方。

（10）直：同“值”，价值，报酬。一说通“职”，所，处所。王引之《经义述闻》说：“当读为职，职亦所也。”

（11）劳：慰劳。

【文化常识】

《诗经》是最早的一部诗歌总集，是中国古代诗歌开端，也是中国现实主义诗歌的源头，收集了西周初年至春秋中叶（前 11 世纪至前 6 世纪）的诗歌，共 311 篇，反映了周初至周晚期约五百年间的社会面貌。《诗经》内容丰富，涉及劳动与爱情、战争与徭役、压迫与反抗、风俗与婚姻、祭祖与宴会，甚至天象、地貌、动物、植物等诸多方面，是周代社会生活的一面镜子。

所谓《诗经》中的“六义”，即是指“风、雅、颂”三种诗歌形式与“赋、比、兴”三种表现手法。风，就是国风，是各地的民歌。《诗经》中共有十五国风，共 160 篇。包括《周南》《召南》《邶风》《鄘风》《卫风》《王风》《郑风》《齐风》《魏风》《唐风》《秦风》《陈风》《桧风》《曹风》《豳风》；雅，就是宫廷正音雅乐，包括大雅和小雅，其中大雅 31 篇，小雅 74 篇，多数为公卿贵族所做。大雅为歌功颂德之作，小雅多讽刺之声。颂，就是祭祀和颂圣的乐曲，分为周颂、鲁颂和商颂；赋是直接铺陈叙述，直接表达感情；比，即比喻，明喻和暗喻均属此类；兴，就是起兴，用其他东西引出要说的内容，即先言他物以引起所咏之词。

【品悟赏析】

这首诗带有明显的抒情性，抒情主人公是诗中那个辛勤劳作的奴隶，他（她）渴望没有压榨、没有欺凌，追求美好生活，却又无可奈何、艰难度日，满怀悲愤之情。短短几十字，抒情主人公的纯朴、可爱、可怜，“硕鼠”的贪婪、鄙懦、可恨，皆跃然纸上。

鼠和人，本不相关的物种，却因为诗联系在一起，这给后世带来一些启发。老鼠是我们日常生活中最常见的动物，东方文化赋予了它丰富的含义，使得这样一只小小动物成了一个文化符号，它或机灵，或钻营，或贪婪，而这首诗就是用肥大的老鼠比喻奴隶主。开头便是一句“硕鼠硕鼠，无食我黍”，画面感极强：仿佛一只肥硕的大老鼠在肆无忌惮地大嚼奴隶们辛勤劳动的果实，这是无声的呐喊、力竭的控诉。可是，善良的人们并没有因此失望和沉沦，他们还有对“适彼乐土，爰得我所”、“适彼乐国，爰得我直”这样三千年前对自由自在“乐土”的无限追求，我们也仿佛看到了那时那刻经过岁月冲刷洗礼的沧桑面容下漾起的希望的微笑，这就是我们华夏民族的韧性，无论遭受何种苦难，我们依旧笑着面对前方即使还看不清的坎坷征途。

同样的内容反复吹唱，是《诗经》独特的艺术呈现。这样的跌宕起伏、一咏三叹，加之口语化的语言形态，通俗易懂，即使在二千多年后的今天，我们读来仍朗朗上口，读者也产生了一种高级的审美享受——音乐、文字和情感宣泄的完美融合。

《硕鼠》诞生于魏国。公元前 445 年，一个 27 岁雄心勃勃的年轻人终于继承晋国魏氏领袖，成为一代雄主，从此开创了魏国百年霸业，他就是魏文侯魏斯——战国时期魏国开国君主。魏国地处中央四战之地，魏文侯既是野心勃勃又战战兢兢、满怀忧患，为了理想，他礼贤下士，任用李悝、翟璜为相，乐羊、吴起等为将，这些两千多年后仍然声名赫赫的名相健将，却出身于小贵族或平民的士，自此开始，世族政治开始为官僚政治所代替，魏文侯也成为战国最早推行变法图强的君主，在战国群雄争霸中，最先强盛而称雄。但，在长达200多年的混战中，魏国战乱频繁，未能远离兵戈，这让本就地狭人稠的危险处境开始逐渐衰落，公元前225年，终为秦国所灭。

乐土、乐国、乐郊，就是老百姓所渴望的没有战争、安稳生活的地方，战国纷争结束的400年后，中原大地又起纷争，战争持续了200余年，200年中诞生了中国最伟大的山水田园诗人陶渊明，他在《桃花源记》中描绘了一个“黄发垂髫，怡然自乐”，“不知有汉，无论魏晋”的桃花源，我们惊奇地发现，这和600年前的那个“乐土、乐国、乐郊”的希望何其相似！追求幸福、美好、安定、平宁的生活才是跨越时间空间，人类共同的愿景！

（二）

新安吏

唐·杜甫

客行新安道，喧呼闻点兵。
借问新安吏，县小更无丁。
府帖昨夜下，次选中男行。
中男绝短小，何以守王城？
肥男有母送，瘦男独伶俜。
白水暮东流，青山犹哭声。
莫自使眼枯，收汝泪纵横。
眼枯即见骨，天地终无情！
我军取相州，日夕望其平。
岂意贼难料，归军星散营。
就粮近故垒，练卒依旧京。
掘壕不到水，牧马役亦轻。
况乃王师顺，抚养甚分明。
送行勿泣血，仆射如父兄。

彭定求 等．全唐诗（上）．上海：上海古籍出版社，1986：517

【作品选注】

（1）客：杜甫自称。新安：地名。

（2）点兵：征兵，抓丁。

（3）更：岂。

（4）府帖：指征兵的文书，即“军帖”。

（5）次：依次。中男：指十八岁以上、二十三岁以下成丁。这是唐天宝初年兵役制度规定的。

（6）绝短小：极矮小。

(7) 王城：指东都洛阳。
(8) 伶俜（pīng）：形容孤独伶仃的样子。
(9) 白水：河水。
(10) 眼枯：哭干眼泪。
(11) 天地：暗喻朝廷。
(12) 相州：即邺城，今河南安阳。
(13) 岂意：哪里料到。
(14) 归军：指唐朝的败兵。星散营：像星星一样散乱地扎营。
(15) 就粮：到有粮食的地方就食。
(16) 旧京：这里指东都洛阳。
(17) 壕：城下之池。不到水：指掘壕很浅。
(18) 王师顺：朝廷的军队是堂堂正正的正义之师。
(19) 抚养：爱护。
(20) 仆射：指郭子仪。如父兄：指极爱士卒。

石壕吏

唐·杜甫

暮投石壕村，有吏夜捉人。
老翁逾墙走，老妇出门看。
吏呼一何怒！妇啼一何苦。
听妇前致词，三男邺城戍。
一男附书至，二男新战死。
存者且偷生，死者长已矣！
室中更无人，惟有乳下孙。
有孙母未去，出入无完裙。
老妪力虽衰，请从吏夜归。
急应河阳役，犹得备晨炊。
夜久语声绝，如闻泣幽咽。
天明登前途，独与老翁别。

【作品选注】

(1) 石壕：村名，在今河南陕县东七十里，现名干壕村。吏：官吏，低级官员，这里指抓壮丁的差役。

(2) 暮：傍晚。投：投宿。

(3) 夜：时间名词作状语，在夜里。

(4) 逾（yú）：越过；翻过。走：跑，这里指逃跑。

(5) 呼：诉说，叫喊。一何：何其、多么。怒：恼怒，凶猛，粗暴，这里指凶狠。

(6) 啼：哭啼。苦：凄苦。

（7）前致词：指老妇走上前去（对差役）说话。前，上前，向前。致，对……说。

（8）邺城：即相州，在今河南安阳。戍（shù）：防守，这里指服役。

（9）附书至：捎信回来。书，书信。至，回来。

（10）新：刚刚。

（11）存：活着，生存着。且偷生：姑且活一天算一天。且，姑且，暂且。偷生，苟且活着。

（12）长已矣：永远完了。已，停止，这里引申为完结。

（13）室中：家中。更无人：再没有别的（男）人了。更，再。

（14）惟：只，仅。乳下孙：正在吃奶的孙子。

（15）未：还没有。去：离开，这里指改嫁。

（16）完裙：完整的衣服。“有孙”两句一作“孙母未便出，见吏无完裙”。

（17）老妪：老妇人。衰：弱。

（18）请从吏夜归：请让我和你晚上一起回去。请，请求。从，跟从，跟随。

（19）急应河阳役：赶快到河阳去服役。应，响应。河阳，今河南孟州，当时唐王朝官兵与叛军在此对峙。

（20）犹得：还能够。得，能够。备：准备。晨炊：早饭。

（21）夜久：夜深了。绝：断绝；停止。

（22）如：好像，仿佛。闻：听。泣幽咽：低微断续的哭声。有泪无声为“泣”，哭声哽塞低沉为“咽”。

（23）明：天亮之后。登前途：踏上前行的路。登，踏上。前途，前行的道路。

（24）独：唯独、只有。

潼关吏

唐·杜甫

士卒何草草，筑城潼关道。
大城铁不如，小城万丈余。
借问潼关吏，修关还备胡？
要我下马行，为我指山隅。
连云列战格，飞鸟不能逾。
胡来但自守，岂复忧西都。
丈人视要处，窄狭容单车。
艰难奋长戟，万古用一夫。
哀哉桃林战，百万化为鱼。
请嘱防关将，慎勿学哥舒！

【作品选注】

（1）潼关：在华州华阴县东北，因关西一里有潼水而得名。

（2）草草：疲劳不堪之貌。何：多么。

（3）大城铁不如，小城万丈余：上句言坚，下句言高。城在山上故曰万丈余。

（4）备胡：指防备安史叛军。

（5）要：同“邀”，邀请。

（6）连云列战格：自此句以下八句是关吏的答话。连云言其高，战格即战栅，栅栏形的防御工事。

（7）西都：与东都对称，指长安。

（8）丈人：关吏对杜甫的尊称。

（9）艰难：战事紧急之时。奋：挥动。

（10）桃林，即桃林塞，指河南灵宝县以西至潼关一带的地方。

（11）哥舒：即哥舒翰。

【品悟赏析】

杜甫（公元712年–公元770年），字子美，自号少陵野老。唐代伟大的现实主义诗人，与李白合称“李杜”。杜甫在中国古典诗歌中的影响非常深远，被后人称为“诗圣”，他的诗被称为“诗史”。杜甫一生深察人民的疾苦，他的作品也多反映人民的悲惨生活。其代表作品“三吏三别（《新安吏》、《潼关吏》、《石壕吏》；《新婚别》、《无家别》、《垂老别）深刻写出了民间疾苦及在乱世之中身世飘荡的孤独，揭示出战争给人民带来的巨大不幸和困苦，表达了作者对饱受战祸摧残的老百姓的同情，以及对战争的憎恶之情。

“三吏”是叙事诗，作者按“我”的行踪，以第一人称客观叙述，反映唐代“安史之乱”引起的战争给广大人民带来的深重灾难，表达了忧国忧民的情感：乾元元年（758）岁末的一天，洛阳城外，一个中年男子神色凝重，面露悲怆。三年前，一场安禄山、史思明发动的叛乱燃烧波及了整个黄河中下游地区，大唐的荣光不再，战火所到之处，民生凋敝，惨不忍睹。男子由洛阳回华州任所，一路目睹了烽烟遍地、民不聊生。

这天，中年男子去往新安，路上远远地听到人声喧哗，原来是征兵。

他走上前去问吏役：“大人，连年战争，新安小县还会有成丁的青年可以入伍吗？”

吏役回答：“昨夜，已有兵府文书，规定点选十八岁的中男入伍了。”

男子道：“他年纪尚轻啊，怎能去守卫东都？”

吏役吆喝着，全然顾不上这个男子的问话。

说着，被征调的年轻人开始出发了。家境尚可的，母亲来送别儿子；孤苦家贫的，却是无人陪送。黄昏已至，河水东逝，青山之下，哭声凄然。看到如此景象，中年男子不禁潸然泪下，也只好对那些哭泣的人安慰一番道：“如此痛哭，于事无补，倒徒然伤了身体。他们做的工作只是掘城壕，也不会深到见水。牧马也是比较轻的任务。主将对于兵士，是很关心的。放宽心，他们会平安归来的。”

男子离开新安县，继续西行，暮色渐沉，他决定投宿石壕村。夜半时分，恍恍惚惚间，听得屋外喧闹吵嚷。原来是吏卒捉人！一片仓皇中，白发老翁，为了逃征活命，越墙而逃，留下年迈老妇出门应付，差役凶狠地喊叫，老妇人颤颤巍巍，啼哭悲伤。

只听老妇上前说："老身三个儿子都去邺城了，一个儿子捎信回来，说另外两个儿子刚刚战死。家里再没有其他人了，只有个正在吃奶的小孙子。有小孙子在，他母亲便也没有离去，但进进出出的，连一件完好的衣裳都没有。我虽年老力衰，但还可以跟你回去，还能够为部队准备早餐。"夜已深，声渐消，可隐约之中，仍有悲泣。

男子返回，告别老翁，心中不觉大恸。

这天，男子走到华阴县东北的一处高大关隘，举目望去，漫漫潼关道上无数的士卒正在加紧修筑防御工事，备战气氛紧张。男子问潼关吏道：你们重新修筑潼关是为了防御叛军吗？潼关吏邀请男子下马，指着山隅说："这些防御工事，高耸入云，飞鸟亦不能越逾。胡贼若来犯，据守即可，何必担心长安呢？您看，这个要害，只能一辆车子通过。有军情时，只需拒守！"

男子道："桃林塞一役，我军惨死黄河兵士甚多。请千万嘱咐守关诸将领，勿蹈哥舒翰覆辙！"

这场旷日持久的战争致使全国总人口锐减三分之二。据《旧唐书·郭子仪传》记载："宫室焚烧，十不存一。百曹荒废，曾无尺椽。中间畿内，不满千户。井邑榛荆，豺狼站嗥。既乏军储，又鲜人力。东至郑、汴，达于徐方，北自覃、怀，经于相土，人烟断绝，千里萧条。"

"我"一路前行，一路惊心，一路悲痛，遂奋笔写下了这组现实主义的史诗之作《新安吏》《石壕吏》《潼关吏》，真实地展现了安史之乱中黎民百姓所受的苦难。

我们年少之时，可能读不懂杜甫，年华渐长，当你读到他描述的战乱里面人的那种哀伤，读到他对"朱门酒肉臭，路有冻死骨"的痛心疾首，就会懂得这是历经沧桑巨变后的悲天悯人，是目睹战争创伤后的本真良善！国虽残破，但山河依在，杜甫深处乱世，一生寒苦，身世飘零，可他从未对这个国家失去信心，总能够看到最底层百姓的疾苦，仍守着那份悲天悯人的良知情怀，盼有朝一日可周济天下！

我们这个国家和民族，风雨五千年，屹立不倒，就是有一个个有骨气、有悲悯、有担当的中国脊梁。

钟南山院士在一次接受采访时说，一个学生告诉他，武汉封城后，许多人打开家里的窗户，唱起国歌，遥遥相望，彼此打气、加油！说到这里，钟院士眼圈泛红，差点掉下眼泪。那一刻，也许等多的人眼睛也是湿湿的。

让老院士流泪的人，让杜甫流泪的人，是用理解、尊重、原谅、不屈，把一场灾难变成力量的人，是比疫苗、比胜仗更珍贵的人心。你会为这样的华夏儿女自豪，这样的守望，是战争和沧桑巨变教给你的思辨。在国家危难的至暗时刻，他们就像一束光，引领我们一步步走出失落、恐惧、盲目、偏见。

我们可能最终并不能成为杜甫、终南山，但这一路，学习和思考、坚韧和执着、自律和成长，会助你找到那个原来的自己。"这样的自己，会在人心惶惶中保持理性冷静，会在众说纷纭中保持独立思考，会在利益暗涌中保持良知底线，会在傲慢偏见中保持敬畏善良，会在看见自己中看见他人、世界和众生。也会在，挺过一场又一场意外和灾难后，心怀悲悯，珍惜日常，不丢希望。”（刘娜公众号十点读书）

愿年少的你们，珍藏这段故事。愿更多的少年，建设并拥有更好的中国，成为未来中国的脊梁！

（三）

捕蛇者说

唐・柳宗元

永州之野产异蛇：黑质而白章，触草木尽死；以啮人，无御之者。然得而腊之以为饵，可以已大风、挛踠、瘘疠，去死肌，杀三虫。其始太医以王命聚之，岁赋其二。募有能捕之者，当其租入。永之人争奔走焉。

有蒋氏者，专其利三世矣。问之，则曰：“吾祖死于是，吾父死于是，今吾嗣为之十二年，几死者数矣。”言之貌若甚戚者。余悲之，且曰：“若毒之乎？余将告于莅事者，更若役，复若赋，则何如？”蒋氏大戚，汪然出涕，曰：“君将哀而生之乎？则吾斯役之不幸，未若复吾赋不幸之甚也。向吾不为斯役，则久已病矣。自吾氏三世居是乡，积于今六十岁矣。而乡邻之生日蹙，殚其地之出，竭其庐之入。号呼而转徙，饥渴而顿踣。触风雨，犯寒暑，呼嘘毒疠，往往而死者，相藉也。曩与吾祖居者，今其室十无一焉。与吾父居者，今其室十无二三焉。与吾居十二年者，今其室十无四五焉。非死则徙尔，而吾以捕蛇独存。悍吏之来吾乡，叫嚣乎东西，隳突乎南北；哗然而骇者，虽鸡狗不得宁焉。吾恂恂而起，视其缶，而吾蛇尚存，则弛然而卧。谨食之，时而献焉。退而甘食其土之有，以尽吾齿。盖一岁之犯死者二焉，其余则熙熙而乐，岂若吾乡邻之旦旦有是哉。今虽死乎此，比吾乡邻之死则已后矣，又安敢毒耶？”

余闻而愈悲，孔子曰：“苛政猛于虎也！”吾尝疑乎是，今以蒋氏观之，犹信。呜呼！孰知赋敛之毒有甚是蛇者乎！故为之说，以俟夫观人风者得焉。

【作品选注】

（1）永州：位于湖南省西南部，湘江经西向东穿越零祁盆地（永祁盆地），潇水由南至北纵贯全境；两水汇于永州市区（零冷城区）。

（2）黑质而白章：黑色的身体，白色的花纹。质：质地，底子，东西的本体，在这里指蛇的身体。章，花纹。

（3）得而腊（xī）之：抓到并把它的肉晾干。得，抓住。而，表顺接。之，它，代永州的异蛇。腊：干肉，这里作动词用，指把蛇肉晾干。

（4）已：止，治愈。大风：麻风病。挛踠（luánwǎn）：手脚弯曲不能伸展。瘘（lòu）：脖子肿。疠（lì）：毒疮、恶疮。

（5）三虫：泛指人体内的寄生虫。

（6）若毒之乎：你怨恨（捕蛇）这件事吗。

（7）莅事者：管理政事的人，指地方官。

（8）积于今：算到现在。积，一年一年累积起来。

（9）蹙（cù）：窘迫。

（10）顿踣（bó）：（劳累地）跌倒在地上。

（11）曩（nǎng）：从前。

（12）隳（huī）突：骚扰。

（13）恂恂（xúnxún）：小心谨慎的样子；提心吊胆的样子。

（14）食（sì）：喂养、饲养。之：指代蛇。

（15）人风：即民风。唐代为了避李世民的讳，用“人”字代“民”字。

【品悟赏析】

《捕蛇者说》通过捕蛇者蒋氏对其祖孙三代为免交赋税而甘愿冒着死亡威胁捕捉毒蛇的自述，以独特的写法（衬托、对比）尖锐、深刻地揭露了封建统治下“苛政猛于虎”的苛酷，横征暴敛的残酷，揭示了广大人民遭受的苦难不幸，表现了作者对劳苦大众的深切同情，对残暴统治的强烈愤恨。

柳宗元（773—819），字子厚，世称“柳河东”，因官终柳州刺史，又称“柳柳州”。唐代 文学家、哲学家、散文家和思想家，与 韩愈 并称为“韩柳”。刘禹锡与之并称“刘柳”。王维、孟浩然、韦应物与之并称“王孟韦柳”。是唐宋八大家之一，唐代的韩愈、柳宗元和宋代的 欧阳修、苏轼、苏洵、苏辙、王安石、曾巩。祖籍 河东（今山西 永济）。汉族。代宗大历八年（773）出生于京都 长安（今 陕西 西安）。与韩愈共同倡导唐代古文运动。

唐顺宗时期，唐朝国势日衰，柳宗元胸怀济世之抱负，参与了以王叔文为首的永贞革新运动，但遭到失败，柳宗元也因此被贬为永州（今属湖南）司马。在永州的十年（805—815）期间，他大量地接触下层，积极了解人民的疾苦。《捕蛇者说》即写于永州。文章通过揭露永州百姓在封建官吏的横征暴敛下家破人亡的悲惨遭遇，有力得控诉了社会吏治的腐败，曲折得反映了自己坚持改革的愿望。

《捕蛇者说》读起来不像是传统意义上的散文，更像是一篇小说。文章开头说永州当地产一种蛇，这种蛇剧毒，黑底白纹，所到之处，草木尽死，人若触碰，性命也在须臾之间。恰恰是这样剧毒的毒物，却可以做药治病。本来是一件好事，但是却成为巨大的利益来源，“太医以王命聚之”，百姓还可以以蛇来免税，一时间，永州捕蛇成风。柳宗元认识了一个蒋姓捕蛇人，蒋家已经连续三代捕蛇了，捕蛇给他家带来好处的同时，也带来了似乎诅咒一般的命运，祖父死于捕蛇，父亲死于捕蛇，自己捕蛇十二年间，几次险些丧命。柳宗元为一方父母官，看到子民如此凄惨，当即表示“将告于莅事者”，他想帮助这家人摆脱命运的作弄，可另这个父母官惊诧的是，捕蛇人突然大哭起来，央求自己不要这么做，这样会断了他家的生路，捕蛇已经很无奈了，如果恢复缴纳赋税那才是最大的不幸！六十年中，乡邻们横征暴敛，而破产、迁徙、逃亡、死去。捕蛇虽然危险，但“吾蛇尚存，则弛然而卧”。蒋氏自述，字字血泪，听者伤心，闻者落泪。柳宗元发现自己更大的痛苦和孤独，面对赋税之毒，无能为力，他体察到了真正的民间疾苦，所以“闻而愈悲”，发出了“呜呼！孰知赋敛之毒有甚是蛇者乎！”的无奈痛呼！

全文以“蛇”为主线，以蛇开篇、至蛇收束，从产蛇、募蛇、捕蛇，到捕蛇者、捕蛇者说的层层递进。以事说理、主题鲜明、逻辑严密、抒情诚挚，堪称中国古典散文典范。

十四年的贬谪生涯，让柳宗元痛苦不堪，公元819年，巨星陨落，带着无奈、不甘、孤独，带着对帝国昔日辉煌的眷恋离开了这个世界，但是他的不朽却永远铭刻在了华夏民族的文明进程中，供后人瞻仰！

（四）

窦娥冤·第三折

金元·关汉卿

〔外扮监斩官上，云〕下官监斩官是也。今日处决犯人，着做公的把住巷口，休放往来人闲走。〔净扮公人，鼓三通，锣三下科，刽子磨旗、提刀、押正旦带枷上，刽子云〕行动些，行动些，监斩官去法场上多时了。〔正旦唱〕

【正宫·端正好】没来由犯王法，不提防遭刑宪，叫声屈动地惊天。顷刻间游魂先赴森罗殿，怎不将天地也生埋怨。

【滚绣球】有日月朝暮悬，有鬼神掌着生死权。天地也！只合把清浊分辨，可怎生糊突了盗跖，颜渊？为善的受贫穷更命短，造恶的享富贵又寿延。天地也！做得个怕硬欺软，却原来也这般顺水推船！地也，你不分好歹何为地！天也，你错勘贤愚枉做天！哎，只落得两泪涟涟。

〔刽子云〕快行动些，误了时辰也。〔正旦唱〕

【倘秀才】则被这枷纽的我左侧右偏，人拥的我前合后偃。我窦娥向哥哥行有句言。〔刽子云〕你有甚么话说？〔正旦唱〕前街里去心怀恨，后街里去死无冤，休推辞路远。

〔刽子云〕你如今到法场上面，有什么亲眷要见的，可教他过来，见你一面也好。〔正旦唱〕

【叨叨令】可怜我孤身只影无亲眷，则落的吞声忍气空嗟怨。〔刽子云〕难道你爷娘家也没的？〔正旦云〕只有个爹爹，十三年前上朝取应去了，至今杳无音信。〔唱〕早已是十年多不睹爹爹面。〔刽子云〕你适才要我往后街里去，是甚么主意？〔正旦唱〕怕则怕前街里被我婆婆见。〔刽子云〕你的性命也顾不得，怕他见怎的？〔正旦云〕俺婆婆若见我披枷带锁赴法场餐刀去呵，〔唱〕枉将他气杀也么哥，枉将他气杀也么哥。告哥哥，临危好与人行方便。

〔卜儿哭上科，云〕天那，兀的不是我媳妇儿！〔刽子云〕婆子靠后。〔正旦云〕既是俺婆婆来了，叫他来，待我嘱咐他几句话咱。〔刽子云〕那婆子，近前来，你媳妇要嘱咐你话哩。〔卜儿云〕孩儿，痛杀我也。〔正旦云〕婆婆，那张驴儿把毒药放在羊肚儿汤里，实指望药死了你，要霸占我为妻。不想婆婆让与他老子吃，倒把他老子药死了。我怕连累婆婆，屈招了药死公公，今日赴法场典刑。婆婆，此后遇着冬时年节，月一十五，有瀽不了的浆水饭，瀽半碗儿与我吃；烧不了的纸钱，

与窦娥烧一陌儿。则是看你死的孩儿面上。〔唱〕

【快活三】念窦娥葫芦提当罪愆，念窦娥身首不完全，念窦娥从前已往干家缘，婆婆也，你只看窦娥少爷无娘面。

【鲍老儿】念窦娥伏侍婆婆这几年，遇时节将碗凉浆奠；你去那受刑法尸骸上烈些纸钱，只当把你亡化的孩儿荐。〔卜儿哭科，云〕孩儿放心，这个老身都记得。天那，兀的不痛杀我也。〔正旦唱〕婆婆也，再也不要啼啼哭哭，烦烦恼恼，怨气冲天。这都是我做窦娥的没时没运，不明不暗，负屈衔冤。

〔刽子做喝科，云〕兀那婆子靠后，时辰到了也。〔正旦跪科〕〔刽子开枷科〕〔正旦云〕窦娥告监斩大人，有一事肯依窦娥，便死而无怨。〔监斩官云〕你有什么事？你说。〔正旦云〕要一领净席，等我窦娥站立，又要丈二白练，挂在旗枪上。若是我窦娥委实冤枉，刀过处头落，一腔热血休半点儿沾在地下，都飞在白练上者。〔监斩官云〕这个就依你，打什么不紧。〔刽子做取席，站科，又取白练挂旗上科〕〔正旦唱〕

【耍孩儿】不是我窦娥罚下这等无头愿，委实的冤情不浅。若没些儿灵圣与世人传，也不见得湛湛青天。我不要半星热血红尘洒，都只在八尺旗枪素练悬。等他四下里皆瞧见，这就是咱苌弘化碧，望帝啼鹃。

〔刽子云〕你还有甚的说话，此时不对监斩大人说，几时说那？〔正旦再跪科，云〕大人，如今是三伏天道，若窦娥委实冤枉，身死之后，天降三尺瑞雪，遮掩了窦娥尸首。〔监斩官云〕这等三伏天道，你便有冲天的怨气，也召不得一片雪来，可不胡说！〔正旦唱〕

【二煞】你道是暑气暄，不是那下雪天；岂不闻飞霜六月因邹衍？若果有一腔怨气喷如火，定要感的六出冰花滚似锦，免着我尸骸现；要什么素车白马，断送出古陌荒阡？

〔正旦再跪科，云〕大人，我窦娥死的委实冤枉，从今以后，着这楚州亢旱三年。〔监斩官云〕打嘴！那有这等说话！〔正旦唱〕

【一煞】你道是天公不可期，人心不可怜，不知皇天也肯从人愿。做甚么三年不见甘霖降，也只为东海曾经孝妇冤。如今轮到你山阳县，这都是官吏每无心正法，使百姓有口难言。

〔刽子做磨旗科，云〕怎么这一会儿天色阴了也？〔内做风科，刽子云〕好冷风也！〔正旦唱〕

【煞尾】浮云为我阴，悲风为我旋，三桩儿誓愿明提遍。〔做哭科，云〕婆婆也，直等待雪飞六月，亢旱三年呵，〔唱〕那其间才把你个屈死的冤魂这窦娥显。

〔刽子做开刀，正旦倒科〕〔监斩官惊云〕呀，真个下雪了，有这等异事！〔刽子云〕我也道平日杀人，满地都是鲜血，这个窦娥的血，都飞在那丈二白练上，并无半点落地，委实奇怪。〔监斩官云〕这死罪必有冤枉，早两桩儿应验了，不知亢旱三年的说话，准也不准？且看后来如何。左右，也不必等待雪晴，便与我抬她尸首，还了那蔡婆婆去罢。〔众应科，抬尸下〕

【品悟赏析】

关汉卿，字汉卿，与已斋叟；大都人。作为元曲四大家之首，被誉为东方的莎士比亚，与屈原一样被列入世界文化名人，关汉卿一生创作杂剧甚多，主要代表作有：《窦娥冤》、《望江亭》、《蝴蝶梦》、《金线池》、《西蜀梦》、《拜月亭》等等。他的代表作品《窦娥冤》已经被翻译成许多国家的文字，成了世界文化长廊中的一道风景，《窦娥冤》的内容情节，在今天仍然有丰富的现实意义。

《窦娥冤》全称《感天动地窦娥冤》，是关汉卿的代表作，也是我国古代悲剧的代表作。它的故事渊源于《列女传》中的《东海孝妇》。关汉卿紧扣当时社会现实，深刻地反映了元蒙统治下中国社会极端黑暗、极端残酷、极端混乱的社会现实，成功地塑造了“窦娥”这个悲剧主人公形象。剧中，在关汉卿笔下的女主人公窦娥是一位善良而多难的女性。她出生在书香之家，父亲是“幼习儒业，饱有文章”的书生。窦娥家境贫寒，三岁丧母，幼小的年纪过早地遭受失恃之痛和穷困之苦，从小养成了孝顺的品格。父亲为了 抵债，忍心将她出卖，让她成了债主蔡婆婆的童养媳，这加重了 她幼小心灵的创伤。她在蔡家平淡地度过了一段相当长的时期。岂料至 17 岁，即婚后不久，丈夫因病去世，窦娥随即变为寡妇。世事的多变、接踵而来的苦难，不仅使窦娥磨炼出应付灾变的心理承受能力，同时，也使她对“恒定不变”的天理产生怀疑。她出场时，便满怀忧怨地唱道：“满腹闲愁，数年禁受，天知否？天若是知我情由，怕不待和天瘦。”然而，饱受折磨的窦娥万万没有想到，她一生中最大的苦难还在后头。接着，窦娥地婆婆蔡氏以放债来收取“羊羔儿利”，无力偿还其债务的的赛卢医起了 杀蔡婆婆之心，蔡氏在危难之际意外地被张驴儿父子救出。可是，张氏父子不怀好意，乘机要将蔡氏婆媳占为己有。窦娥坚意不从。张驴儿怀恨在心，趁蔡氏生病，暗中备下毒药，伺机害死蔡氏，逼窦娥改嫁；可是，阴差阳错，张的父亲误喝有毒的汤水，倒地身亡；张驴儿见状，当即心生歹念，嫁祸于窦娥，以“官休”相威胁，实则强行逼窦娥“私休”。窦娥一身清白，不怕与张驴儿对簿公堂，本以为官府能判个一清二楚；岂料贪官桃杌是非不分，偏听偏信，胡乱判案，屈斩窦娥，造成千古奇冤。

在元代，社会秩序失范，官吏贪墨，阶级冲突和民族矛盾激化，导致冤狱重重，悲愤屡屡发生。《窦娥冤》戏剧情境的形成，与此有着密切关系。像张驴儿这类无恶不作、横行乡 里的社会渣滓，其无法无天的罪恶图谋，竟然有官吏为之撑腰，衙门成了罪犯逍遥法外的场所。世事的荒谬乖错，可见一斑。在这里，《窦娥冤》情节发展的偶然性，反映出社会生活的必然性，具有深刻的典型意义。

（五）

梦狼

清·蒲松龄

白翁，直隶人。长子甲筮仕南服，二年无耗。适有瓜葛丁姓造谒，翁款之。丁素走无常。谈次，翁辄问以冥事，丁对语涉幻；翁不深信，但微哂之。

别后数日，翁方卧，见丁又来，邀与同游。从之去，入一城阙，移时，丁指一门曰："此间君家甥也。"时翁有姊子为晋令，讶曰："乌在此？"丁曰："倘不信，入便知之。"翁入，果见甥，蝉冠豸绣生堂上，戟幢行列，无人可通。丁曳之出，曰："公子衙署，去此不远，亦愿见之否？"翁诺。少间至一第，丁曰："人之。"窥其门，见一巨狼当道，大惧不敢进。丁又曰："入之。"又入一门，见堂上、堂下，坐者、卧者，皆狼也。又视墀中，白骨如山，益惧。丁乃以身翼翁而进。公子甲方自内出，见父及丁良喜。少坐，唤侍者治肴蔌。忽一巨狼，衔死人入。翁战惕而起，曰："此胡为者？"甲曰："聊充庖厨。"翁急止之。心怔忡不宁，辞欲出，而群狼阻道。进退方无所主，忽见诸狼纷然嗥避，或窜床下，或伏几底。错愕不解其故，俄有两金甲猛士努目入，出黑索索甲。甲扑地化为虎，牙齿巉巉，一人出利剑，欲枭其首。一人曰："且勿，且勿，此明年四月间事，不如姑敲齿去。"乃出巨锤锤齿，齿零落堕地。虎大吼，声震山岳。翁大惧，忽醒，乃知其梦。心异之，遣人招丁，丁辞不至。翁志其梦，使次子诣甲，函戒哀切。既至，见兄门齿尽脱；骇而问之，醉中坠马所折，考其时则父梦之日也。益骇。出父书。甲读之变色，间曰："此幻梦之适符耳，何足怪。"时方赂当路者，得首荐，故不以妖梦为意。弟居数日，见其蠹役满堂，纳贿关说者中夜不绝，流涕谏止之。甲曰："弟日居衡茅，故不知仕途之关窍耳。黜陟之权，在上台不在百姓。上台喜，便是好官；爱百姓，何术能令上台喜也？"弟知不可劝止，遂归告父，翁闻之大哭。无可如何，惟捐家济贫，日祷于神，但求逆子之报，不累妻孥。

次年，报甲以荐举作吏部，贺者盈门；翁惟欷歔，伏枕托疾不出。未几，闻子归途遇寇，主仆殒命。翁乃起，谓人曰："鬼神之怒，止及其身，祐我家者不可谓不厚也。"因焚香而报谢之。慰藉翁者，咸以为道路讹传，惟翁则深信不疑，刻日为之营兆。而甲固未死。先是四月间，甲解任，甫离境，即遭寇，甲倾装以献之。诸寇曰："我等来，为一邑之民泄冤愤耳，宁专为此哉！"遂决其首。又问家人："有司大成者谁是？"司故甲之腹心，助纣为虐者。家人共指之，贼亦杀之。更有蠹役四人，甲聚敛臣也，将携入都。——并搜决讫，始分资入囊，骛驰而去。

甲魂伏道旁，见一宰官过，问："杀者何人？"前驱者曰："某县白知县也。"宰官曰："此白某之子，不宜使老后见此凶惨，宜续其头。"即有一人掇头置腔上，曰："邪人不宜使正，以肩承领可也。"遂去。移时复苏。妻子往收其尸，见有余息，载之以行；从容灌之，亦受饮。但寄旅邸，贫不能归。半年许，翁始得确耗，遣次子致之而归。甲虽复生，而目能自顾其背，不复齿人数矣。翁姊子有政声，是年行取为御史，悉符所梦。

异史氏曰："窃叹天下官虎而吏狼者，比比也。即官不为虎，而吏且将为狼，况有猛于虎者耶！夫人患不能自顾其后耳；苏而使之自顾，鬼神之教微矣哉！"

邹平李进士匡九，居官颇廉明。常有富民为人罗织，门役吓之曰："官索汝二百金，宜速办；不然，败矣！"富民惧，诺备半数。役摇手不可，富民苦哀之，役曰："我无不极力，但恐不允耳。待听鞫时，汝目睹我为若白之，其允与否，亦可明我意之无他也。"少间，公按是事。役知李戒烟，近问："饮烟否？"李摇其首。

役即趋下曰：“适言其数，官摇首不许，汝见之耶？”富民信之，惧，许如数。役知李嗜茶，近问：“饮茶否？”李颔之。役托烹茶，趋下曰：“谐矣！适首肯，汝见之耶？”既而审结，富民果获免，役即收其苞苴，且索谢金。呜呼！官自以为廉，而骂其贪者载道焉。此又纵狼而不自知者矣。世之如此类者更多，可为居官者备一鉴也。

又，邑宰杨公，性刚鲠，撄其怒者必死；尤恶隶皂，小过不宥。每凛坐堂上，胥吏之属无敢咳者。此属间有所白，必反而用之。适有邑人犯重罪，惧死。一吏索重赂，为之缓颊。邑人不信，且曰：“若能之，我何靳报焉！”乃与要盟。少顷，公鞫是事。邑人不肯服。吏在侧呵语曰：“不速实供，大人械梏死矣！”公怒曰：“何知我必械梏之耶？想其赂未到耳。”遂责吏，释邑人。邑人乃以百金报吏。要知狼诈多端，此辈败我阴，甚至丧我身家。不知居官者作何心腑，偏要以赤子饲麻胡也！

蒲松龄 著，朱其铠 主编．全本新注聊斋志异．北京：人民文学出版社，2007 年

【作品选注】

（1）筮（shì 士）仕南服：在南方做官。

（2）瓜葛：喻远戚。

（3）蝉冠豸（zhì 制）绣：此指穿着官服。蝉冠，以貂尾蝉纹为饰之冠，古代贵官所着。豸绣，绣有獬豸的官服。

（4）戟幢（jǐ zhuàng）行（háng 杭）列：指成行排列于堂前的仪仗。戟，指“綮戟”或“棨戟”，套有赤黑缯衣之戟，用作仪仗。幢，古时作为仪仗用的以羽毛为饰的旌旗。

（5）墀（chí 迟）：堂前台阶上面的空地。又指台阶。

（6）肴蔌（sù 速）：菜肴。

（7）聊充庖厨：略供厨房使用。庖厨，厨房。

（8）巉巉：山岩高峭险峻，借以形容牙齿尖锐锋利。

（9）蠹役：害民的吏役，对衙门差役的贬称。蠹，蛀虫，喻枉法敛财。

（10）衡茅：衡门茅舍，平民所居的陋室。衡门，横木为门。（11）黜陟（zhì 治）：指官吏的罢黜和提升。陟，擢升。

（11）营兆：卜寻墓葬之地。兆，墓地。

（12）以肩承颔（hàn 汗）：用肩部承接下巴，使其头脸侧向。颔，据山东省博物馆本，原作“领”。

（13）悉符所梦：前谓梦其甥“蝉冠豸绣”，今果然补授御史，故谓“悉符所梦”。

（14）微矣哉：多么奥妙啊！微，幽深、精妙。

（15）苞苴：行贿的财物。《荀子·大略》：“苞苴行与？谗夫兴与！”《注》：“货贿必以物包裹，故总谓之苞苴。”

【文化常识】

《聊斋志异》是中国最伟大的文言短篇小说集，由清朝小说家蒲松龄创作，全书共有短篇小说 491 篇。作者在仙界、鬼魂界、精灵界和人间自由切换，为读者呈

现了一个光怪陆离、如梦似幻的世界。郭沫若这样评论《聊斋志异》:“写鬼写妖高人一等，刺贪刺虐入木三分。”这里有最凄美的爱情故事，有最辛辣的刺疟刺探，有最感人的忠贞义气，有最真切的人间悲苦。蒲松龄一个落魄文弱书生，用尽了全身力气去无情抨击科举制度的腐朽、封建统治的黑暗，热情讴歌人间真情的善与美。

【品悟赏析】

《梦狼》写的是一个人的梦境，但却是最无情和黑暗现实的扭曲跨扎写照。在梦中，贪官污吏真的成了虎狼，这个比喻形象而恰切，把康熙中晚期吏治腐败所养出的面目凶残的恶吏形象刻画的淋漓尽致。

白翁白日做梦，梦中进了一道门，只见大堂上下，坐着的、躺着的，都是狼。堂屋前的高台上，白骨堆积如山。这景象恐怖至极，此时白翁的儿子白甲，正好从里面出来，见父亲非常高兴，便让下人准备饭菜。忽然，一只狼叼着死人跑进来，白翁吓得浑身哆嗦，说:“这是怎么回事?”儿子白甲说:“暂且充当庖厨做几个菜。”故事到这个地方达到高潮，让人不寒而栗。

梦境接回现实，白甲弟弟在其府中住了几天，只见得满堂都是行贿的恶人，直到深夜还是不断。弟弟流着泪劝谏白甲不要这样干了。白甲反而说:“你没见过什么世面，所以不了解官场的诀窍啊。官吏的提升与降职的大权，是在上司的手里。”弟弟无奈，回到家里，把白甲的行为尽数告诉了父亲。白翁听到后，悲痛大哭。只能散尽财产，周济贫苦，日日祈祷于神灵。

清代有位点评家说:《梦狼》一则，写官虎吏狼，足以警觉贪墨，此二附录字字金丹，居官者万不可不知也。绘吏役狡诈之情，笔笔飞舞变幻。这番评论真是写进了贪官污吏的龌龊和社会现实的黑暗。

无独有偶，《西游记》第七十六回写到狮驼国，整个国家从皇帝到百姓都被妖魔吃尽了，没有人了怎么办呢?整个国家都是兽类做官，“攒攒簇簇妖魔怪，四门都是狼精灵。斑斓老虎为都管，白面雄彪作总兵……先年原是天朝国，如今翻作虎狼城。”，两部作品有异曲同工之妙，将这两部小说作比较，会给后人以更多的启示和警醒。

二、豁达从容

（一）

梦游天姆吟留别

唐·李白

海客谈瀛洲，烟涛微茫信难求。
越人语天姥，云霞明灭或可睹。
天姥连天向天横，势拔五岳掩赤城。
天台四万八千丈，对此欲倒东南倾。
我欲因之梦吴越，一夜飞度镜湖月。

湖月照我影，送我至剡溪。
谢公宿处今尚在，渌水荡漾清猿啼。
脚著谢公屐，身登青云梯。
半壁见海日，空中闻天鸡。
千岩万转路不定，迷花倚石忽已暝。
熊咆龙吟殷岩泉，栗深林兮惊层巅。
云青青兮欲雨，水澹澹兮生烟。
列缺霹雳，丘峦崩摧。
洞天石扉，訇然中开。
青冥浩荡不见底，日月照耀金银台。
霓为衣兮风为马，云之君兮纷纷而来下。
虎鼓瑟兮鸾回车，仙之人兮列如麻。
忽魂悸以魄动，恍惊起而长嗟。
惟觉时之枕席，失向来之烟霞。
世间行乐亦如此，古来万事东流水。
别君去兮何时还？
且放白鹿青崖间，须行即骑访名山。
安能摧眉折腰事权贵，使我不得开心颜！

彭定求 等．全唐诗（上）．上海：上海古籍出版社，1986：40

【作品选注】

（1）天姥山：在浙江新昌东面。传说登山的人能听到仙人天姥唱歌的声音，山因此得名。

（2）瀛洲：古代传说中的东海三座仙山之一（另两座叫蓬莱和方丈）。烟涛：波涛渺茫，远看像烟雾笼罩的样子。微茫：景象模糊不清。信：确实，实在。

（3）越人：指浙江一带的人。

（4）天台（tāi）：山名，在浙江天台北部。

（5）剡（shàn）溪：水名，在浙江嵊州南面。

（6）谢公屐（jī）：谢灵运穿的那种木屐。《南史·谢灵运传》记载：谢灵运游山，必到幽深高峻的地方；他备有一种特制的木屐，屐底装有活动的齿，上山时去掉前齿，下山时去掉后齿。木屐，以木板作底，上面有带子，形状像拖鞋。

（7）天鸡：古代传说，东南有桃都山，山上有棵大树叫桃都，树枝绵延三千里，树上栖有天鸡，每当太阳初升，照到这棵树上，天鸡就叫起来，天下的鸡也都跟着它。

（8）失向来之烟霞：刚才梦中所见的烟雾云霞消失了。向来，原来。烟霞，指前面所写的仙境。

【品悟赏析】

唐天宝三载，入仕不足两年后，李太白辞去翰林待诏，重归自由之身，寄情山水之间。一天诗仙做了一个奇伟瑰丽的梦。

梦中，云霞明灭间他看到了天姥仙山：擎天巨柱与天界相通，山势高峻，超过五岳，遮掩赤城！一万八千丈的天台山也要对你向东南方拜倒。我飘然凌云，梦游吴越，一夜之间，竟飞渡镜湖。月照孤影，伴至剡溪。我看到了心念的偶像谢灵运，他脚着谢公屐，手拿开山斧，微笑着，好像在召唤他，“太白兄，我们一起登山探险去。”谢公住地犹在，湖水荡漾，猿猴清啼。我穿上谢公当年特制的木鞋，攀登直上云霄的山路。行至半山，天鸡报晓，海日渐生。一路上，望不尽山岩重叠，道路盘旋，花石相倚，不觉天色渐晚。忽听得熊吼龙鸣，泉响林栗，山惊峰颤，云层沉黑，水波动荡。电光闪闪，雷声轰鸣。仙府石门，“訇”然中开。洞中天地一新。天空蔚蓝，广阔无际，仿佛没有尽头；日月照耀，宫阙俨然，好似人间天堂。云中的神仙们，翩然而下，他们穿着用彩虹做的衣裳，御风而行。彼时，虎弹琴瑟，鸾鸟驾车，仙人结队，密密如麻。

诗仙从梦中猛然惊醒，不禁长声叹息。梦中烟云，消散殆尽。

这首《梦游天姥吟留别》是一首记梦诗，也是一首游仙诗，带有李白深刻的印记。李白以他的天纵奇才，给我们创造了一个“缤纷多彩、意境奇伟、变幻莫测、似有若无、浪漫瑰丽”的梦境，全诗歌构思奇特，视野广阔，灵动巧思，出其不意，又不越法度，是唐代浪漫主义诗歌的巅峰之作，也是中国古典诗歌的辉煌篇章。

但是，青莲居士并非仅仅停留在梦中，他在诗的结尾感叹：人世间的欢快也如这梦境一般，李白没有沉沦于梦境之中，梦醒那一刻，我们还要继续远行，因为我们有更高远的追求。李白向抹煞了人的尊严的一切宣战，他的态度如此决绝，甚至向当权者投去了一瞥蔑视。这也是李白的伟大之处：于神仙世界的虚无飘渺中，依然着眼现实。看似消沉，却着实摆脱了尘俗桎梏，豪气干云，慷慨激昂，不卑不亢，潇洒出尘，风骨长存。因此才发出了“安能摧眉折腰事权贵，使我不得开心颜”震古烁今的一呼！可以说李白和他的作品是盛唐时代的一座丰碑！

（二）

酬乐天扬州初逢席上见赠

唐·刘禹锡

巴山楚水凄凉地，二十三年弃置身。

怀旧空吟闻笛赋，到乡翻似烂柯人。

沉舟侧畔千帆过，病树前头万木春。

今日听君歌一曲，暂凭杯酒长精神。

【作品选注】

（1）酬：答谢，酬答，这里是指以诗相答的意思。用诗歌赠答。乐天：指白居易，字乐天。见赠：送给（我）。

（2）巴山楚水：指四川、湖南、湖北一带。古时四川东部属于巴国，湖南北部和湖北等地属于楚国。刘禹锡被贬后，迁徙于朗州、连州、夔州、和州等边远地区，这里用“巴山楚水”泛指这些地方。

(3) 二十三年：从唐顺宗永贞元年（805）刘禹锡被贬为连州刺史，至宝历二年（826）冬应召，约二十二年。因贬地离京遥远，实际上到第二年才能回到京城，所以说二十三年。弃置身：指遭受贬谪的诗人自己。置：放置。弃置：贬谪。

(4) 怀旧：怀念故友。吟：吟唱。闻笛赋：指西晋向秀的《思旧赋》。三国曹魏末年，向秀的朋友嵇康、吕安因不满司马氏篡权而被杀害。后来，向秀经过嵇康、吕安的旧居，听到邻人吹笛，不禁悲从中来，于是作《思旧赋》。

(5) 到：到达。翻似：倒好像。翻：副词，反而。烂柯人：指晋人王质。相传晋人王质上山砍柴，看见两个童子下棋，就停下观看。等棋局终了，手中的斧柄（柯）已经朽烂。回到村里，才知道已过了一百年。同代人都已经亡故。作者以此典故表达自己遭贬二十三年的感慨。刘禹锡也借这个故事表达世事沧桑，人事全非，暮年返乡恍如隔世的心情。

【品悟赏析】

永贞元年，唐顺宗即位后，王叔文组阁执政，提拔刘禹锡当监察御史。王叔文正在酝酿一场变革，刘禹锡也参与其中，史称永贞革新。146 天后，改革失败，王叔文去世，刘禹锡被贬到外地做官二十多年。唐敬宗宝历二年，刘禹锡从和州返洛阳，途经扬州时，遇到了白居易。在筵席上白居易写了《醉赠刘二十八使君》赠予刘禹锡，诗中满是对刘禹锡屡遭贬谪、怀才不遇的命运的深切同情。刘禹锡于是作诗答谢，就是这首《酬乐天扬州初逢席上见赠》。

首联，“巴山楚水凄凉地，二十三年弃置身”，便是满目苍凉之感。“巴山楚水”泛指朗州、连州、夔州、和州等荒僻偏远地区，二十三年来刘禹锡就在这些地方度过。当初的一腔报国之志投身五门，其愤慨之情不言而喻。

颔联，化用了“闻笛赋”与“烂柯人”两个典故。“闻笛赋”是关于西晋向秀的故事。嵇康因反对司马氏集团而被杀，一次向秀经过亡友嵇康的旧居，忽听得有人吹笛，婉转凄凉，不胜悲叹，于是就写下了《思旧赋》，刘禹锡此时也想起当年因永贞革新失败被贬的朋友，亦是十分感伤。“烂柯人”是晋人王质的典故。《述异记》记载，王质进山砍柴，只见两个童子正下棋，便驻足观看。一局棋了，手中斧柄已成腐木。回到村里，才知道已过百年。刘禹锡此时已被贬离京二十余年，也是恍如隔世。两个典故写尽了人世变迁、岁月更迭，充满了淡淡的怀旧与感伤，笔锋清雅，对仗工整。

颈联笔锋一转，他以“沉舟”“病树”自喻，认为虽然我一人被贬，但那些后继者仍在，又何必为我一人惋惜？真不负诗豪之称，性情旷达、洒脱。白居易是一贯的率直，真诚，有啥说啥，这对刘禹锡来说，像水一样，浸润和慰藉着对方的心灵，而刘禹锡的回答“沉舟侧畔千帆过，病树前头万木春”，怎么能不给白居易以深深的鼓励和感动呢？这是永远乐观和豁达的刘禹锡啊！

酒席之上，刘禹锡觉得有酒有友就够了。今天听了你为我吟诵的诗篇，暂且借这一杯美酒振奋精神。字里行间，我们能感真切受到诗人对仕宦升沉的豁达襟怀，独立高标的人格和坚韧不拔的意志，令人感佩。

（三）

把酒问月

唐·李白

故人贾淳令予问之。

青天有月来几时？我今停杯一问之。
人攀明月不可得，月行却与人相随。
皎如飞镜临丹阙，绿烟灭尽清辉发。
但见宵从海上来，宁知晓向云间没？
白兔捣药秋复春，嫦娥孤栖与谁邻？
今人不见古时月，今月曾经照古人。
古人今人若流水，共看明月皆如此。
唯愿当歌对酒时，月光长照金樽里。

【作品选注】

（1）丹阙：朱红色的宫殿。

（2）绿烟：指遮蔽月光的浓重的云雾。灭尽：消除。一作“灭后”。清辉：形容月光皎洁清朗。

（3）但见：只看到。

（4）宁知：怎知。没（mò）：隐没。

（5）白兔捣药：神话传说月中有白兔捣仙药。西晋傅玄《拟天问》：“月中何有，白兔捣药”。

（6）嫦娥：神话中的月中女神。传说她原是后羿的妻子，偷吃了羿的仙药，成为仙人，奔入月中。见《淮南子·览冥训》。一作“姮娥”。与谁邻：一作“谁与邻”。

【品悟赏析】

“嫦娥奔月”是中国人都耳熟能详的神话。“嫦娥奔月”中折射出的一种时光的永恒、周而复始。诗仙李白，在一个月圆之夜，他举杯邀月，浮想联翩……

“青天有月来几时”，劈头一问，统领全篇，气势震撼。诗人面对无限时空里的奇迹，产生了恍惚迷离的感觉。他似乎看到了皎皎月明，照耀天宫仙阙，云翳散尽之后，清辉焕发；月出东海之中，消逝西天之际，周而复始、循环不已。这四句带有李白太深的印记——浪漫、天真、活泼、飘逸。月中那种白兔，依然在年复一年不辞辛劳地捣药，嫦娥在碧海青天之中，夜夜独处，也真是寂寞孤苦！李白对神物和仙女是深怀同情的。李白这个人，放浪于形骸之外，四十岁才应唐玄宗之诏出蜀，本想能够实现自己的远大抱负，但是唐玄宗只是把他当作一个文学弄臣。李白在宫里，一会贵妃捧砚、一会力士脱靴、一会“天子呼来不上船”，把所有权贵都得罪了，果然，不到两年之后，他被“赐金放还”，李白是借嫦娥和玉兔，表达自己孤苦的情怀。今月何古月其实是一个，而今人和古人则不断更迭。今人不见古时月，今月曾经照古人，两句造语极尽重复、错综、回环之美，把明月长在而人生短暂之意渲染得淋漓尽致。

诗人由酒写到月，又从月回归到酒，抒情行云流水，李白的心里，明月不仅寄托着相思，承载着深情，还是一种象征，象征着皎洁神圣品格。将明月与人生反复对照，表达了对宇宙和人生哲理的深层思索。

另外一位诗人也读“嫦娥奔月”事件有自己的看法。“云母屏风烛影深，长河渐落晓星沉。嫦娥应悔偷灵药，碧海青天夜夜心”。李商隐是那样多情，他可以用整夜的时光注视着这轮梦幻的月亮。一个人要用那么长的时光，去一直等到长河之中渐渐星沉月落，李商隐一直揣测着，嫦娥也有后悔吗？月亮向人间投下的清辉中到底包含着什么样的心事呢？

诗人在讽刺嫦娥的同时，提出了一个重要的生命哲学问题：人应该怎样生活？长寿甚至长生的目的是什么？在爱和长生不老之间，现实的人应该选择什么？你面对这样的追问有着什么样的思索？

作者显然并不赞成嫦娥那样牺牲现世的生活而换取长生不老。他认为那样孤独寂寞的长生，实际上正是对生命的折磨和摧残。与其如此，还不如人间儿女们那样有悲欢地热爱、有聚散地执着更有意义。

两首诗截然相反的态度，又反映了中国人的什么文化心理？

是自私的嫦娥想长寿吗？她吞食两颗长生不老药，长生面前滋养了中国人延长生命长度的渴望。不仅如此，生活在人间，生命宽度、厚度、温度、亮度都会被拓宽，才是最可贵的。

是无私的嫦娥被逼无奈吗？情急之下，吞药升天，又舍不得后羿，索性就升到离家最近的月亮上去，这样就能常常看见自己的夫君了，这是人们对人间情爱的守望。一个人寂寞求长生，又有什么意思呢，哪里比得上两个人这样幸幸福福、同甘共苦？

这其实是中国的农耕文化，是一种守望的文化，是一种安天乐命的文化，很美很美的安居乐业。

这些关于月亮的古老而美丽的传说中，人们寄托了非常美好的情感：嫦娥是美丽的，思念是永恒的；吴刚是善良的；玉兔是吉祥的；月饼是一种胜利平安团圆的祝福；同时呢，我们也感觉到了一种时光的永恒，周而复始，甚至也有一种孤冷，甚至感伤的惆怅。

（四）

定风波·南海归赠王定国侍人寓娘

北宋·苏轼

王定国歌儿曰柔奴，姓宇文氏，眉目娟丽，善应对，家世住京师。定国南迁归，余问柔：“广南风土，应是不好？”柔对曰：“此心安处，便是吾乡。”因为缀词云。

常羡人间琢玉郎，天应乞与点酥娘。尽道清歌传皓齿，风起，雪飞炎海变清凉。

万里归来颜愈少，微笑，笑时犹带岭梅香。试问岭南应不好，却道：此心安处是吾乡。

【作品选注】

（1）玉郎：是女子对丈夫或情人的爱称，泛指男子青年。

（2）天应（yīng）：上天的感应、显应。

（3）皓齿：雪白的牙齿。

（4）炎海：喻酷热。

（5）岭：这里指岭南，即中国南方的五岭之南的地区。梅香：梅花的香气。

（6）试问：试着提出问题，试探性地问。应：应该。

（7）此心安处是吾乡：这颗心安定的地方，便是我的故乡。

【品悟赏析】

北宋元丰二年（1079 年），苏轼由徐州调任湖州知州，按照惯例，向皇帝进了《湖州谢上表》，可让他没有料到的是，这封表竟成了他一生的转折点，一场腥风血雨即将到来……

不久，监察御史李定、何正臣、舒亶等人接连上章弹劾苏轼，认定苏轼在《湖州谢上表》中所写是在攻击朝政，抨击新法，讥讽皇帝。他们的充分依据是文章中的这句“陛下知其愚不适时，难以追陪新进；察其老不生事，或能牧养小民”，欲加之罪，何患无辞！

十年前，也就是熙宁二年（1069 年），此时的王安石意气风发，刚刚被宋神宗擢为参知政事，主持变法改革。他是强权人物，做事雷厉风行，为给变法铺平道路，打击异己，加剧了党争。苏轼作为温和派对变法中的激进行为自然不满，常常诗文讥讽，因此成为新党的眼中钉、肉中刺。

可此时，王安石早已罢相，对苏轼等人的清算却以一封表疾风厉雨般展开了！

1079 年七月，这年的夏天格外热，御史台的弹劾激起千层巨浪，龙颜震怒，下令抓捕苏轼！这天，一代文坛领袖竟沦为“犬鸡”。《孔氏谈苑》里记载了当时的场景：“僎径入州廨，具靴袍，秉笏立庭下，二台卒夹侍，白衣青巾，顾盼狰狞，人心汹汹不可测。轼恐，不敢出，乃谋之无颇……摆促轼行，二狱卒就直之。即时出城登舟，郡人送者雨泣。顷刻之间，拉一太守如驱犬鸡。”押解苏轼之人叫皇甫僎，他态度十分强硬，丝毫不顾及斯文，如鸡狗般对待这位文宗。然而，苏轼的苦难才刚刚开始。

御史台外柏树栖鸦，叫声凄迷；御史台里，疲劳审问和侮辱每天在进行，审讯之人牵强附会，苏轼的诗文成了讥讽皇帝的“铁证”，不仅如此，好友王诜、王巩、李清臣、司马光、黄庭坚等都被牵连，举国震动。

苏轼万念俱灰，等待着死亡的靠近……这个时候，一个老狱卒出现了，他叫梁成。苏轼之前的四十五年生命中，从来都是结交士大夫，这样的老狱卒从来不曾在他生活中出现过。用现在的话来讲梁成是苏轼的忠粉，他非常崇拜苏轼，觉得他的偶像真是被陷害的，于是决定让苏轼活下去。梁成常常会冒险偷带一点菜带给苏轼吃，冬天还给他烧热水洗脚。

这大概是苏轼在那个冰冷的牢狱中最温暖的瞬间，这也可能是支撑他活下去的巨大动力，此时苏轼对生命中的人有了更大的领悟，他即将脱胎换骨。他在写给弟弟苏辙的诗中道："是处青山可埋骨，他时夜雨独伤神，与君世世为兄弟，再结来生未了因"。此刻，他想到的是希望下一辈子还能够跟弟弟苏辙再做兄弟，字字诚挚，感人至深！到此刻，苏轼对权利、财富等没有了执着，他只想和自己最眷恋的人在一起过最平淡的日子，这是一个人在生活巨大打击和苦难之后的顿悟，也是过尽千帆、洗尽铅华之后的重生。

"乌台诗案"中遭到沉重打击的还有一个人叫王巩，他担任"秘书省正字"。王巩和苏轼的关系非常好，到什么地步呢？诗案发生一年前，王巩到徐州拜访苏轼，这次重逢竟成了载于宋史的文人雅集典范。与客游泗水，登魋山，吹笛饮酒，乘月而归。轼待之于黄楼上，谓巩曰："李太白死，世无此乐三百年矣。"两人是知己，因此王巩被告发私下里与苏轼谈论和宋神宗的谈话内容。王巩被贬广南。

岭南烟瘴，此一去，恐怕是九死一生。王巩遣散了家中仆人歌女，真是凄凉！岭南对于北方人来讲确实是一个可怕的地方，奴仆们不愿意拿生死玩笑，也是人之常情。此时一个柔婉女子的声音出现了——"妾与同去"，王巩回头一看，是宇文柔奴。

柔奴出身医者之家，父亲是御医。年幼时，其父因罪入狱，死于狱中。不久，母亲也撒手人寰。年幼的柔奴父母双亡，孤苦伶仃。福无双至祸不单行，柔奴叔叔见她孤苦可欺，竟将她卖去了行院，以艺娱人。行院生活在柔奴看来自然是龌龊不堪，无奈古人一人，家破人亡，人间之大，竟没有一个弱女子容身之所，她只能在此遮风挡雨。当深处谷底的时候，下一刻可能会看见曙光，柔奴父亲生前有一位好友——陈太医，这位昔日好友义薄云天，辗转托人将故人之女从行院里中救出，从此，柔奴有了家，跟着陈太医学习艺术。一个偶然的机会，柔奴邂逅了风度翩翩、正直善良的男神王巩，嫁与王巩是柔奴一生最幸福的事情，虽然不能成为正妻，可柔奴心甘情愿。

岭南果然气候阴湿润，王巩疾病缠身，而柔奴亲自调理汤药，加之二子夭折，那几年，是他最困厄的时候，是面前这个柔弱而又坚毅的女子不离不弃，她给了王巩活下去的希望，不久，他们的儿子王皋出生了。一家人其乐融融，全不似被贬官的凄凉之家，倒像是一对羡煞旁人的神仙眷侣。

多年后，王巩北归。苏轼和老友相见，此时的苏轼已经鬓发斑白，宴会之上，坐在他面前的昔日挚友万里归来却丰神俊朗、面如红玉，此时柔奴动听的歌声响起，只此一刻，如同风起雪飞，仿佛炎暑之地一变而为清凉之乡。她脸上分明没有一丝悲苦，微笑中竟然仿佛带着岭南的梅花香气。这些全然不像在瘴烟窟里蹉跎了五年。苏轼迷惑了，为何会如此？

柔奴唱罢，王巩看着柔奴，脸上掠过一丝温暖的笑意，平静地告诉苏轼：这些年，多亏有她！

苏轼试探着问道："广南风土，是不是不好啊？"

柔奴的依旧是笑了笑，说："此心安处，便是吾乡。"

这一句“此心安处，便是吾乡”撞击着苏轼的内心，他也在不停地自问：岭南应不好？这一刻，苏轼回想前半生，五味杂陈，自己的心胸见识竟不及一个柔弱女子。他润了润笔，写道：常羡人间琢玉郎，天应乞与点酥娘。尽道清歌传皓齿，风起，雪飞炎海变清凉。万里归来颜愈少，微笑，笑时犹带岭梅香。试问岭南应不好，却道：此心安处是吾乡。

第二节　进取精神

《易经》中说“天行健，君子以自强不息”的思想。自强不息的进取精神是中华民族民族精神的重要组成部分，是凝聚和激励全国各族人民团结奋斗的精神动力。这种高尚的精神价值广泛地展现在我国古代文学中。

第一，个人的人生价值只能在现实中实现，中国的知识分子自然就投入到建功立业的壮志豪情之中，这也是他们最终追求的人生理想，这种自强不息的进取精神在文学作品中被反复地讴歌；第二，中国古代知识分子，刚健自强，严于律己，隐忍克制，追求人格的完善；第三，有修养的、优秀的文人士大夫，保持高尚的民族气节和道德情操，面对打击，他们宁死不屈、保持气节。这些精神价值，都流露于字里行间，让人读来，热血沸腾，为之动容。

一、建功立业

（一）

逢入京使

唐·岑参

故园东望路漫漫，双袖龙钟泪不干。

马上相逢无纸笔，凭君传语报平安。

【作品选注】

（1）入京使：进京的使者。

（2）故园：指长安和自己在长安的家。漫漫：形容路途十分遥远。

（3）龙钟：涕泪淋漓的样子。卞和《退怨之歌》：“空山歔欷泪龙钟。”这里是沾湿的意思。

（4）凭：托，烦，请。传语：捎口信。

【文化常识】

岑参（约715—770年），盛唐著名边塞诗人，南阳人，唐太宗时名相岑文本重孙。到岑参时家道中落，幼年虽孤贫，但却酷爱读书，九岁就能写文。玄宗天宝三载（744年）中进士，两次从军，世称“岑嘉州”。大历五年（770年）卒于成都。

【品悟赏析】

这首诗写于天宝八载（749），三十四岁的岑参第一次从军西征，他辞别妻子，踏上漫漫征途，向新疆喀什进发。也许，我们会问，从长安奔赴边疆，是不是悲怆苍凉？恰恰相反！这是盛唐之音的回响，毫无凄凄惨惨之状，满是壮志豪情，作者对边塞风光是充满向往的。

唐朝著名学者叫高棅在《唐诗品汇》中把唐代的诗歌第一次分为四个时期——初唐、盛唐、中唐、晚唐。盛唐，一般是从是唐玄宗开元元年（公元 713 年）到唐代宗大历初年（公元 766 年）。盛唐之音就是这 50 多年的诗歌创作。这是唐代社会高度繁盛而且极富于艺术气氛的时代，大唐帝国以无比自信和包容的姿态张开怀抱迎接各种外来文化，并且整个大唐帝国处在一个浪漫狂热、青春洋溢的时代氛围中。这样的盛唐精神养育了一代热情豪迈、具有浓烈的浪漫气质的诗人，无论是恬静优美的山水田园诗，还是热烈奔放的边塞诗，都是生气弥满、光彩熠熠的。唐诗经过一百多年的准备和酝酿，至此终于达到了全盛的高峰。这就是为后人所艳羡的“盛唐之音”。

大唐包容各种思想、学术，吸收了各种外来文化营养，养就了无比宏大的气魄，滋养了这个时代诗人博大的胸襟。加之士族门阀制度在武则天时代已经大大被削弱，寒门子弟被重用，这给当时的社会带来了巨大影响。每一个读书人都非常自信，都有强烈的建功立业抱负。岑参曾自言：“功名只应马上取，真正英雄一丈夫。”（《送李副使赴碛西官军》），所以他的边塞诗不见苦楚悲伤，反而更多的是昂扬乐观，那是大唐军士的虎虎有生气，是大唐文士人的拳拳报国心！

但一个战士远离故园，踏上征途后，还是会想念家乡、父母、妻子。“故园东望路漫漫”，写眼前之景，一切景语皆情语。策马西行，家乡渐行渐远，长路漫漫，不知何时归来？“双袖龙钟泪不干”，此刻，眼眶已模糊，泪水流淌在脸颊，龙钟交横，涕泗滂沱，虽然稍显夸张，但是确实真情实感。“马上相逢无纸笔”，路途中忽遇故乡之人——到长安的使者，可彼此都很急促，擦肩而过，岑参想托乡亲给妻子带去平安信，无奈无有纸笔，既然如此，带个口信也是好的——“凭君传语报平安”。尾句读来让人动容，那样一个时刻，没有痛彻心扉的思亲，只有深情洒脱的寄寓。

苦寒的边塞军旅生活在岑参笔下变得让人向往，合情合理又别出心裁，语言自然质朴，一字一句都是信手拈来，清新隽永，回味悠长。

（二）

秋词二首·其一

唐·刘禹锡

自古逢秋悲寂寥，我言秋日胜春朝。

晴空一鹤排云上，便引诗情到碧霄。

【作品选注】

（1）悲寂寥：悲叹萧条空寂。宋玉《九辩》有“悲哉，秋之为气也”、“寂寥兮，收潦而水清”等句。

（2）诗情：作诗的情绪、兴致。碧霄：青天。

【品悟赏析】

这是一首关于秋天的诗，在中国传统的诗文中，秋是萧条的、肃杀的、悲凉的、寂寥的，中国的文人，赞美秋、享受秋的不多，可刘禹锡笔下的秋，却给我们留下了独特而深刻的印象。

我们有幸在这首诗里见到了中国文学中最新奇、最别致的一个意象--秋日的晴空一鹤。这就是天才的神来一笔，刚刚我们还沉浸在自古逢秋悲寂寥，我言秋日胜春朝的豪情壮志中，下一秒他笔尖轻轻一荡，一只晴空翱翔的仙鹤仿佛从尺幅之中翩然而下了，不知道大家有没有这种感觉，每到秋高气爽，天高云淡，如果你看看到天空中有一丝云彩，是否会有恍惚间“晴空一鹤排云上”的视觉享受。一个“排”字写尽了鹤凌云直上的气势，当然还有诗人的诗情，他也想如同那只鹤直上云霄，初心不改，壮志不灭，信念不倒，斗志不减，善始善终。

刘禹锡为什么能一反自古文人逢秋感伤的传统，把秋天写得如此超脱、昂扬呢？说到底，还是和他的性格有关。他和柳宗元是特别要好的朋友，他俩并肩作战进行了“永贞革新”，146天后，改革夭折，这就是“二王八司马”事件。之后，两人都被贬谪地方。柳宗元在柳州困窘之际，写下那首踏雪而来、千万孤独的《江雪》，余生都在孤独中寻找和世界和解的路。而刘禹锡坚持原来的自我，挫折面前，反而展现出一种难得的韧性。

当年，他被贬夔州，写下竹枝词十一首，最有名便是：杨柳青青江水平，闻郎江上唱歌声。东边日出西边雨，道是无晴却有晴。全诗轻快活泼，全然不像是被贬之人所写。他和农民打成一片，把插秧过程中的民歌升华提炼写成竹枝词，他在其中获得巨大的快乐。既超越了苦难坎坷，又坚持了自我，在生命的旅途中，我们应该像诗豪刘禹锡那样，历经苦难却豁达从容，面对逆境仍不改本色！

二、刚健自强

（一）

始闻秋风

唐·刘禹锡

昔看黄菊与君别，今听玄蝉我却回。
五夜飕飗枕前觉，一年颜状镜中来。
马思边草拳毛动，雕眄青云睡眼开。
天地肃清堪四望，为君扶病上高台。

【作品选注】

（1）君：即秋风对作者的称谓。

（2）玄蝉：即秋蝉，黑褐色。我：秋风自称。

（3）五夜：一夜分为五个更次，此指五更。飕飗（sōuliú）：风声。

（4）颜状：容貌。
（5）拳毛：攀曲的马毛。
（6）雕：猛禽。眄（miàn）：斜视，一作“盼”。
（7）肃清：形容秋气清爽明净。
（8）扶病：带病。

【品悟赏析】

人在垂暮之年，往往会有无限苍凉之感。加之疾病缠身，更是凄苦。如果闻秋风，那会是怎样的感觉呢？相信没有几个人能够心情舒朗，心胸开阔。但是诗好刘禹锡就一反传统，老病之际，独登高台，竟然和萧瑟秋风成了知己。

首联，“我”指的是谁？“君”又指的是谁？这是一个怎样奇妙的意境？这里刘禹锡别出心裁地创造了一个“我”，即有感知有情分的“秋风”。当“我”重返人间的时候，就去寻那个离别许久的“君”，即也就是诗人自己。去年呀，当黄菊凋敝，初冬渐近的时候，我依依不舍地和你告别了，秋风深情地回忆起去年和诗人观赏黄菊的时候，那一刻的离别至今还记得；而有一度深秋蝉鸣，我知道你又回来了。显然，对秋对人，这里用的是拟人手法，刘禹锡为我们创造了一个深情款款又新奇生动、意蕴浓郁的意境。

颔联，“五夜飕飗枕前觉，一年颜状镜中来”，和以上两句连起读，有什么感觉呢？这里，诗人似乎更换了语气，是诗人从自己的角度来写。五更时分，凉风飕飕，一听到这熟悉的声音，就知道是“你”回来了，这么许久不见，“你”还是那么劲疾，而镜中的我早已鬓发如霜。和以上两句连读，仿佛是一段话别情的对话。

颈联，话锋一转，“马思边草拳毛动，雕眄青云睡眼开”。顿时精神为之一振，“马思边草”、“雕眄青云”是比兴的手法，这两个意象一扫老病交加的衰态，整个意境变得强劲振奋。

尾联，刘禹锡深情不减，豪气依然。你（秋风）归来了真好，天地一片清澈舒爽，我虽老病之身，但仍然愿意为你而登上高台，方不负这生命之约！

刘禹锡一生坎坷，也有着诗人敏感脆弱的感情，但是秋风之中，他寻得了安顿，直到自己年华老去，他还可以盛赞清秋。雄健的格调风情、倔强进取精神、积极的美学趣味，可以直击人心，引领百代风雅，感发千年共鸣！

（二）

念奴娇·过洞庭

南宋·张孝祥

洞庭青草，近中秋，更无一点风色。玉鉴琼田三万顷，着我扁舟一叶。
素月分辉，明河共影，表里俱澄澈。悠然心会，妙处难与君说。
应念岭表经年，孤光自照，肝肺皆冰雪。短发萧骚襟袖冷，稳泛沧溟空阔。
尽挹西江，细斟北斗，万象为宾客。扣舷独啸，不知今夕何夕。

【作品选注】

（1）洞庭：湖名，在湖南岳阳西南。

(2) 风色：风势。

(3) 琼：美玉。

(4) 着：附着。

(5) 扁舟：小船。

(6) 素月：洁白的月亮。

(7) 明河：天河。明河一作“银河”。

(8) 表里：里里外外。此处指天上月亮和银河的光辉映入湖中，上下一片澄明。

(9) 岭表：岭外，即五岭以南的两广地区，作者此前为官广西。岭表一作“岭海”。经年，经过一年。

(10) 孤光：指月光。

(11) 冰雪：比喻心地光明磊落像冰雪般纯洁。

(12) 萧骚：稀疏。萧骚一作“萧疏”。襟袖冷：形容衣衫单薄。

(13) 泛沧：青苍色的水。

(14) 挹(yì)：舀。挹一作“吸”。

(15) 西江：长江连通洞庭湖，中上游在洞庭以西，故称西江。

(16) 北斗：星座名。由七颗星排成像舀酒的斗的形状。

(17) 万象：万物。

(18) 扣：敲击。扣一作“叩”。啸：撮口作声。啸一作“笑”。

(19) 不知句，赞叹夜色美好，使人沉醉，竟忘掉一切(包括时间)。

【品悟赏析】

这首词出自一位状元之手。

公元1154年，南宋首都临安，也就是今天的杭州，真是“暖风吹得游人醉”。正值国家科举取士，大诗人陆游在这次考试中名落孙山，因为他的主战政见得罪了权相秦桧，这一科中，秦桧的孙子秦埙在，礼部考试前，秦桧便早做好一切安排，陆游果然失败。

这一年的举子不仅有陆游，还有两位诗名贯耳的才子，写“小荷才露尖尖角，早有蜻蜓立上头”的杨万里和“愿我如星君如月，夜夜流光相皎洁”的范成大。群星璀璨，却名次都靠后。但这一科的状元也不是秦埙，而是二十八岁的张孝祥。张孝祥的名号没有前几位大，但确为心忧天下、为国为民、胸襟坦荡的文人士大夫典范和楷模。

《宋史·张孝祥传》称他“读书一过目不忘，下笔顷刻数千言”。可见其才华横溢。宋高宗看到他的殿试文章，也连连叫好，钦定为状元。这是秦桧始料未及的，美梦落空了。秦桧要拉拢张孝祥，想要把女儿嫁给这位新科状元，不料却被断然拒绝，原来状元也是一个响当当、煮不烂的铜豌豆！张孝祥刚刚踏入仕途不久，就针对岳飞含冤而死事件发表意见，此时距离岳飞被害已经12年，他不顾权相和高宗本意，毅然上书：“岳飞忠勇天下共闻，一朝被谤，不旬日而亡，则敌国庆幸而将士解体，非国家之福..... 今朝廷冤之，天下冤之，陛下所不知也……当亟复其爵，厚恤其家，表其忠义，播告中外，俾忠魂瞑目于九原，公道昭明于天下。”这是士大夫的风骨。

张孝祥也为自己的锋芒毕露付出了惨重代价。秦桧指使党羽诬告张孝祥父亲张祁谋反，张祁锒铛入狱。这之后，秦桧死，但是朝廷中尽是主和派，作为主战派的张孝祥不受重用，屡遭政敌打压。宋孝宗乾道二年（1166年），张孝祥因受政敌谗害而被罢职。他从桂林北归，途经洞庭湖，触景生情，写下这首《念奴娇．过洞庭》。

上阕写景。洞庭八月，中秋将至，天高湖阔，纤草静立，无一丝风过。玉鉴琼田，三万顷碧波，明镜般湖水，载着我一叶扁舟。明月皎洁，银河灿烂，天地尽是澄澈，我心中一片空明，这妙处，不知如何和你诉说！

下阕抒情。这一年，我徘徊在岭外，月华映照着我的内心，胸襟仍如冰雪一样洁净。而此刻，衣袂飘洒，顿觉萧瑟凄冷。浩淼苍溟之中，让我用北斗七星做成的酒勺，舀尽西江之水，遍请天地万象为宾客。我叩打着船舷，放声高歌，恍惚间，怎能记得此是何年！

词人由景到情，由情到心，一气呵成，此刻也已沉醉于大自然的物我两忘之中。这首词恢弘浩大、意境深邃、情真意切、想象瑰丽、旷大洒脱，真是浩然正气长存的绝妙好词！

（三）

苔

清·袁枚

白日不到处，青春恰自来。
苔花如米小，也学牡丹开。

【品悟赏析】

袁枚（1716—1798），字子才，晚年自号仓山居士、随园主人、随园老人。钱塘（今杭州）人，清代著名诗人和散文家。

他曾经在一个夏天写了一首充满童年乐趣的诗：牧童骑黄牛，歌声振林樾。意欲捕鸣蝉，忽然闭口立。（《所见》）。悠闲的牧童、温柔的黄牛、嘹亮的歌声、调皮地捕蝉，构成了一幅极富生活情趣的画面，它唤起了我们对童年的回忆，这也是作者的一颗赤子之心。这一派和平宁静、优美如画的田园风光，也表现了诗人的一种“真性情”。

袁枚说“诗人者，不失其赤子之心也。”我们走进他的另一首极富“真性情”的小诗《苔》，看看又能给我们带来怎样的审美愉悦。

袁枚33岁时，辞官回乡，在江宁（今南京小仓山）买了一座园子，就是有名的“随园”，自号随园先生，他于园中写诗作画、招学生授课，一直到去世，袁枚把随园经营得非常好，还邀请风雅之士来写诗、写文章，他不求自己能官运亨通，不求被人注意，却有自己的追求、有自己的主见、有自己的快乐，他甘愿做一个普通人去发光发热，为周围的人带来清新的色彩、热烈的诗意。他的生命像那小小的苔一样美丽而有光彩。

如果我们再深入地走进这首诗，会发现处处让我们欣喜的审美愉悦。

首先，情感之美。

这是一首写给普通人的诗！人人心中皆有诗意，人人都可以诗意地生活！自信的，乐观的，热烈的，浪漫的，欢喜的！我们为自己喝彩，让生命之花勇敢绽放！有一种青春的色彩可以用你的名字命名！袁枚在他的《随园诗话》中说：“自三百篇至今日，凡诗之传者，都是性灵，不关堆垛。”

“诗者，志之所之也，在心为志，发言为诗。情动于中而形于言，言之不足故嗟叹之，嗟叹之不足故永歌之，永歌之不足，不知手之舞之足之蹈之也。”诗，是心底涌出的清泉，是不吐不快的胸中块垒，读者是仿佛期待了很久很久，“相逢何必曾相识”而又“心有灵犀一点通。”诗人心中有的也正是读者心中有的，于是就有了共鸣和感动。

其次，意象之美。

什么是意象？意象是用来表达作者思想感情和特定意境的典型物象；寄托作者情感的艺术形象。在古典诗词里面，用来表达依依惜别之情的意象是什么呢？王维在《送元二使安西》中写道“渭城朝雨浥轻尘，客舍青青柳色新。”“柳”是留恋，是依依不舍的寄托。他在《相思》中写道“红豆生南国，春来发几枝？愿君多采撷，此物最相思。”“红豆”是“相思”的象征。这就是意象。

这首诗里边，苔本身就是诗的主角。它不仅是主角，而且它是青春的主角。它不仅是青春的主角，他还是盛开的、像牡丹一样的、鲜艳的主角。我们知道在我们的人生当中，在我们这个世界之上，并不是所有的人都像牡丹一样盛开。相反有很多的普通人，可能就像苔藓一样默默的生长着。默默地存在着，默默地绽放着。他们像米粒一样大小的花朵，但是并不等于说他们的青春、他们的人生重要。恰恰相反，我们这个民族，我们这个历史，可能就是有这千千万万像苔藓一样，默默地绽放默默地奉献他们一片绿色的这样一些普通人来创造的。所以我觉得这首《苔》就是袁枚写给我们普通人的。袁枚创造的“苔”这个意象，是多么新鲜，多么深刻，多么美好！

再次，手法之美。

托物言志的写作方法，最常用的有比喻、拟人、象征。托物言志在诗词、文章中的使用，常常源于作者对某一特定事物内在意义的直觉顿悟，之后再将这种直觉的顿悟进行提炼并完善，最终形成单一而明显的主旨。托物言志手法的运用能促进读者联想和思考，使立意深远，表达含蓄，从而增强作品的表现力和感染力。在《苔》这首诗里，作者以苔自喻，表达了为我们自己而喝彩，为我们自己的人生而盛开的美好情怀。使表意鲜明而深刻。

最后，语言之美。

“恰”字用得好！“青春恰自来”，前面第一句“白日不到处”给我们感觉好像苔藓是被太阳遗忘的地方，那被太阳都遗忘的地方，何来青春呢？又怎么可能有蓬勃的青春？不！作者的回答是“青春恰自来”，这个“恰”字，用得非常好。虽然我这里是太阳照不到的地方，但是我的青春依然在。而且这个青春的光芒，是我自己自然而然地展现出来，是从我的内心里边展现出来的。我苔藓虽然见不到阳光，但是我依然有我自己的青春。

“也”字用得好！“苔花如米小，也学牡丹开。”（你见过苔藓开花吗？可能很少有人关注到苔藓，更不用说看苔藓开花了。）我们一般看什么花呢？看月季、看牡丹、看荷花，看各种各样绽放得非常艳丽、花朵非常盛大的花。我们连苔藓都不会关注，怎么会看苔藓开什么花呢？所以作者想到这一点了，他告诉我们“苔花如米小”，那苔藓开的花啊，就跟米粒大小一样，根本就不可能受到世人的关注。虽然受不到世人的关注，那我也会像牡丹一样的盛开。换句话说，虽然太阳照不到我，虽然我地处阴暗潮湿的地方，但我依然有我的生命，依然有我的青春。虽然我的花开的太小了，像米粒一样，但是我有蓬勃的花朵，我花朵的生命、花朵的青春，也像牡丹一样，毫不逊色。

苔花面对牡丹的盛大和绚烂，它是用了一种“也学”的态度，是一种学习的态度，是一种人家好，我也要学着变得更好，我要尽我的努力，在我可能的范围内全力以赴，做到我的最好！这个“也”字，写出了一种豁达的坦荡的开朗的学习的态度，这不正是我们常说的“见贤思齐”的精神吗？既要看到别人的光芒，也要相信自己的力量！相信自己，自在绽放！

生活如诗，我们可以把生活设计成诗歌的模样，把生活过成诗！这就是人们常说的“生活，不只有眼前的苟且，还有诗和远方的田野。”

（四）

龟虽寿

魏晋·曹操

神龟虽寿，犹有竟时。
螣蛇乘雾，终为土灰。
老骥伏枥，志在千里。
烈士暮年，壮心不已。
盈缩之期，不但在天；
养怡之福，可得永年。
幸甚至哉，歌以咏志。

【作品选注】

（1）此诗为曹操组诗作品《步出夏门行》中的第四首，诗题是后人从诗歌的开头取三字而来。

（2）“神龟”二句：神龟虽能长寿，但也有死亡的时候。神龟：传说中的通灵之龟，能活几千岁。寿：长寿。竟：终结，这里指死亡。

（3）螣（téng）蛇：一作“腾蛇”，是一种会腾云驾雾的蛇，是一种仙兽。又一说为星宿之一，有“勾陈腾蛇”之说。出自《山海经·中山经》。

（4）骥（jì）：良马，千里马。

（5）盈缩：指人的寿命长短。盈，满，引申为长。缩，亏，引申为短。

（6）养怡：指调养身心，保持身心健康。怡，愉快、和乐。

（7）“幸甚”二句：此二句是附文，跟正文没关系，只是抒发作者感情，是乐府诗的一种形式性结尾。

【品悟赏析】

罢黜百家万马喑，独尊儒术汉赋锦。可怜诗国风骚衰，幸有建安招诗魂。

诗言志，通过形象化的手法抒情述志是中国古典诗歌的一个优良传统。曹操的《龟虽寿》在具体的神龟、腾蛇、老骥艺术形象对比衬托中抒发了“烈士暮年，壮心不已”的非凡之志。

此诗约作于公元208年初他平定乌桓叛乱、消灭袁绍残余势力之后，南下征讨荆、吴之前。此时曹操已经五十三岁了，不由想起了人生的路程，所以诗一开头便无限感慨地吟道：“神龟虽寿，犹有竟时，螣蛇乘雾，终为土灰。”《庄子·秋水篇》说：“吾闻楚有神龟，死已三千岁矣。”曹操反其意而用之，说神龟纵活三千年，可还是难免一死呀！《韩非子·难势篇》记载：“飞龙乘云，螣蛇游雾，云罢雾霁，而龙蛇与同矣！”“螣蛇”和龙一样能够乘云驾雾，本领可谓大矣！然而，一旦云消雾散，就和苍蝇蚂蚁一样，灰飞烟灭了！古来雄才大略之主如秦皇汉武，服食求仙，亦不免于神仙长生之术的蛊惑，而独曹操对生命的自然规律有清醒的认识，这在谶纬迷信猖炽的时代是难能可贵的。更可贵的是如何对待这有限的人生？曹操一扫汉末文人感叹浮生若梦、劝人及时行乐的悲调，慷慨高歌曰：“老骥伏枥，志在千里。烈士暮年，壮心不已。”曹操自比一匹上了年纪的千里马，虽然形老体衰，屈居枥下，但胸中仍然激荡着驰骋千里的豪情壮志。

“老骥伏枥，志在千里，烈士暮年，壮心不已。”笔力遒劲，韵律沉雄，内蕴着一股自强不息的豪迈气概，深刻地表达了曹操老当益壮、锐意进取的精神面貌。“壮心不已”表达了要有永不停止的理想追求和积极进取精神，永远乐观奋发，自强不息，保持思想上的青春，曹操以切身体验揭示了人的精神因素对健康的重要意义，用扭转乾坤的大手奏响了生命价值在于创造的昂扬旋律。

《龟虽寿》更可贵的价值在于这是一首真正的诗歌，它开辟了一个诗歌的新时代，汉武帝罢黜百家，独尊儒术，把汉代人的思想禁锢了三四百年，弄得汉代文人不会写诗，只会写那些歌颂帝王功德的大赋和没完没了地注释儒家经书，真正有感情，有个性的文学得不到发展。直到东汉末年天下分崩，风云扰攘，政治思想文化发生重大变化，作为一世之雄而雅爱诗章的曹操，带头叛经离道，给文坛带来了自由活跃的空气。他“外定武功，内兴文学”，身边聚集了“建安七子”等一大批文人，他们都是天下才志之士，生活在久经战乱的时代，思想感情常常表现得慷慨激昂。正如《文心雕龙·时序》说：“观其时文，雅好慷慨，良由世积乱离，风衰俗怨，并志深而笔长，故梗概而多气也。”尤其是曹操，鞍马为文，横槊赋诗，其诗悲壮慷慨，震烁古今，前无古人，后启来者。这种充满激情诗歌所表现出来的爽朗刚健的风格，后人称之为“建安风骨”，曹操是最突出的代表。千百年来，曹操的诗就是以这种“梗概多气”风骨及其内在的积极进取精神，震荡着龙的传人的心灵。也正是这种可贵特质，使建安文学在中国文学史上闪灼着夺目光彩。

三、傲骨气节

（一）

山园小梅二首·其一

宋·林逋

众芳摇落独暄妍，占尽风情向小园。
疏影横斜水清浅，暗香浮动月黄昏。
霜禽欲下先偷眼，粉蝶如知合断魂。
幸有微吟可相狎，不须檀板共金樽。

【作品选注】

（1）暄（xuān）妍：景物明媚鲜丽，这里是形容梅花。

（2）疏影横斜：梅花疏疏落落，斜横枝干投在水中的影子。疏影，指梅枝的形态。

（3）暗香浮动：梅花散发的清幽香味在飘动。黄昏：指月色朦胧，与上句“清浅”相对应，有双关义。

（4）霜禽：羽毛白色的禽鸟。根据林逋“梅妻鹤子”的趣称，理解为“白鹤”更佳。偷眼：偷偷地窥看。

（5）合：应该。断魂：形容神往，犹指销魂。

（6）狎（xiá）：玩赏，亲近。

（7）檀板：檀木制成的拍板，歌唱或演奏音乐时用以打拍子。这里泛指乐器。金樽：豪华的酒杯，此处指饮酒。

【品悟赏析】

这首名作出自宋初的隐逸诗人林逋，字君复，人称和靖先生，他向往自由恬淡的生活。年近不惑，仍然无妻无子，隐居于杭州西湖之侧。种梅养鹤，自称“以梅为妻，以鹤为子”，他“梅妻鹤子”的浪漫故事千古传诵。这句疏影横斜水清浅，暗香浮动月黄昏，是写梅花的千古名句。

宋·沈括《梦溪笔谈卷十·人事二》记载：“林逋隐居杭州孤山，常畜两鹤，纵之则飞入云霄，盘旋久之，复入笼中。逋常泛小艇，游西湖诸寺。有客至逋所居，则一童子出应门，延客坐，为开笼纵鹤。良久，逋必棹小船而归。盖尝以鹤飞为验也。”林逋养两只鹤，常驾扁舟一叶，遍游西湖寺庙，与高僧品茶论道。家中如有客人来访，小童便放鹤通信，林逋见鹤，便会棹舟归来。看来，这位林君复真乃不食人间烟火之人，可他也曾经写下爱情神作《长相思》，词云：吴山青，越山青。两岸青山相送迎，谁知离别情？君泪盈，妾泪盈。罗带同心结未成，江头潮已平。

可见，林逋之浪漫。

林逋虽然一生不仕，但是名家往来不断，梅尧臣、范仲淹常有拜访。据传，梅尧臣梅曾来拜访，两人于孤山之上，点一堆枯叶，彻夜长谈，诗文唱和，尽兴而归。是为一时佳话！

首联，“众芳摇落独暄妍，占尽风情向小园”，就放手去写自己对梅花的喜爱，丝毫不做掩饰：百花凋零之际，独有你寒风中傲然盛开。整座小园被你风光占尽。表面看是咏梅，其实是作者对自己不趋炎附势、随波逐流，而志向高远、品格高洁的一种自吟。

颔联，“疏影横斜水清浅，暗香浮动月黄昏”，此联写绝了梅花的气质风度：疏影横斜于清浅水中，暗香浮动在月光之下。疏影暗香，真是清新雅致，高标独立，俊逸超凡。诗人于朦胧月色之下，梅影舒淡，突然感受到了梅花的清幽之气暗暗而来，意境静谧隽永，让人沉醉。

写到此处，作者笔尖轻轻一荡，颈联开始侧面渲染：如果寒雀在这里休憩，也会忍不住飞下来偷看你一眼。蝴蝶如果知道了你的风姿，定会消魂失魄。诗人精心择取假托之物，意味深邃，“先偷眼”三字传神已极，画面感极强。

尾联直抒胸臆，“幸有微吟可相狎，不须檀板共金尊。”作者的隐居生活是不需要这些宴饮去增添热度的，只需与鹤对梅、低吟浅唱、幽居深山、自得其乐！这首诗把咏物抒情的手法运用到极致，于雅致中寄托自己的高洁情操，让人见之忘俗，吟之唇齿留香。

（二）

过零丁洋

南宋·文天祥

辛苦遭逢起一经，干戈寥落四周星。
山河破碎风飘絮，身世浮沉雨打萍。
惶恐滩头说惶恐，零丁洋里叹零丁。
人生自古谁无死，留取丹心照汗青。

【作品选注】

（1）零丁洋：零丁洋即“伶丁洋”。现在广东省珠江口外。1278 年底，文天祥率军在广东五坡岭与元军激战，兵败被俘，囚禁船上曾经过零丁洋。

（2）惶恐滩：在今江西省万安县，是赣江中的险滩。1277 年，文天祥在江西被元军打败，所率军队死伤惨重，妻子儿女也被元军俘虏。他经惶恐滩撤到福建。

【品悟赏析】

文天祥（1236—1283），他是南宋宋理宗保佑四年（即公元 1256 年）的状元。曾因草拟诏书有讽权相贾似道被罢官，也曾因抗元军磬家财为军资。1278 年在五坡岭（今广东海丰北）被俘拒降，写《过零丁洋》以明志。并于 1283 年 1 月 9 日于元大都（北京）英勇就义，年仅 47 岁。

自古以来在中国历史上，既有舍身报国的英雄，也有为民请命的志士，而文天祥是二者兼于一身。不仅如此，生在国运衰败的南宋的他，还为我们留下来《指南录》和诗歌等作品，被后世称为“诗史”。

本诗的体裁是一首七言律诗，表现的是慷慨激昂的爱国热情和视死如归的高风亮节，也是中华民族传统价值观“舍身取义”精神的完美体现。

首联回忆科举入仕（做官）后的前四年，运用记叙的表达方式，写到处都是战争的凄苦和无奈；颔联写在国家存亡的关键时刻，个人的身世就像柳絮和浮萍般的漂泊无定，运用了比喻的修辞；颈联用对偶和谐音双关，“惶恐滩”“零丁洋”两个地名似信手拈来，不仅对仗工整语出自然，还巧妙地运用了谐音双关，写自己诚惶诚恐孤苦无依、为国尽忠的情怀，流露出一腔悲愤之情，表现出作为阶下囚的悲凉；尾联顺势一转跳出现实，如黄钟大吕般的清音绕梁，全诗格调陡然一变，“人生自古谁无死，留取丹心照汗青”，用一“照”显得光芒四射英气逼人。据说张宏范（俘获文天祥的元大臣）看到这首诗的尾联时连称“好人！好诗！”。至此文天祥把做人与作诗、人格与诗格完美的统一在了一起，成就了一曲千古绝唱，这首诗也成为流传千古的言志诗。这两句感情激昂，激励和感召无数的仁人志士为正义事业而献身，因而也成为千古名句。

就表达技巧克概括为：记叙、描写、议论、对偶、比喻、双关、借代（汗青代史书）。

本诗的语言风格可概括为：沉郁、悲壮、开拓、豪放、洒脱、高昂。就意境而言，在荒凉冷落的环境中受尽煎熬，凄楚痛苦，也写出了宁死不屈的磅礴气势，最后的两句显其忠心耿耿、高风亮节、正气贯长虹，是古代士人的人格写照。

本诗是一首英雄主义的赞歌，更是一首爱国主义的绝唱。几百年来广泛被后人传诵的名句“人生自古谁无死，留取丹心照汗青”更是激励了一代又一代有志青年投身到保家卫国的滚滚洪流中，他们愿意为国捐躯，他们甘愿以死明志，同时也是作者视死如归、高风亮节的真实写照。他舍生取义的人生观、价值观，不正是孟子倡导的“舍生取义”精神的写照吗？

第三节　仁爱精神

中国传统文化始终强调以人为本，人是宇宙的中心，人是万物之本，这种人本的思想在以孔子为代表的儒家思想中体现比较突出，从孔子的“仁爱”到孟子的“仁政”贯穿其中的一条主线就是——仁者爱人。以人为本的仁爱精神，是中国古代文学中重要的精神价值，也是中华民族精神的重要内容。

第一，以人为本的仁爱精神，首先体现在可歌可泣的生死以之、甘赴国难和报效祖国的爱国主义题材的作品中。尤其在一些英勇报国、有远大政治抱负和理想的诗人身上得到了愈加鲜明的体现。如曹植、李白、杜甫、王昌龄、岑参、刘禹锡、李贺到苏轼、李清照、陆游、辛弃疾、文天祥、秋瑾等诗人的身上，都洋溢着这种热情。

第二，以人为本的仁爱精神还体现在伦理关系中。先秦时期的《诗经》就奠定了中国文学以抒情为主的基本美学特征，包括爱情、友情、亲情在内的各种形式的人类情感成为古代文学题材的重要组成部分。中国古代文学有吟咏性情的抒情传统，它展示出中华文化特有的感性世界，透露出中国文化关注人本身的人文情怀，是古代文学里中国精神的重要部分。

第三，孟子说“老吾老以及人之老，幼吾幼以及人之幼”（《孟子·梁惠王上》），并且进一步把“仁爱”思想推广到人与宇宙万物的关系，提出了“爱物”观念。这就是《易传》所说“君子以厚德载物”，我们应该效法大地有容乃大的品德，以仁爱之心、以宽厚仁德、以包容涵养，去爱护宇宙万物。这种大爱和博爱的思想在曹雪芹《红楼梦》中得到了深刻体现。它展示出中华文化有容乃大的气度和胸怀，也是华夏文明一脉未断的强大生命力的体现！

一、家国天下

（一）

离骚

先秦·屈原

长太息以掩涕兮，哀民生之多艰。余虽好修姱以鞿羁兮，謇朝谇而夕替。
既替余以蕙纕兮，又申之以揽茝。亦余心之所善兮，虽九死其犹未悔。
怨灵脩之浩荡兮，终不察夫民心。众女嫉余之蛾眉兮，谣诼谓余以善淫。
固时俗之工巧兮，偭规矩而改错。背绳墨以追曲兮，竞周容以为度。
忳郁邑余侘傺兮，吾独穷困乎此时也。宁溘死以流亡兮，余不忍为此态也。
鸷鸟之不群兮，自前世而固然。何方圜之能周兮，夫孰异道而相安？
屈心而抑志兮，忍尤而攘诟。伏清白以死直兮，固前圣之所厚。
悔相道之不察兮，延伫乎吾将反。回朕车以复路兮，及行迷之未远。
步余马于兰皋兮，驰椒丘且焉止息。进不入以离尤兮，退将复修吾初服。
制芰荷以为衣兮，集芙蓉以为裳。不吾知其亦已兮，苟余情其信芳。
高余冠之岌岌兮，长余佩之陆离。芳与泽其杂糅兮，唯昭质其犹未亏。
忽反顾以游目兮，将往观乎四荒。佩缤纷其繁饰兮，芳菲菲其弥章。

【作品选注】

（1）修姱：洁净而美好。鞿（jī）羁：自我约束。

（2）谇（suì）：进谏。替：废。

（3）纕（xiāng）：佩带。

（4）浩荡：放荡自恣，不深思熟虑的样子。

（5）偭（miǎn）：面对着，违背。错：通“措”，措施，指先圣之法。

（6）侘（chà）傺（chì）：不得志貌。

（7）溘（kè）：忽然。流亡：随水漂流而去。

(8) 鸷（zhì）鸟：挚鸟，即雎鸠。不群：指不与众鸟同群。
(9) 圜（yuán）：同“圆”。周：合，相合。
(10) 延伫：久立，久留。延，长久。反：同“返”。
(11) 离尤：获罪。离，通“罹”，遭到。
(12) 脩吾初服：指修身洁行。初服，未仕前的服饰，喻指初衷。
(13) 制：裁制。芰（jì）：菱叶。
(14) 岌岌：高耸貌。
(15) 陆离：修长美好貌。
(16) 昭质：光明纯洁的品质。
(17) 缤纷：盛多貌。
(18) 民生：人生。一说人性。
(19) 惩：惧怕。

【品悟赏析】

《离骚》战国时期爱国诗人屈原创作的诗篇，是《楚辞》的代表作，是中国古代诗歌史上最长的一首浪漫主义的政治抒情诗。《离骚》是屈原的代表作，是带有自传性质的一首长篇抒情诗。全诗共三百七十多句，近二千五百字。诗人从自叙身世、品德、理想写起，抒发了自己遭谗被害的苦闷与矛盾，斥责了楚王昏庸、群小猖獗与朝政日非，表现了诗人坚持“美政”理想，抨击黑暗现实，不与邪恶势力同流合污的斗争精神和至死不渝的爱国热情。此诗前半篇反复倾诉诗人对楚国命运和人民生活的关心，表达要求革新政治的愿望，和坚持理想、虽逢灾厄也绝不与邪恶势力妥协的意志；后半篇通过神游天界、追求实现理想和失败后欲以身殉的陈述，反映出诗人热爱国家和人民的思想感情。全诗运用美人香草的比喻、大量的神话传说和丰富的想象，形成绚烂的文采和宏伟的结构，表现出积极的浪漫主义精神，并开创了中国文学史上的“骚体”诗歌形式，对后世产生了深远的影响。其主要注本有东汉王逸的《楚辞章句》、南宋朱熹的《楚辞集注》、清代戴震的《屈原赋注》等。

关于《离骚》的创作年代，司马迁在《史记·太史公自序》里说：“屈原放逐，著《离骚》。”据此则当作于屈原放逐后。今人对此说法不一，有说作于楚怀王时屈原被疏远后，还是作于楚顷襄王时屈原被流放后，有说作于怀王末顷襄王初，有说始作于怀王时而成于顷襄王初，迄无定论。写作时间当在秋天。

关于《离骚》的创作缘由，司马迁在《史记·屈原列传》中引刘安《离骚传》说：“屈平疾王听之不聪也，谗谄之蔽明也，邪曲之害公也，方正之不容也，故忧愁幽思而作《离骚》。”又说：“屈原正道直行，竭忠尽智以事其君，谗人间之，可谓穷矣。信而见疑，忠而被谤，能无怨乎？屈平之作《离骚》，盖自怨生也。”屈原的“忧愁幽思”和怨愤，是和楚国的政治现实紧密联系在一起的。《离骚》就是他根据楚国的政治现实和自己的不平遭遇，“发愤以抒情”而创作的一首政治抒情诗。由于其中曲折尽情地抒写了诗人的身世、思想和境遇，因此也有人把它看作是屈原生活历程的形象记录，称它为诗人的自叙传。

《离骚》为我们塑造了一个高大的抒情主人公形象。首先，他有着突出的外部形象的特征。其次，他具有鲜明的思想性格。第一，他是一位进步的政治改革家，主张法治（“循绳墨而不颇”），主张举贤授能。第二，他主张美政，重视人民的利益和人民的作用，反对统治者的荒淫暴虐和臣子的追逐私利。第三，他追求真理，坚强不屈（“亦余心之所善兮，虽九死其犹未悔”，“虽体解吾犹未变兮，岂余心之可惩”）。这个形象，是中华民族精神的集中体现，两千多年来给了无数仁人志士以品格与行为的示范，也给了他们以力量。

《离骚》的语言是相当美的。首先，大量运用了比喻象征的手法。如以采摘香草喻加强自身修养，佩带香草喻保持修洁等。但诗人的表现手段却比一般的比喻高明得多。如“制芰荷以为衣兮，集芙蓉以为裳。不吾知其亦已兮，苟余情其信芳。”第四句中的“芳”自然由“芰荷”、“芙蓉”而来，是照应前二句的，但它又是用来形容“情”的。所以虽然没有用“如”、“似”、“若”之类字眼，也未加说明，却喻意自明。其次，运用了不少香花、香草的名称来象征性地表现政治的、思想意识方面的比较抽象的概念，不仅使作品含蓄，长于韵味，而且从直觉上增加了作品的色彩美。自屈原以来，“香草美人”就已经成为了高洁人格的象征。

屈原是一位爱美的诗人。他对各种艺术的美，都不以狭隘的功利观加以否定。《九歌》、《招魂》中，处处渲染音乐歌舞的热烈场面和引发的感动。“羌声色之娱人，观者憺兮忘归”，在屈原笔下，是美好的景象。同样，他的诗篇，也喜欢大量铺陈华美的、色泽艳丽的辞藻。他还发展了《诗经》的比兴手法，赋予草木、鱼虫、鸟兽、云霓等种种自然界的事物以人的意志和生命，以寄托自身的思想感情，又增加了诗歌的美质。大体上可以说，中国古代文学中讲究文采，注意华美的流派，最终都可以溯源于屈原。

在诗歌形式上，屈原打破了《诗经》那种以整齐的四言句为主、简短朴素的体制，创造出句式可长可短、篇幅宏大、内涵丰富复杂的“骚体诗”，这也具有极重要的意义。

（二）

从军行（四）

唐・王昌龄

青海长云暗雪山，
孤城遥望玉门关。
黄沙百战穿金甲，
不破楼兰终不还。

【作品选注】

（1）青海：指青海湖，在今青海省。唐朝大将哥舒翰筑城于此，置神威军戍守。长云：层层浓云。雪山：即祁连山，山巅终年积雪，故云。

（2）孤城：即玉门关。玉门关：汉置边关名，在今甘肃敦煌西。一作“雁门关”。

(3) 破：一作“斩”。楼兰：汉时西域国名，即鄯善国，在今新疆维吾尔自治区鄯善县东南一带。西汉时楼兰国王与匈奴勾通，屡次杀害汉朝通西域的使臣。此处泛指唐西北地区常常侵扰边境的少数民族政权。终不还：一作“竟不还”。

【品悟赏析】

早在两千多年前，大思想家、文学家孟子就提出欣赏诗歌的基本方法，即“以意逆志，知人论世”。也就是说要从作品的整体出发，由表及里、由浅入深的理解诗作的主旨，用自己的切身体会去揣测作者的本意；在欣赏的同时，探究作者的生平和为人。全面了解他所处的环境时代，从而了解作者要表达的思想感情。

下面就《从军行》(四) 一诗从表达技巧、语言意境和思想感情三个方面进行简要分析。

首先我们要知道“从军行”三个字的意思就是，跟从部队行军。那么题目就告诉我们作者王昌龄（698—757）是以随军将领或随军记者的身份（姑且这样说）直接参与了战争。本诗创作于盛唐时期，唐玄宗四处开拓疆土，作为文人的王昌龄也想建功立，并亲身经历了宏大激烈的战争场面，一口气写下了“从军行”一组七首诗。从此他开创了一个新的诗歌流派叫“边塞诗派”，并最终赢得了两个名号“七绝圣手”和“诗家天子”。

本诗从表表达技巧属于七言绝句，看“七绝圣手”是如何描写战争呢？前两句用正面描写景物的方法，借景抒情并用渲染和烘托铺陈开来，这里有青海湖、有层层叠叠的长云之暗、有雪山（祁连山），还有内地与西北边地的分界玉门关。既写出了宏大的战争场面，也写出了生活的艰苦、孤寂，同时也十分悲壮，山与云俱可以“遥望”，而站在玉门关上望几千里之外的青海湖，只能说是用了夸张和想象的手法。后两句描写的是雄浑开阔的战争场面，直抒胸臆，用“百战”写战争频繁，用“黄沙”写战争特征，在大漠风沙和硝烟中，战士们是“穿金（磨破）甲”。可想而知，金甲磨破也消磨不了战士们的报国壮志。相反这些身经百战的将士，他们的意志更加坚定。“终不还”表明他们矢志不渝，胜似一万句的豪言壮语。

因此，表达技巧可概括为：借景抒情与直抒胸臆，渲染与烘托以及想象与夸张。

再说本诗的意境和语言：大气、磅礴、笔力雄健、悲壮豪迈、苍凉雄浑。本诗意境开阔，语言饱满圆润、蕴藉，音调婉转和谐，耐人寻味。

本诗思想感情比较好理解，具有边塞诗人之称的王昌龄与岑参（《白雪歌送武判官归京》的作者）高适（《燕歌行》的作者）代表着当时边塞诗的最高水平，开元十三年（公元 725 年），只有 27 岁的王昌龄开始漫游西北边地，有了较深的边塞体验后创作了大量的边塞诗，他的诗既有对边塞风光及战争场面的细致描写，同时又能捕捉到将士细腻的内心世界。

本诗通过宏大的战争场面的描写，表现唐代将士杀敌报国、矢志不渝的雄心壮志。

（三）

春望

唐·杜甫

国破山河在，城春草木深。
感时花溅泪，恨别鸟惊心。
烽火连三月，家书抵万金。
白头搔更短，浑欲不胜簪。

【作品选注】

（1）国：国都，指长安（今陕西西安）。破：陷落。山河在：旧日的山河仍然存在。

（2）城：长安城。草木深：指人烟稀少。

（3）感时：为国家的时局而感伤。溅泪：流泪。

（4）恨别：怅恨离别。

（5）烽火：古时边防报警的烟火，这里指安史之乱的战火。三月：正月、二月、三月。

（6）抵：值，相当。

（7）白头：这里指白头发。搔：用手指轻轻地抓。

（8）浑：简直。欲：想，要，就要。不胜：受不住，不能。簪：一种束发的首饰。古代男子蓄长发，成年后束发于头顶，用簪子横插住，以免散开。

【品悟赏析】

唐玄宗天宝十四年（公元755年）十一月，安禄山起兵叛唐。次年六月，叛军攻陷潼关，唐玄宗匆忙逃往四川。七月，太子李亨于灵武（今属宁夏）继位，是为唐肃宗，改元至德。杜甫闻讯，即将家属安顿在鄜州，只身一人投奔肃宗朝廷，结果不幸在途中被叛军俘获，解送至长安，后因官职卑微才未被囚禁。唐肃宗至德二年（公元757年）春，身处沦陷区的杜甫目睹了长安城一片萧条零落的景象，百感交集，便写下了这首传诵千古的名作。

诗前四句写春日长安凄惨破败的景象，饱含着兴衰感慨；后四句写诗人挂念亲人、心系国事的情怀，充溢着凄苦哀思。全诗格律严整，颔联分别以“感时花溅泪“应首联国破之叹，以“恨别鸟惊心”应颈联思家之忧，尾联则强调忧思之深导致发白而稀疏，对仗精巧，声情悲壮。

“国破山河在，城春草木深。”诗篇一开头便描写了春望所见：山河依旧，可是国都已经沦陷，城池也在战火中残破不堪了，乱草丛生，林木荒芜。诗人记忆中昔日长安的春天是何等的繁华，鸟语花香，飞絮弥漫，烟柳明媚，游人迤逦，可是那种景象今日已经荡然无存了。一个“破”字使人怵目惊心，继而一个“深”字又令人满目凄然。诗人写今日景物，实为抒发人去物非的历史感，将感情寄寓于物，借助景物反托情感，为全诗创造了一片荒凉凄惨的气氛。

"国破"和"城春"两个截然相反的意象，同时存在并形成强烈的反差。"城春"当指春天花草树木繁盛茂密，烟景明丽的季节，可是由于"国破"，国家衰败，国都沦陷而失去了春天的光彩，留下的只是断垣残壁，只是"草木深"。"草木深"三字意味深沉，表示长安城里已不再是市容整洁、井然有序了，而是荒芜破败，人烟稀少，草木杂生。这里，诗人睹物伤感，表现了强烈的黍离之悲。

"感时花溅泪，恨别鸟惊心。"花无情而有泪，鸟无恨而惊心，花鸟是因人而具有了怨恨之情。春天的花儿原本娇艳明媚，香气迷人；春天的鸟儿应该欢呼雀跃，唱着委婉悦耳的歌声，给人以愉悦。"感时"、"恨别"都浓聚着杜甫因时伤怀，苦闷沉痛的忧愁。这两句的含意可以这样理解：我感于战败的时局，看到花开而潸然泪下；我内心惆怅怨恨，听到鸟鸣而心惊胆战。人内心痛苦，遇到乐景，反而引发更多的痛苦，就如"昔我往矣，杨柳依依；今我来思，雨雪霏霏"那样。杜甫继承了这种以乐景表现哀情的艺术手法，并赋予更深厚的情感，获得更为浓郁的艺术效果。诗人痛感国破家亡的苦恨，越是美好的景象，越会增添内心的伤痛。这联通过景物描写，借景生情，移情于物。表现了诗人忧伤国事，思念家人的深沉感情。

"烽火连三月，家书抵万金。"诗人想到：战火已经连续不断地进行了一个春天，仍然没有结束。唐玄宗都被迫逃亡蜀地，唐肃宗刚刚继位，但是官军暂时还没有获得有利形势，至今还未能收复西京，看来这场战争还不知道要持续多久。又想起自己流落被俘，扣留在敌军营，好久没有妻儿的音信，他们生死未卜，也不知道怎么样了。要能得到封家书该多好啊。"家书抵万金"，含有多少辛酸、多少期盼，反映了诗人在消息隔绝、久盼音讯不至时的迫切心情。战争是一封家书胜过"万金"的真正原因，这也是所有受战争迫害的人民的共同心理，反映出广大人民反对战争，期望和平安的美好愿望，很自然地使人产生共鸣。

"白头搔更短，浑欲不胜簪。"烽火连月，家书不至，国愁家忧齐上心头，内忧外患纠缠难解。眼前一片惨戚景象，内心焦虑至极，极无聊赖时刻，搔首徘徊，意志踌躇，青丝变成白发。自离家以来一直在战乱中奔波流浪，而又身陷于长安数月，头发更为稀疏，用手搔发，顿觉稀少短浅，简直连发簪也插不住了。诗人由国破家亡、战乱分离写到自己的衰老。"白发"是愁出来的，"搔"欲解愁而愁更愁。头发白了、疏了，从头发的变化，使读者感到诗人内心的痛苦和愁怨，读者更加体会到诗人伤时忧国、思念家人的真切形象，这是一个感人至深、完整丰满的艺术形象。

这首诗全篇情景交融，感情深沉，而又含蓄凝练，言简意赅，充分体现了"沉郁顿挫"的艺术风格。且这首诗结构紧凑，围绕"望"字展开，前四句借景抒情，情景结合。诗人由登高望远到焦点式的透视，由远及近，感情由弱到强，就在这感情和景色的交叉转换中含蓄地传达出诗人的感叹忧愤。由开篇描绘国都萧索的景色，到眼观春花而泪流，耳闻鸟鸣而怨恨；再写战事持续了很久，以致于家里音信全无，最后写到自己的哀怨和衰老，环环相生、层层递进，创造了一个能够引发人们共鸣、深思的境界。表现了在典型的时代背景下所生成的典型感受，反映了同时代的人们热爱国家、期待和平的美好愿望，表达了大家一致的内在心声。也展示出诗人忧国忧民、感时伤怀的高尚情感。

（四）

苏武牧羊

汉 · 班固

卫律知武终不可胁，白单于。单于愈益欲降之，乃幽武，置大窖中，绝不饮食。天雨雪，武卧齧雪，与毡毛并咽之，数日不死。匈奴以为神，乃徙武北海上无人处，使牧羝，羝乳，乃得归。别其官属常惠等，各置他所。

武既至海上，廪食不至，掘野鼠，去草实而食之。杖汉节牧羊，卧起操持，节旄尽落。

【作品选注】

（1）羝：公羊。

（2）廪食：公家供应的粮食。苏武作为汉朝的使臣，匈奴理应供给吃的用的。

（3）啮：嚼

（4）徙：迁移

【品悟赏析】

苏武（前140–前60年），字子卿，汉族，杜陵（今陕西西安东南）人，西汉大臣。武帝时为郎。

苏武牧羊讲的是苏武在天汉元年（公元前100年）奉命以中郎将持节出使匈奴，被扣留。匈奴贵族多次威胁利诱，欲使其投降；后将他迁到北海边牧羊，扬言要公羊生子方可释放他回国。苏武历尽艰辛，留居匈奴十九年持节不屈。至始元六年（公元前81年），方获释回汉。苏武去世后，汉宣帝将其列为麒麟阁十一功臣之一，彰显其节操。

2000多年前的汉朝，广阔的北方草原，一队凶神恶煞的匈奴卫兵注视着面前这个伤痕累累、却气宇轩昂的男子，只见这男子指着对面劝降之人，大骂："你泯丧气节，玷污使命，即便活着，还有啥脸面回到汉廷去?"说着，拔剑刺向小腹。面前劝降的人，名叫卫律，吓懵了，急召大夫。大夫医术高超：在地上挖个坑，在坑里中点把火；让自戕之人脸冲下，往坑上一横，然后猛踩他的后背。一时间，腹中淤血尽出，本已断气的俘虏又活了过来！他就是苏武。

卫律劝降不成，报告给单于。苏武被囚禁。之后，他经历了最黑暗的三重折磨：

第一重，单于把苏武囚禁起来，放在大地穴里面，断绝供应，不给吃喝。大雪纷飞，苏武嚼毡和雪充饥，竟几日不死；

第二重，苏武被迁北海，这里杳无人烟，让他放牧公羊，他们说：公羊生了小羊才能回来。迁移北海后，粮食克扣，苏武无奈，只得掘野鼠、收草实来吃。他依旧拄着汉朝的旄节牧羊，不失大汉使节风度，就连睡觉、起来都拿着，直到系在节上的牦牛尾毛全部脱尽了。

第三重，五、六年后，单于的弟弟於靬王器重苏武，供给衣食。三年后，於靬王病重，王死后，他的部下也都迁离。这年冬天，丁令部落盗去了苏武所有牛羊，苏武又陷入穷困。

每每读到“仗汉节牧羊，卧起操持，节旄尽落。”不禁动容！汉节代表的汉庭，代表的是自己的祖国，苏武有着“威武不能屈”的操守，坚贞不屈的民族气节，对自己的祖国有着最深沉的爱，对于国家有着最严肃的责任感，这篇人物传记，班固倾注心力，写的明白晓畅、生动活泼、感人至深。作品塑造了一个富贵不能淫，威武不能屈，饥寒压不倒，私情无所动的坚定爱国者的形象。

学习作品的现实意义是教育更多的人要积极面对生活，忠于国家，努力工作，积极克服困难，实现人生的理想和抱负。生活在新时代，更要对祖国的强盛充满信心，要捍卫祖国的尊严，为国家民族的伟大复兴贡献力量。

（五）

满江红·小住京华

清·秋瑾

小住京华，早又是，中秋佳节。为篱下，黄花开遍，秋容如拭。四面歌残终破楚，八年风味徒思浙。苦将侬，强派作蛾眉，殊未屑！

身不得，男儿列。心却比，男儿烈！算平生肝胆，因人常热。俗子胸襟谁识我？英雄末路当磨折。莽红尘，何处觅知音？青衫湿！

【作品选注】

（1）四面歌残终破楚：列强逼近，中国前途危殆。此处用《史记·项羽本纪》“夜闻汉军四面皆楚歌，项王乃大惊”故事。

（2）八年风味徒思浙：八年来空想着故乡浙江的风味。八年，作者光绪二十二年（1896）在湖南结婚，到作词时恰好八年。徒，空，徒然。

（3）因人常热：为别人而屡屡激动。热，激动。

（4）青衫湿：失意伤心。用唐白居易《琵琶行》“座中泣下谁最多？江州司马青衫湿”诗义。青衫，唐代文官八品、九品服以青，为官职最低的服色。

【品悟赏析】

秋瑾十八岁时，嫁给了湖南人王廷钧。1898 年，秋瑾跟随丈夫到了北京，在寓京期间，她接受了新思想、新文化，并在当时的革命形势影响下，立志要挽救国家民族的危亡，要求妇女独立与解放。时值八国联军入侵后不久，她目睹民族危机的深重和清政府的腐败，决心献身救国事业，而其丈夫却无心国事。中秋节，秋瑾与丈夫发生冲突，离家出走，下决心冲破家庭牢笼，投身革命，不久便东渡日本留学。这首词是秋瑾在光绪二十九年（1903）中秋节的述怀之作。每每读起这首词便为秋瑾那种强烈的民族责任感、顽强的意志、坚定的信念、强大的勇气所折服。“中华儿女多奇志，不爱红装爱武装”，用这两句诗来形容秋瑾是可以的，但我又认为这两句诗分量太轻了，秋瑾是一团大火烈焰，是要让日月换新天的，而这两句诗过于温和。

“小住京华，早又是中秋佳节。”此时的秋瑾随丈夫携家带口来京已有些年头，但在她看来北京对她来讲只是“小住”，“小住”即短住，我们不难看出在词人内心并未把京城当作安身之处，为什么呢？因为词人内心有一个坚定的信念——通过革命挽救国家民族，但丈夫并不支持她。当秋瑾当面称赞谭嗣同为国为民，舍生忘死的时候，她的丈夫却大骂谭嗣同是中华乱党、士林败类。两人互不相让，差点吵了起来。所以，词人知道想实现自己的理想信念，只能离开，这个家是不能“长住”的，也就解释了词人为何将不短的几年时间称为“小住”。“又”一字寄托词人对时光流逝的感慨。今年的中秋节又到了，“逝者如斯夫，不舍昼夜”，但我的理想却仍然没有实现，为什么呢？在我看来词人有阻力，阻力来自自己的丈夫，来自自己这个封建家庭。丈夫王廷钧苦将词人“强派作蛾眉”，所以在时光流逝中我们又能感受到词人长期被压制的无奈与不平之情。“为篱下黄花开遍，秋容如拭。”此句写景，篱笆下的菊花都已盛开，秋色明净，就像刚刚擦洗过一般。“秋容如拭”四字新颖别致，景是美的，词人此时冲破家庭牢笼后的怡然自得的心情可见一斑。“四面歌残终破楚，八年风味徒思浙。”“四面歌残”大处着笔，写当时国家的形势危急，恰如其分，又见词人忧国之心；“终破楚”小处着笔，写自己久困夫家，最终决裂、出走的局面，须体会词人如释重负的轻松之情。“八年风味徒思浙”，八年来空想着故乡浙江的风味，若是婚后生活幸福如意又何必苦苦思念着故乡呢！“苦将侬强派作蛾眉，殊未屑！”此句就真实写出了词人当时在王家的生活。他们苦苦地想让我做一个贵妇人，其实，我是多么的不屑啊！“峨眉”指女子细长而略弯的眉毛，此处应指代女子。丈夫王廷钧只想让她过着贵妇人的生活，老老实实相夫教子。但这种生活怎会是词人想要的生活呢！对于这种生活词人态度很明确“殊未屑”，这种生活词人不留恋，相反还加以蔑视，因为在词人看来这种生活实则奴仆不如！词的上阕反映了词人婚后八年平庸生活与斗争心理，亦有对国家命运的担忧。

“身不得，男儿列，心却比，男儿烈。”铿锵有力、掷地有声、豪气干云！此句一出羞杀多少男儿！可做此想，今生我虽然身子不在男儿的行列，但是我的心，要比男子的心还要刚烈。而你，王廷钧呢，虽为男儿身，却不做男儿事！此句将词人不甘因女子身份而安于现状的巾帼英雄情怀表现得淋漓尽致！正是上接“苦将侬强派作蛾眉，殊未屑！”这两句进一步的思想发展。紧接着表明她是一个“算平生肝胆，因人常热”的富有感情的人，但不幸偏遇着这么一个庸夫俗子的丈夫。难怪词人紧接着发出感叹“俗子胸襟谁识我？”很快词人自己给出答案“英雄末路当磨折”，写出自己理想抱负不为一般人理解，自问自答中写出了词人遭遇挫折和磨难时的豪爽胸襟。“莽红尘何处觅知音？青衫湿！”此句借白居易《琵琶行》中“座中泣下谁最多？江州司马青衫湿”，抒发了知音难觅的孤独、失意之情，也真实反映了词人刚走上革命道路的担心与忧虑。词的下阕词人的情感由慷慨激昂到知音难觅的悲叹，层层推进，将一个“梦醒后无路可走”的女词人形象活画了出来。

二、劬劳之恩

（一）

蓼莪

《诗经·小雅》

蓼蓼者莪，匪莪伊蒿；哀哀父母，生我劬劳。

蓼蓼者莪，匪莪伊蔚；哀哀父母，生我劳瘁。

瓶之罄矣，维罍之耻。鲜民之生，不如死之久矣！

无父何怙？无母何恃？出则衔恤，入则靡至。

父兮生我，母兮鞠我。拊我畜我，长我育我，顾我复我，出入腹我。

欲报之德。昊天罔极！

南山烈烈，飘风发发。民莫不穀，我独何害？

南山律律，飘风弗弗。民莫不穀，我独不卒！

【作品选注】

（1）蓼（lù）蓼：长又大的样子。莪（é）：一种草，即莪蒿。李时珍《本草纲目》："莪抱根丛生，俗谓之抱娘蒿。"

（2）匪：同"非"。伊：是。

（3）劬（qú）劳：与下章"劳瘁"皆劳累之意。

（4）蔚（wèi）：一种草，即牡蒿。

（5）罍（léi）：盛水器具。

（6）鲜（xiǎn）：指寡、孤。民：人。

（7）怙（hù）：依靠。

（8）衔恤：含忧。

（9）鞠：养。

（10）拊：通"抚"。畜：通"慉"，喜爱。

（11）顾：顾念。复：返回，指不忍离去。

（12）腹：指怀抱。

（13）昊（hào）天：广大的天。罔：无。极：准则。

（14）烈烈：通"颲颲"，山风大的样子。

（15）飘风：同"飙风"。发发：读如"拨拨"，风声。

（16）谷：善。

（17）律律：同"烈烈"。

（18）弗弗：同"发发"。

（19）卒：终，指养老送终。

【品悟赏析】

岁月如同书写的墨笔，在勤勤恳恳写完地几千年篇章里，写出了观念的萌芽，写出了时代的更替，写出了数不尽的风云之事，生死别离，却唯独在写某一部分时，显得格外的小心翼翼，这一处，写的是亲情的点点滴滴。

父亲的严爱不曾改变，母亲的慈爱依旧温暖。

中国人有着最朴素，最真挚的孝亲之心，家人如同一个避港，停靠着新生的人，成年的人。权贵在此无心思，富贵在此不能淫。亲情的力量最能安人心神，这种先天的道理使得华夏儿女在做人时，时刻遵守这个根本。

乌鸦尚且反哺，更何况我们人呢。

父母就是我们的印记，深深地印刻在我们的心里，这将我们的人性时刻维护，表达出我们最真诚的情意，不论我们子女在做何事，去往哪里，侍奉父母的初心，时刻都不能忘记。

儿时的咿咿呀呀，父母给予我们最无私的童话，面对的我们是肺腑的欢笑，唯独隐藏起他们疲惫里的辛劳；成长的磕磕绊绊，父母给予我们最明亮的温暖，抱着我们的怀抱是无比的安宁，唯独不说出他们后背遭受的痛病。

你们送予我们无价的生命，你们放弃了青春里肆意的身影，可你们不曾后悔，面对我们的神色是无比的深情；努力地教会我们人生的道理，即便你们自己可能目不识丁；忘我地挥洒身上的血汗，只为了给我们提供读书的环境；彼时的年轻男女，把一切都付出给了他们的子女。

子女终于长大，家中的父母，就是我们最深的牵挂，终于拥有了足够的能力，把我的寸草之心，奉献给他和她，可为何苍天不公，这样把我戏耍……

成材的我万里求来了莪蒿，打算告诉您们，我最真心的孝道，可苍天一时蒙蔽了我的双眼，骗我带回的是一把把的杜蒿和蔚草。我安心地享受你们温暖的怀抱，居然不能察觉你们如此的辛劳；我大口地享受你们甜美的食物，却不知你们已经积攒一生的疾苦；我已经准备一切最真诚的回报，你们却不予我一个机会，先行踏上了奈何桥！

有水的瓶子终于倒地，汲水的罍具终究无水可汲，不能赡养父母的子女啊，我们应该以此为耻。失去父母的我已经孤苦无依，一个人偷生在这世上，不如追寻那死亡的真谛；失去父母的我已经无依无靠，远走在外也是心怀悲伤，那所谓的回家，也是满目的空荡荡。

生儿育女的你们予我关怀疼爱，含辛茹苦的你们培育我要成才，我无比地想报答你们爱我的恩德，可老天不降福气，降下了这样的灾祸。

我向南山诉苦，我向狂风悲歌，别人都能赡养的能力，为何偏偏祸害我？我只想穷尽我这一生，赡养父母到最终……

古人的世界，不只是有步步高升的官场，征战边疆的锋芒。这被清人方玉润称为“千古孝思绝作”的《蓼莪》，正是孝顺篇里的绝唱。“正小雅，燕飨之乐也”，而将其放于“雅”篇，更显古人对孝亲之德的尊敬与神往。

最真的情意往往唤醒人心深处，《蓼莪》里赋比兴的回环往复，进一步传递孤子哀伤，无法赡养的痛苦。以致王裒，顾欢等后人深读其意，无不“三复流涕”“执书恸泣”。

真情总是表现在细微最深，即便是浮夸的言语，也无法说出情意三分，而此中的“抱恨独深”，一字一句里都是乱人心神，怒吼着属于一个人，一群人的“孝子之恨”。

（二）

祭十二郎文

唐·韩愈

年、月、日，季父愈闻汝丧之七日，乃能衔哀致诚，使建中远具时羞之奠，告汝十二郎之灵：

呜呼！吾少孤，及长，不省所怙，惟兄嫂是依。中年，兄殁南方，吾与汝俱幼，从嫂归葬河阳。既又与汝就食江南。零丁孤苦，未尝一日相离也。吾上有三兄，皆不幸早世。承先人后者，在孙惟汝，在子惟吾。两世一身，形单影只。嫂尝抚汝指吾而言曰：“韩氏两世，惟此而已！”汝时尤小，当不复记忆。吾时虽能记忆，亦未知其言之悲也。

吾年十九，始来京城。其后四年，而归视汝。又四年，吾往河阳省坟墓，遇汝从嫂丧来葬。又二年，吾佐董丞相于汴州，汝来省吾。止一岁，请归取其孥。明年，丞相薨。吾去汴州，汝不果来。是年，吾佐戎徐州，使取汝者始行，吾又罢去，汝又不果来。吾念汝从于东，东亦客也，不可以久。图久远者，莫如西归，将成家而致汝。呜呼！孰谓汝遽去吾而殁乎！吾与汝俱少年，以为虽暂相别，终当久相与处，故舍汝而旅食京师，以求斗斛之禄。诚知其如此，虽万乘之公相，吾不以一日辍汝而就也。

去年，孟东野往。吾书与汝曰：“吾年未四十，而视茫茫，而发苍苍，而齿牙动摇。念诸父与诸兄，皆康强而早逝。如吾之衰者，其能久存乎？吾不可去，汝不肯来，恐旦暮死，而汝抱无涯之戚也！”孰谓少者殁而长者存，强者夭而病者全乎！

呜呼！其信然邪？其梦邪？其传之非其真邪？信也，吾兄之盛德而夭其嗣乎？汝之纯明而不克蒙其泽乎？少者、强者而夭殁，长者、衰者而存全乎？未可以为信也。梦也，传之非其真也，东野之书，耿兰之报，何为而在吾侧也？呜呼！其信然矣！吾兄之盛德而夭其嗣矣！汝之纯明宜业其家者，不克蒙其泽矣！所谓天者诚难测，而神者诚难明矣！所谓理者不可推，而寿者不可知矣！

虽然，吾自今年来，苍苍者或化而为白矣，动摇者或脱而落矣。毛血日益衰，志气日益微，几何不从汝而死也。死而有知，其几何离；其无知，悲不几时，而不悲者无穷期矣。

汝之子始十岁，吾之子始五岁。少而强者不可保，如此孩提者，又可冀其成立邪！呜呼哀哉！呜呼哀哉！

汝去年书云：“比得软脚病，往往而剧。”吾曰：“是疾也，江南之人，常常有之。”未始以为忧也。呜呼！其竟以此而殒其生乎？抑别有疾而至斯乎？汝之书，六月十七日也。东野云，汝殁以六月二日；耿兰之报无月日。盖东野之使者，不知问家人以月日；如耿兰之报，不知当言月日。东野与吾书，乃问使者，使者妄称以应之耳。其然乎？其不然乎？

今吾使建中祭汝，吊汝之孤与汝之乳母。彼有食，可守以待终丧，则待终丧而取以来；如不能守以终丧，则遂取以来。其余奴婢，并令守汝丧。吾力能改葬，终葬汝于先人之兆，然后惟其所愿。

呜呼！汝病吾不知时，汝殁吾不知日，生不能相养于共居，殁不能抚汝以尽哀，敛不凭其棺，窆不临其穴。吾行负神明，而使汝夭；不孝不慈，而不能与汝相养以生，相守以死。一在天之涯，一在地之角，生而影不与吾形相依，死而魂不与吾梦相接。吾实为之，其又何尤！彼苍者天，曷其有极！自今已往，吾其无意于人世矣！当求数顷之田于伊颍之上，以待馀年，教吾子与汝子，幸其成；长吾女与汝女，待其嫁，如此而已。

呜呼！言有穷而情不可终，汝其知也邪！其不知也邪！呜呼哀哉！尚飨！

入京使：进京的使者。

故园：指长安和自己在长安的家。漫漫：形容路途十分遥远。

龙钟：涕泪淋漓的样子。卞和《退怨之歌》："空山歔欷泪龙钟。"这里是沾湿的意思。

凭：托，烦，请。传语：捎口信。

【作品选注】

(1)"年、月、日"：此为拟稿时原样。《文苑英华》作"贞元十九年五月廿六日"；但祭文中说十二郎在"六月十七日"曾写信给韩愈，"五"字当误。

(2)怙（hù）：《诗经·小雅·蓼莪》："无父何怙，无母何恃。"后世因用"怙"代父，"恃"代母。失父曰失怙，失母曰失恃。

(3)就食江南：唐德宗建中二年（781 年），北方藩镇李希烈反叛，中原局势动荡。韩愈随嫂迁家避居宣州（今安徽宣城）。因韩氏在宣州置有田宅别业。

(4)吾上有三兄：三兄指韩会、韩介，还有一位死时尚幼，未及命名，一说：吾，我们，即韩愈和十二郎。三兄指自己的两个哥哥和十二郎的哥哥韩百川（韩介的长子）。

(5)遇汝从嫂丧来葬：韩愈嫂子郑氏卒于元贞元九年（793 年），韩愈有《祭郑夫人文》。贞元十一年，韩愈往河阳祖坟扫墓，与奉其母郑氏灵柩来河阳安葬的十二郎相遇。

(6)取其孥（nú）：把家眷接来。孥，妻和子的统称。

(7)孰谓：谁料到。遽（jù）：骤然。

(8)无涯之戚：无穷的悲伤。涯，边。戚，忧伤。

(9)吾之子始五岁：指韩愈长子韩昶，贞元十五年（799 年）韩愈居符离集时所生，小名曰符。

(10)比（bì）：近来。软脚病：即脚气病。

(11)抚汝以尽哀：指抚尸恸哭。

(12)窆（biǎn）：下棺入土。

（13）彼苍者天，曷其有极：意谓你青苍的上天啊，我的痛苦哪有尽头啊。

（14）长（zhǎng）：用如动词，养育之意。

（15）尚飨：古代祭文结语用辞，意为希望死者享用祭品。尚，庶几，表示希望。

【品悟赏析】

这篇散文是唐代文学家韩愈对其侄十二郎所写的祭文。韩愈行文不求铺张，但在叙事中却蕴含深情，感人肺腑。《古文观止》评论说：“情之至者，自然流为至文。读此等文，须想其一面哭，一面写，字字是血，字字是泪。未尝有意为文，而文无不工。”苏轼说：“读韩退之《祭十二郎文》而不堕泪者，其人必不友。”

韩愈为何会对自己的侄儿如此情深？韩愈三岁时就死了父亲，由兄嫂抚养长大。长兄韩会无子，次兄韩介有子韩老成，在族中同辈排行十二，故称十二郎。按封建社会的规矩，十二郎过继给韩会为子，因此韩愈与十二郎自幼相守，感情深厚，虽为叔侄，却情同手足。韩愈仕途不顺，二十五岁中进士，步入仕途，又触犯权贵，多次遭贬，因宦海奔波而很少与十二郎再见面。后韩愈仕途好转，叔侄二人能够相聚之时，突然传来十二郎病亡的噩耗，悲痛欲绝，悲悲切切写下这篇祭文。

这篇祭文是唐宋散文的典范之作。首尾呼应，哀起哀终；寓情于事，韩愈深挚的情，融入平常的琐事中，出自肺腑，催人泪下，如“孰谓汝遽去吾而殁乎！诚知其如此，虽万乘之公相，吾不以一日辍汝而就也”，叙事抒情达到了完美的统一，体现了散文气脉中贯、散而不乱的特点。言之有事，以事显情，寓情于事，这正是韩愈古文运动的主张；语气贯通，行文时，作者感情不断积蓄，到达情感高潮后，就直抒胸臆，不矫揉造作。如“其信然邪？其梦邪？其传之非其真邪？”步步深入，层层否定，表现了意外震惊的情绪；文章却以“汝”“吾”相称，诉说感极强，像是两人对面而话，这显示了两人关系密切、感情深厚，骨肉之情、刻骨铭心。当然，韩愈除了哀痛十二郎之死外，还寄予了自己少年孤苦、人丁不兴、仕途不顺的悲痛。

自古孝悌之义和家国之忠不能两全，人面临两难选择的时候，往往会空前的孤独和无助，两难中，韩愈获得了生命的顿悟，获得了人生的觉醒。历史上有很多伟大的灵魂也如韩愈一样，在困境在痛楚中依然选择了担当和责任。这也许是这篇祭文给我们的另外的启示。

（三）

项脊轩志

明·归有光

项脊轩，旧南阁子也。室仅方丈，可容一人居。百年老屋，尘泥渗漉，雨泽下注；每移案，顾视无可置者。又北向，不能得日，日过午已昏。余稍为修葺，使不上漏。前辟四窗，垣墙周庭，以当南日，日影反照，室始洞然。又杂植兰桂竹木于庭，旧时栏楯，亦遂增胜。借书满架，偃仰啸歌，冥然兀坐，万籁有声；而庭阶寂

寂，小鸟时来啄食，人至不去。三五之夜，明月半墙，桂影斑驳，风移影动，珊珊可爱。(阶寂寂一作：堦寂寂)

然余居于此，多可喜，亦多可悲。先是，庭中通南北为一。迨诸父异爨，内外多置小门墙，往往而是，东犬西吠，客逾庖而宴，鸡栖于厅。庭中始为篱，已为墙，凡再变矣。家有老妪，尝居于此。妪，先大母婢也，乳二世，先妣抚之甚厚。室西连于中闺，先妣尝一至。妪每谓余曰："某所，而母立于兹。"妪又曰："汝姊在吾怀，呱呱而泣；娘以指叩门扉曰：'儿寒乎？欲食乎？'吾从板外相为应答。"语未毕，余泣，妪亦泣。余自束发读书轩中，一日，大母过余曰："吾儿，久不见若影，何竟日默默在此，大类女郎也？"比去，以手阖门，自语曰："吾家读书久不效，儿之成，则可待乎！"顷之，持一象笏至，曰："此吾祖太常公宣德间执此以朝，他日汝当用之！"瞻顾遗迹，如在昨日，令人长号不自禁。

轩东故尝为厨，人往，从轩前过。余扃牖而居，久之，能以足音辨人。轩凡四遭火，得不焚，殆有神护者。项脊生曰："蜀清守丹穴，利甲天下，其后秦皇帝筑女怀清台；刘玄德与曹操争天下，诸葛孔明起陇中。方二人之昧昧于一隅也，世何足以知之，余区区处败屋中，方扬眉、瞬目，谓有奇景。人知之者，其谓与坎井之蛙何异？"

余既为此志，后五年，吾妻来归，时至轩中，从余问古事，或凭几学书。吾妻归宁，述诸小妹语曰："闻姊家有阁子，且何谓阁子也？"其后六年，吾妻死，室坏不修。其后二年，余久卧病无聊，乃使人复葺南阁子，其制稍异于前。然自后余多在外，不常居。

庭有枇杷树，吾妻死之年所手植也，今已亭亭如盖矣。

【作品选注】

(1) 轩：窗，引申为有窗的小室。

(2) 尘泥渗漉：渗，透过。漉，漏下。

(3) 雨泽下注：下，往下。雨泽：雨水。

(4) 不能得日：得日，照到阳光。

(5) 垣墙周庭：周庭，把院子四周围住。

(6) 万籁有声：一切声音都能听到。籁，孔穴。

(7) 凡再变矣：凡，总共。再，两次。

(8) 束发：15 岁。古人以 15 岁为成童之年，把头发束起盘到头顶上，谓之束发。

(9) 竟日：一天到晚。竟，从头到尾。

(10) 迨（dài）诸父异爨（cuàn）：等到伯、叔们分了家。迨，及、等到。诸父，伯父、叔父的统称。异爨，不同用一个灶头，意思是分了家。

(12) 逾庖而宴：越过厨房而去吃饭。

(13) 扃（jiōng）牖（yǒu）：扃，关闭。牖，窗户。

(14) 冥然兀坐：静静地独自端坐。

【品悟赏析】

《项脊轩志》是明代文学家归有光所作的一篇回忆性记事散文。文章书斋项脊轩为线，以归家的人事变迁为背景，真切再现了祖母、母亲、妻子的音容笑貌，也表达了作者对于三位已故亲人的深沉怀念。文章语言自然流畅，笔调清雅，情深义重，让人回味无穷。

据史料记载，归有光“九岁能属文，弱冠尽通《五经》《三史》诸书，师事同邑魏校。”这对归氏家族来说是莫大的希望，他们都认为归有光能够而且应该承担实现重振归家的梦想。

文章一开头描写了项脊轩，项脊轩是一个百年老屋。每次下雨，屋顶墙上的泥土从上边漏下来，积聚的流水一直往下淌，甚至连安置桌案的地方都没有。室内照不到太阳，每天一过中午屋里就很昏暗。这说明归家早已家道中落。

作者进行了一番修葺，旁边种上花草树木，又借来书籍满架，于是时卧时起，长啸高歌，或者静静地端坐，种种声音都能听到。作者有了惊喜的发现：庭院的台阶上静悄悄的，小鸟时时来啄食。每至月圆，华光洒满半面墙壁，桂影婆娑，映在墙上，一阵风来，袅袅婷婷，暗香拂面。书屋带给归有光无穷的乐趣和诗意。

然而并非只有这些，作者写道“迨诸父异爨，内外多置小门，墙往往而是。东犬西吠，客逾庖而宴，鸡栖于厅。庭中始为篱，已为墙，凡再变矣。”归家因为分家而轰然倒塌，兄弟阋于墙。

但是在这个破败的地方，却有儿时对于母亲嘘寒问暖的幸福记忆，母亲 25 岁辞世时他只有 8 岁。一转眼，母亲已经去世 11 年，但母亲生前的教导却历历在目。

等到长大，归有光背负着全家的希望，在项脊轩中苦读。祖母也时常来看望他。每当想起，仿佛依稀在昨日，不禁让人嚎啕大哭。

这里还有和妻子甜蜜的生活，“余既为此志，后五年，吾妻来归，时至轩中，从余问古事，或凭几学书。”

这些回忆像电影画面一样一帧一帧浮现在眼前。然而，物是人非事事休，斯人已去，时间早已摧毁了所有。读到文章结尾“庭有枇杷树，吾妻死之年所手植也，今已亭亭如盖矣”，突然心中被什么重重撞击了一下，这句话看似平常，没有悲哀、悲伤一类的字眼，却极具生与死的对立张力，但悲伤眷恋之情溢于言表，意味隽永，这是阅尽人世沧桑后的感叹。

终于 20 岁那年，他终于考取了秀才，项脊轩苦读 6 年，终于有了回报。但接着的乡试并不顺利，直到 35 岁才考取举人。然后 9 次春闱，60 岁，他终于走完了科举的全部路途，可结果呢？外放知县，家境依旧清寒，归家依旧破败。4 年后，归有光带着无限回忆、愧疚辞世。

一座项脊轩承载了归有光太多对家庭破败的愁苦以及对亲情和爱情的回忆。他一生挣扎在自己的责任和人生情感之中，这是一个非常真实的人，只有真实才会打动人。我们也分明看到，归有光对修葺一新后的项脊轩的喜爱之情，那是人生的一个理想之地，那个里边有他想要的一切。其实我们每个人心中也有一个项脊轩，它伴随我们一起阅尽一生沧海桑田，愿我们归来时都是少年！

三、天涯知己

（一）

临江仙·送钱穆父

北宋·苏轼

一别都门三改火，天涯踏尽红尘。依然一笑作春温。无波真古井，有节是秋筠。

惆怅孤帆连夜发，送行淡月微云。尊前不用翠眉颦。人生如逆旅，我亦是行人。

【作品选注】

（1）临江仙：原唐教坊曲名，后用作词牌名。此词双调六十字，上下片各五句，三平韵。

（2）钱穆父：即钱勰，苏轼友人。《宋史》卷三一七《钱勰传》：“勰字穆父，彦远之子也。”

（3）都门：指汴京。改火：古代钻木取火，四季换用不同木材，称为“改火”，这里指年度的更替。

（4）红尘：飞扬的尘土，后指人世间。

（5）春温：如春天般温暖。

（6）古井：枯井。比喻内心恬静，情感不为外界事物所动。

（7）筠（yún）：竹子的青皮，借指竹子。

（8）翠眉：古代妇女的一种眉饰，即画绿眉，也专指女子的眉毛，此指送别的官妓。颦（pín）：皱眉。

（9）逆旅：旅舍，旅店。

【品悟赏析】

这首词是在宋哲宗元祐六年（1091）春苏轼知杭州时为送别途经杭州的老友钱勰（穆父）而作。苏轼和钱勰是多年好友挚交。东坡生性洒脱，喜好雅谑。

苏东坡常常对老友钱勰说喜欢乡野生活。一碗米饭、一碟萝卜、一个菜汤，便已清爽可口，口腹之欲已足也。

一日，东坡忽然收到一张请帖，上有留言“将以三白待客”。署名为钱勰，老友要邀自己赴饭局，他自是非常高兴。心想：“以三白待客”，莫非穆父弄到有名的“太湖三白”（即翘嘴白鱼、白虾、银鱼），那可真是难得的美味啊！

苏轼兴致勃勃来到钱家，只见桌上赫然三件白色之物：一碗白米饭，一盘白萝卜，一碗清汤。东坡恍然大悟，这是钱勰在戏弄自己，也是雅谑。

东坡决定要回敬老友。他也发请帖给钱勰道：说其吃“三毛餐”。钱勰很好奇，“三毛餐”是何物？准时赴宴，进得苏府一瞧，桌上空空无物！可东坡这边一本正经地请钱勰上座。可过了许久，仍不见一碟菜。饥肠辘辘的钱勰只得说：东坡兄，快点上饭菜吧，我早已饥肠辘辘了！

东坡却笑眯眯地说：穆父啊，可以吃了啊，这就是“三毛餐”啊！

钱勰是一头雾水，东坡又说："三毛餐"就是毛米饭、毛萝卜、毛菜汤呀！东坡口中的"毛"不读 mò，该读作 méi，即"没"。"三毛餐"就是"三无餐"。钱勰明白，苏轼又在恶作剧了。

当然，豪爽的苏东坡并不会让好友饿肚子，随后，一桌佳肴上桌，二人大快朵颐，尽兴而罢。

这是两人曾经的生活瞬间，但是此时，他们已经三年未见了：

岁月如流，杭州重聚已经是别后的第三个年头。三年来，你我南北东西，各自奔忙，真可谓"天涯踏尽红尘"。我与穆父你分别虽久，但情谊依旧，相逢之时，你的笑容如春天般温暖。我知道，无论身处何境，你我二人始终初心不改，淡泊明志，纵然宦海沉浮、身世飘零，我和你惺惺相惜，刚才见面，又当离别……真是心中无限惆怅，送你离开之时，云色微茫月光淡淡，不过不要愁苦，且饮尽杯中之酒，人生如逆流而上的旅程，你我不过是这条路上的行人，此去山高水长，保重万千，一定还有重逢之日。

这首词带有典型的苏轼风格：豪放豁达、超然洒脱，每逢失意，仍能闲雅自适，面对悲苦。

（二）

春日忆李白

唐・杜甫

白也诗无敌，飘然思不群。
清新庾开府，俊逸鲍参军。
渭北春天树，江东日暮云。
何时一樽酒，重与细论文。

【作品选注】

（1）不群：不平凡，高出于同辈。这句说明上句，思不群故诗无敌。

（2）庾开府：指庾信。在北周官至骠骑大将军、开府仪同三司（司马、司徒、司空），世称庾开府。

（3）俊逸：一作"豪迈"。鲍参军：指鲍照。南朝宋时任荆州前军参军，世称鲍参军。

（4）渭北：渭水北岸，借指长安（今陕西西安）一带，当时杜甫在此地。

（5）江东：指今江苏省南部和浙江省北部一带，当时李白在此地。

（6）论文：即论诗。六朝以来，通称诗为文。细论文：一作"话斯文"。

【品悟赏析】

《春日忆李白》是唐代大诗人杜甫的作品。此诗抒发了作者对李白的赞誉和怀念之情。全诗感情真挚，文笔直率，怀念之情倾杯而出，诗人在抒发怀念之情的同时，高度评价了李白诗歌的重要地位和突出风格，因而这篇怀友之作，从某种程度上说更是一首诗歌鉴赏之作。其中"清新庾开府，俊逸鲍参军"是流传千古的名句。

天宝三载（744 年），李白入宫不到两年后，便被赐金放还，匆匆结束了他为官生涯。行至洛阳，和杜甫相遇，二人诗歌相和，感情深厚。一个是才高八斗的诗仙，一个是悲天悯人的诗圣。两位绝顶高手惺惺相惜。难怪闻一多先生说，这是如同太阳和月亮般的相遇。两人携手北上，游历山川，在宋州又和诗人高适相逢。三人一起到大梁城。分手后李白赶往江东，杜甫奔赴长安。这期间，杜甫一共写了二十首诗怀念李白，这首诗写于唐玄宗天宝五载（746 年）或天宝六载（747 年）春。

首联，就写太白你的诗啊，没有人匹敌，真是才思敏捷，飘逸绝尘，天下无双，卓尔不群；很难想象这出自稳重内敛的杜子美之手，自古以来就有文人相轻，可在这里，让我们看到的是一个文人可以对另一个文人给予至高无上的肯定和歌颂。

颔联，列举了南北朝时期的诗人庾信和鲍照。庾信官至骠骑大将军、开府仪同三司，世称“庾开府”。鲍照曾任荆州前军参军，世称“鲍参军”。这两句是说李白的诗如庾信那么清新，像鲍照那样俊逸。清新和俊逸也确实是李白诗歌的风格特征。

颈联，渭北春天树，江东日暮云，这是借景写情。杜甫此时在渭北，李白在江东，这其实是互文的手法，此刻，杜甫在渭北思念江东的李白，而李白也在江东思念渭北的杜甫。杜甫遥望南国云翳，李白翘首北方春树，离别相思之意跃然纸上。李白站在杜甫的回忆里，永远是那个潇洒的天外飞仙。李白给杜甫的是一如既往的“清新俊逸”，是苍茫暮色中依然飘逸洁白的云，这朵云该是给了杜甫多少留恋和向往吧？而杜甫留给李白的印象，是不是一棵扎根于大地的春天里茂盛生长的绿树呢？他朴质温厚努力壮大亦长久的守望。

尾联，“何时一樽酒，重与细论文”，一个“重”字，道尽杜甫的不舍和期盼。什么时候，我们才能饮酒论文？一个诘问的语气，把期望重逢的感情表达得更加强烈，字里行间回荡着杜甫无尽的情思。

懂得，是一种愿意分享和悦纳的心境。杜甫懂得李白，所以能感同身受。因为懂得，人与人之间，犹如星与星之间，不是彼此妨碍，而是互相照耀。

（三）

送友人

唐·李白

青山横北郭，白水绕东城。
此地一为别，孤蓬万里征。
浮云游子意，落日故人情。
挥手自兹去，萧萧班马鸣。

【作品选注】

（1）郭：古代在城外修筑的一种外。

（2）浮云游子意：曹丕《杂诗》：“西北有浮云，亭亭如车盖。惜哉时不遇，适与飘风会。吹我东南行，行行至吴会。”后世用为典实，以浮云飘飞无定喻游子四方漂游。浮云，飘动的云。游子，离家远游的人。

【品悟赏析】

古代，交通不便，亲人朋友之间往往一别数载，难以相见，所以古人特别看重离别。离别之际，人们往往设酒饯别、折柳相送、吟诗话别，所谓“多情自古伤离别”，离情别绪也就是成为诗歌吟咏的一个永恒主题。

李白的这首送别诗，俊朗飘逸，清新自然，不落俗套。

朋友要离开了，李白送至城外，仍难离舍，两人并肩缓辔。极目远眺，远处，山峦青翠，横亘城北，流水潺潺，绕城而过，仿佛也在送别他。

珍重两个字最终还是要说出口的，两人驻足下马，揖手作别。李白满怀深情，道：“此一去，不知重逢之日，你就要像孤蓬那样随风飘去万里之外了。一切安好！”

此刻，天际一抹白云略过，就好像你的踪迹一样，飘然不定；远处，夕阳西下，好像比平时缓慢了许多，时光啊，你是否也不愿意他这么快离开！

此情此景，如同《千与千寻》里的那列小火车，人生也是有去无回，这样不断告别又不断遇见，然后慢慢变得勇敢坚强的旅程，就叫做成长吧。成长中，有孤独悲伤，更多的是温柔和希望。“就此告别吧，水上的列车就快到站。开往未来的路上，没有人会再回返。说声再见吧就算留恋也不要回头看。在那大海的彼端，一定有空濛的彼岸。做最温柔的梦，盛满世间行色匆匆。”

最终还是要分别，两人上马告别，马似乎也懂得主人的心情，不愿脱离同伴，临别时禁不住萧萧长鸣，似有无限深情。李白站在原地，目视远方，望着渐渐消逝在暮霭之中的友人的身影。这也正是这首诗歌的清新绝妙之处，浮云、落日、马、友人，这些意象都在表达着互相的不舍，意味悠长深远。

四、爱情咏唱

（一）

桃夭

《诗经·周南》

桃之夭夭，灼灼其华。之子于归，宜其室家。

桃之夭夭，有蕡其实。之子于归，宜其家室。

桃之夭夭，其叶蓁蓁。之子于归，宜其家人。

【作品选注】

（1）周南：《诗经》“十五国风”之一，今存十一篇。

（2）夭夭：花朵怒放，茂盛美丽，生机勃勃的样子。

（3）之子：这位姑娘。于归：姑娘出嫁。古代把丈夫家看作女子的归宿，故称“归”。于，虚词，用在动词前。一说往。

（4）宜：和顺、亲善。室家：家庭。此指夫家，下文的“家室”“家人”均指夫家。

（5）有蕡（fén）：即蕡蕡，草木结实很多的样子。此处指桃实肥厚肥大的样子。蕡，果实硕大的样子。

（6）蓁（zhēn）蓁：树叶繁密的样子。这里形容桃叶茂盛。

（7）家人：与家室义同。变换字以协韵。

【品悟赏析】

“去年今日此山中，人面桃花相映红。”当年走进的那一片桃林，似乎开的格外茂盛，而在桃林中隐约出现的女子，亦是那么身姿窈窕，一时之间竟不知是这桃林称了女子的美，还是女子应了桃林的景。诚然，与爱情最相配的便是这夭夭桃林了。

那年，他初遇她便是在桃林。如今，更是在这桃林的见证下，喜结一家。今年的盛开之势同那年一样繁茂，满树桃花，纷纷绽蕊，而身着喜服的她两颊殷红，真是人面桃花，两相辉映。在这乱世之中，寻一处安生之地，觅一位良人相伴，好生惬意。新娘缓缓走来之际，他脑海中便浮现出了男耕女织，日出而作，日落而息的场景，“桃之夭夭，灼灼其华，之子于归，宜其室家”想到这里，不禁嘴角上扬。思绪飘回，面对村邻的恭祝，他作揖回道“同喜同喜”。

与此同时，喜娘搀着新嫁女走向花轿，口中言语尽是祝福之词“三生石上注良缘，恩爱夫妻彩线牵。春色无边花富贵，郎情妾意俩缠绵”村子中的小孩更是在一旁欢声笑语个不停，一边说着“早生贵子”一边收着打赏的喜钱。喜乐吹得卖力，桃花也是争鲜斗艳。就连这桃林也为二人喜结连理送上自己诚恳的祝福。

三书六礼，明媒正娶，十里红妆，凤冠霞帔。这便是女子这一生中最大的风光。而婚后兄友弟恭，姑亲婆善更是会成为流传的佳话。

《诗经·国风·周南》篇中有言“桃之夭夭，灼灼其华。之子于归，宜其室家。桃之夭夭，有蕡其实。之子于归，宜其家室。桃之夭夭，其叶蓁蓁。之子于归，宜其家人。”嫩嫩的桃枝，鲜艳的桃花。那姑娘今朝出嫁，把欢乐和美好带给她的婆家。密密麻麻的桃子，郁郁葱葱的桃叶，这一派繁盛的景象也将寓意着夫家人丁兴旺，子孙绵延。而这种美好祝愿更是反映了人民群众对生活的热爱，对幸福、和美的家庭的追求。

一愿海誓山盟皆缱绻，百年永结是同心。

二愿好合良俦无尽福，兴家立业出人前。

三愿儿孙满堂天伦乐，偕老一生琴瑟和。

而今，只愿有情人终成眷属，戮力合心守护这太平盛世！

（二）

江城子·乙卯正月二十日夜记梦

宋·苏轼

十年生死两茫茫，不思量，自难忘。

千里孤坟，无处话凄凉。纵使相逢应不识，尘满面，鬓如霜。

夜来幽梦忽还乡，小轩窗，正梳妆。

相顾无言，惟有泪千行。料得年年肠断处，明月夜，短松冈。

【作品选注】

（1）江城子：词牌名，又名“村意远”“江神子”“水晶帘”。此词双调七十字，上下片各五平韵。

（2）乙卯（mǎo）：北宋熙宁八年（1075）。

【品悟赏析】

这首千古名作是苏轼怀念十年前离他而去的妻子王弗而作，被誉为千古第一悼亡词。其最大的特色，一是平实，二是感人。平实，就是明白易懂，没有华丽辞藻堆砌，没有艰涩难懂的典故；感人，就是用情至深，画面感极强，直击人心，极易引发共鸣。

苏轼在题记中说，“乙卯正月二十日夜记梦”，这是一场梦，梦境如何回归现实、和现实相接？我和你生死相隔，阴阳相望，音讯渺茫。我努力让自己不去想念，你却依然不同涌向我的心头。千里之外，孤坟萧索，十年悲苦，无处诉说。若今夜相逢，我想，你也应该不会认识我了，因为我早已灰尘满面，鬓发如霜。晚上，梦回故乡，恍惚间，见你正在小窗前，对镜梳妆。凝望，怅惘！相对无言，泪落千行。料想，年年岁岁，月华照耀的地方，定时长满雪松的坟山啊，那就是我们相互思念，年年痛欲断肠的地方。

王弗病逝后，苏家沉浸在悲痛中，于是将王弗安葬在四川眉山老家，并让她和苏轼亡母程夫人相伴。苏轼知道王弗特别爱松树，在眉山之上，连续种了三万棵，来怀念爱妻。“料得年年肠断处，明月夜，短松冈”，无数夜晚，苏轼思念亡妻，都梦回松冈，寸断肝肠。

中国文学史上，从《诗经》开始，就已经出现“悼亡诗”。从悼亡诗出现一直到北宋的苏轼这期间，悼亡诗写得最有名的有西晋的潘岳和中唐的元稹。晚唐的李商隐亦曾有悼亡之作。他们的作品悲切感人。而用词写悼亡，是苏轼的首创。苏轼的这首悼亡之作与前人相比，它的表现艺术却另具特色。这首词运用分合顿挫，虚实结合以及叙述白描等多种艺术的表现方法，来表达作者怀念亡妻的思想感情，在对亡妻的哀思中又糅进自己的身世感慨，因而将夫妻之间的情感表达得深婉而挚着，使人读后无不为之动情而感叹哀惋。

（三）

武陵春·风住尘香花已尽

宋·李清照

风住尘香花已尽，日晚倦梳头。

物是人非事事休，欲语泪先流。

闻说双溪春尚好，也拟泛轻舟。

只恐双溪舴艋舟，载不动、许多愁。

【作品选注】

（1）武陵春：词牌名。

（2）尘香：落花触地，尘土也沾染上落花的香气。花已尽：《词谱》、清万树《词律》作“春已尽”。

（3）日晚：《花草粹编》作“日落”，《词谱》《词汇》、清万树《词律》作“日晓”。

（4）也拟：也想、也打算。

（5）舴（zé）艋（měng）舟：小船，两头尖如蚱蜢。舴艋，小舟也，见《玉篇》及《广韵》。

【品悟赏析】

这是李清照避难金华时所写的一首词。北宋败亡后，李清照于建炎元年（1127）来到南方，故乡青州陷入金人之手，她家中所藏的大批书籍文物被焚毁。建炎三年（1129）丈夫赵明诚病故之后，金人挥兵南侵，李清照为避兵乱而只身各处流亡。绍兴四年（1134）金与伪齐合兵南犯以后。其时，家藏的金石文物也散失殆尽，作者孑然一身，在连天烽火中漂泊流离，历尽人生坎坷，因而词情极为悲苦。绍兴五年（1135）寓居在浙江金华时写了这首《武陵春》词。这时她已经53岁了，经历了国家败亡、家乡沦陷、文物丧失、丈夫病死等不幸遭遇，处境凄惨，内心极其悲痛。这首词中所反映的正是她真实的生活片断和思想情感。《武陵春》这首作者中年孀居后之作，非一般的闺情闺怨词所能比。借暮春之景，写出了词人内心深处的苦闷和忧愁。全词一唱三叹，语言优美，意境，有言尽而意不为尽之美。

上片：词的首句就向我们道出了繁花已谢、狂风乍起的景象。“风住尘香”四个字告诉我们：狂风摧花，落红无数，花已沾泥，人践马踏，依然化为尘土，所余痕迹，但有尘香。使人从中体会了词人更为丰富复杂的感情。告诉我们自己已委身尘土了。“日晚倦梳头”虽与【凤凰台上忆吹萧】中“起来慵自梳头”语意相同，但那是生离之愁。而今天却是死别之恨啊！“物是人非”今天的局面已发生了巨大的变化，无数的事情，无尽的痛苦都在其中，“事事休”矣！内心的苦楚只能化作眼泪，说什么呢？“欲语泪先流”。作者纵笔直写，点明一切悲苦，由来皆因物是人非。而这种变化是广泛的、重大的发、剧烈的。所以，词人以事事休来作结，来概括自己的绝望之情。

下片：作者笔锋一转，另辟蹊径，着重挖掘内心感情。李清照是极爱游山玩水的。双溪是浙江金华的名胜风景区，她想借游览来排遣心中的凄惨心境。但实际上，他的痛苦之大，哀愁之深，又岂是泛舟一游所能消释？所以在未游之前，就已经料到愁重舟轻，不能承担了。

词人设想新颖，巧妙用词。先连用了“闻说”“也拟”“只恐”三组虚字，作为起伏转折的契机，一波三折，感人至深。“闻说双溪春尚好，也拟泛轻舟”。听人说双溪春色还不错，诗人也曾产生了去那里泛舟的念头。她想去双溪泛舟并不是贪恋美景、游赏心切，而是要寻求一个消除愁苦的去处。不过，转而却又否定了自己的计划。而在“泛轻舟”之前“也拟”二字，更显得婉曲低回，说明词人出游之兴是一时所起，并不十分强烈。“轻舟”一词为下文的愁作了很好的铺垫和烘托，至“只恐”以下二句，则是在铺足之后来一个猛烈的跌宕，使感情显得无比深沉。“只恐双溪舴艋舟，载不动许多愁”，怕的是双溪上那蚱蜢般的小船载不动自己内心沉重的哀愁。人们总是把愁怨比做连绵不断的流水，比做斩尽还生的野草，而李清照却另寻了一个新思路，说：自己的愁重得连船都承载不动。像这样的艺术构思和表现手法实在很新鲜、奇特，所以被词论家称赞为“创意出奇”，“往往出人意表”。

在这里，上片所说的“日晚倦梳头”“欲语泪先流”的原因，也得到了深刻的揭示。上片首句“风住尘香花已尽”，交代的是季节特征，鲜花经过春风的摇动已经零落殆尽，只有土地上还残留些花的芬芳，说明这时已到了暮春时节。“日晚倦梳头”是通过日色已晚而作者仍无心梳洗打扮来表达内心的哀伤。下面叙述哀伤的原因和哀伤的程度：“物是人非事事休，欲语泪先流”，在春天里花开花落年年如此，并没有新的变化，而人却与以前大不一样了，国破、家亡、夫死，她对一切都丧失了兴趣。即使有心诉说自己的遭遇和心情，也是言未出而泪先流，这比“声泪俱下”的描写更深入了一层。她的悲哀是不可触摸的，不但不能说，而且不能想，一想到就会泪如雨下。在这里作者利用“日晚倦梳头”和“欲语泪先流”两个外在的行为具体地表达了她内心的浓重哀愁。

这首词在艺术表现上的突出特点是巧妙运用多种修辞手法，特别是比喻。诗歌中用比喻，是常见的现象；然而要用得新颖，却非常不易。好的比喻往往将精神化为物质，将抽象的感情化为具体的形象，饶有新意，各具特色。在这首词里，李清照说：“只恐双溪舴艋舟，载不动许多愁。”同样是用夸张的比喻形容“愁”，但她自铸新辞，而且用得非常自然妥帖，不着痕迹。我们说它自然妥帖，是因为它承上句“轻舟”而来，而“轻舟”又是承“双溪”而来，寓情于景，浑然天成。

（四）

钗头凤

宋 · 陆游

红酥手，黄縢酒，满城春色宫墙柳。

东风恶，欢情薄。一怀愁绪，几年离索。错、错、错。

春如旧，人空瘦，泪痕红浥鲛绡透。

桃花落，闲池阁。山盟虽在，锦书难托。莫、莫、莫！

【作品选注】

（1）钗头凤：词牌名。原名“撷芳词”，相传取自北宋政和间宫苑撷芳园之名。后因有“可怜孤似钗头凤”词句，故名。又名“折红英”。双调六十字，上下片各七仄韵，两叠韵，两部递换。

（2）黄縢（téng）：一作黄藤，此处指美酒。宋代官酒以黄纸为封，故以黄封代指美酒。

（3）浥（yì）：湿润。鲛（jiāo）绡（xiāo）：神话传说鲛人所织的绡，极薄，后用以泛指薄纱，这里指手帕。绡，生丝，生丝织物。

钗头凤

宋·唐婉

世情薄，人情恶，雨送黄昏花易落。

晓风干，泪痕残，欲笺心事，独语斜阑。难，难，难！

人成各，今非昨，病魂常似秋千索。

角声寒，夜阑珊，怕人寻问，咽泪装欢。瞒，瞒，瞒！

【作品选注】

（1）笺：写出。

（2）斜阑：指栏杆。

【品悟赏析】

两首词系陆游偶遇前妻唐宛忆往昔情梦所作以及唐婉写下的和词。这两首词出自不同的人之手，却浸润着同样的情怨和无奈，因为它们共同诉说着一个凄婉的爱情故事。陆唐两家乃世交，陆游与唐婉更是青梅竹马，情意相投。两人以凤钗作为订婚信物。婚后陆唐两人如漆似胶，恩爱有加，花前月下咏诗作对，互相唱和，已然把科举课业、功名利禄抛之脑后，这引起了陆母唐氏的不满。后来竟强令陆游一纸休书，休弃唐婉。素来孝顺的陆游只得忍痛休弃唐氏，陆唐二人的爱情至此而终。几年之后，科举失意的陆游出外游玩散心，于沈园偶遇随夫同游的唐氏，两个相爱却遭拆散的情人于几年后偶然相遇，四目相对，一时间纵有千般心事，万般情怀，也不知从何说起。一阵恍惚，两人擦肩而过，唐婉寻夫而去，独留陆游伫立原地。佳人远去，一时间昨日情梦，今日痴怨尽绕心头，满腹感慨的陆游遂提笔于沈园壁上写下了令万千痴男怨女悲伤感叹的千古情词《钗头凤·红酥手》。前三句“红酥手，黄藤酒，满城春色宫墙柳”是此词上阕第一层，乃词人回忆往昔与唐氏的幸福场景，两人在春色盎然的时节，或漫步于满园春柳的宫墙内，或于亭中对饮黄酒，咏诗作对，表达出了陆唐两人之间的柔情蜜意与恩爱生活，也写出了唐氏青春与美丽。“东风恶，欢情薄，一怀愁绪，几年离索，错，错，错”是上阕第二层，写词人被迫与唐氏离异后的痛苦心情。上层写春情春景，无限美好，而到这里却突然一转，词人悲苦心情勃然喷发。“东风恶”三字一语双关，即表明一夜东风，万树花落，春景尽皆不复存在，也喻陆母的逼迫，致使陆唐二人的爱情悲剧。“欢情薄，一怀愁绪，几年离索”道出了离异几年，陆游情感上悲伤和痛苦。阙末，陆游连书“错，错，错”，这是他满腹悲愤的发问，这场悲剧到底是谁的错？“春如旧，人空瘦，泪痕红悒鲛绡透”是此词下阕的第一层，由回忆回归现实，着笔写唐婉容颜的变化，与上阕对比呼应 写出分别几年唐婉内心的悲痛与哀怨，道出“东风恶”对她造成的伤害，形体消瘦，神情憔悴。“桃花落，闲池阁，山盟虽在，锦书难托，莫，莫，莫”是下阕第二层，写了词人与唐氏相遇以后的痛苦心情。桃花依旧飘落，经年台阁仍在，但物是人非，曾经的山盟海誓犹言在耳，而如今却连一封书信都难以寄托。诗人对唐婉情感依旧，但是想爱却不能爱。君已有妻妾有夫，从此独走各自路。阙末“莫，莫，莫”三字表达了陆游伤感无奈的寥落心情：事已成真，空留余恨！一年之后，唐琬再游沈园，看见陆游所写之词，心中大痛，多年来压抑的思念与痛苦一并涌来，心肝俱裂，于是和了一阕《钗头凤·世情薄》。同年秋，便抑郁而终。

（五）

摸鱼儿·雁丘词

金·元好问

乙丑岁赴试并州，道逢捕雁者云：“今旦获一雁，杀之矣。其脱网者悲鸣不能去，竟自投于地而死。”予因买得之，葬之汾水之上，垒石为识，号曰“雁丘”。同行者多为赋诗，予亦有《雁丘词》。旧所作无宫商，今改定之。

问世间，情是何物，直教生死相许？
天南地北双飞客，老翅几回寒暑。
欢乐趣，离别苦，就中更有痴儿女。
君应有语：渺万里层云，千山暮雪，只影向谁去？
横汾路，寂寞当年箫鼓，荒烟依旧平楚。
招魂楚些何嗟及，山鬼暗啼风雨。
天也妒，未信与，莺儿燕子俱黄土。
千秋万古，为留待骚人，狂歌痛饮，来访雁丘处。

【作品选注】

（1）《摸鱼儿》：一名《摸鱼子》，又名《买陂塘》《迈陂塘》《双蕖怨》等。唐教坊曲，后用为词牌。宋词以晁补之《琴趣外篇》所收为最早。双片一百一十六字，前片六仄韵，后片七仄韵。双结倒数第三句第一字皆领格，宜用去声。

（2）雁丘：嘉庆《大清一统志》：雁丘在阳曲县西汾水旁。金元好问赴府试……累土为丘，作《雁丘词》。

（3）双飞客：大雁双宿双飞，秋去春来，故云。

（4）“君应”四句：万里长途，层云迷漫，千山暮景，处境凄凉，形影孤单为谁奔波呢？

（5）“横汾”三句：这葬雁的汾水，当年汉武帝横渡时何等热闹，如今寂寞凄凉。

（6）平楚：楚指丛木。远望树梢齐平，故称平楚。

（7）“招魂”二句：我欲为死雁招魂又有何用，雁魂也在风雨中啼哭。招魂楚些（suò）：《楚辞·招魂》句尾皆有“些”字。何嗟及：悲叹无济于事。山鬼：《楚辞·九歌·山鬼》篇指山神，此指雁魂。

【品悟赏析】

《摸鱼儿·雁丘词》，又作《迈陂塘·雁丘词》，亦作《摸鱼儿》（问世间情为何物)，是金代诗人、文学家、历史学家元好问的代表作之一。这是一首咏物词，词人为雁殉情而死的事所感动，才挥笔写下了《摸鱼儿·雁丘词》，寄托自己对殉情者的哀思。这首词紧紧围绕“情”字，以雁拟人，谱写了一曲凄恻动人的恋情悲歌。在《摸鱼儿·雁丘词》中，作者驰骋丰富的想象，运用比喻、拟人等艺术手法，对大雁殉情而死的故事，展开了深入细致的描绘，再加以充满悲剧气氛的环境描写的烘托，塑造了忠于爱情、生死相许的大雁的艺术形象，谱写了一曲凄婉缠绵，感人至深的爱情悲歌，是为中国古代歌颂忠贞爱情的佳词。

词的上阙开篇一句“问世间、情是何物，直教生死相许?”一个“问”字破空而来，为殉情者发问，实际也是对殉情者的赞美。“直教生死相许”则是对“情是何物”的震撼人心的回答。在“生死相许”之前加上“直教”二字，更加突出了“情”的力量。“天南地北双飞客，老翅几回寒暑”这二句写雁的感人生活情景。大雁秋天南下越冬而春天北归，双宿双飞。作者称他们为“双飞客”，赋予它们比翼双飞以世间夫妻相爱的理想色彩。“天南地北”从空间落笔，“几回寒暑”从时间着墨，用高度的艺术概括，写出了大雁的相依为命、相濡以沫的生活历程，为下文的殉情作了必要的铺垫。“君应有语，渺万里层云，千山暮雪，只影为谁去”这四句是对大雁殉情前心理活动细致入微的揣摩描写。当网罗惊破双栖梦之后，作者认为孤雁心中必然会进行生与死、殉情与偷生的矛盾斗争。但这种犹豫与抉择的过程并未影响大雁殉情的挚诚。相反，更足以表明以死殉情是大雁深入思索后的理性抉择，从而揭示了殉情的真正原因。

词的下阙借助对自然景物的描绘，衬托大雁殉情后的凄苦，“横汾路，寂寞当年箫鼓，荒烟依旧平楚。”三句写葬雁的地方。“雁丘”所在之处，汉代帝王曾来巡游，当时是箫鼓喧天，棹歌四起，山鸣谷应，何等热闹。而今天却是四处冷烟衰草，一派萧条冷落景象。“招魂楚些何嗟及，山鬼暗啼风雨。”二句意为雁死不能复生，山鬼枉自哀啼。这里作者把写景同抒情融为一体，用凄凉的景物衬托雁的悲苦生活，表达词人对殉情大雁的哀悼与惋惜。“天也妒，未信与，莺儿燕子俱黄土。”写雁的殉情将使它不像莺、燕那样死葬黄土，不为人知；它的声名会惹起上天的忌妒。这是作者对殉情大雁的礼赞。“千秋万古，为留待骚人，狂歌痛饮，来访雁丘处”四句，写雁丘将永远受到词人的凭吊。

这首词名为咏物，实在抒情。作者运用比喻、拟人等艺术手法，对大雁殉情而死的故事，展开了深入细致的描绘，再加以悲剧气氛的环境描写的烘托，塑造了忠于爱情、生死相许的大雁的艺术形象，谱写了一曲爱情悲歌。全词情节并不复杂，行文却跌宕多变。围绕着开头的两句发问，层层深入地描绘铺叙，有大雁生前的欢乐，也有死后的凄苦，有对往事的追忆，也有对未来的展望，前后照应，具有很高的艺术价值。

★ 史海拾贝

清康熙年间，由“南洪（洪昇）北孔（孔尚任）”创作的传奇《长生殿》和《桃花扇》。

《长生殿》

《长生殿》取材于唐明皇与杨贵妃的恋爱故事。从帝妃之间产生了一点真情的那一刻起，杨玉环为卫护自己与李隆基的稳定关系，她妒忌、侦审、吵闹、百般邀宠；而作为天子的唐明皇则是“弛了朝纲，占了情场”。朝纲废弛引起了野心家安禄山的叛乱和军民的怨恨。在军士哗变的逼迫下，唐明皇在马嵬坡赐死杨玉环。然而，马嵬之变不是戏剧的结束。此后，洪昇把情感的实现寄托到理想的天国。男女主人公飞升仙境，在情悔与梦幻中，爱情最终得到升华与净化。

《长生殿》不是简单的爱情剧，它是在广阔的社会政治背景下诉说众人皆知的李杨爱情故事。帝妃间“真心到底”的海誓山盟与天上人间的不尽思念，是洪昇对至情理想的讴歌与悲剧性呼号。与此同时，在剧中展示的社会动乱、民生疾苦的长幅画卷里，又分明寄寓着洪昇的民族兴亡感和对帝王“溺情误国”的政治批判。因此，《长生殿》对李、杨形象的塑造，赞扬和针砭兼而有之。洪昇笔下的情，包含善与否两个对立面，这是他和他的作品难以克服的矛盾。

《桃花扇》

桃花扇是侯方域、李香君的定情之物。孔尚任以此记录男女主人公的沉浮命运，又用它勾连出形形色色的人物活动。戏从赠扇定情开始，侯、李的爱情与当时复社反对阉党余孽阮大铖的斗争纠缠在一起。杨龙友的帮衬和阮大铖的妆奁促成了他们的结合。新娘比丈夫更看重名节，馈赠被退回，侯方域立即遭到忌恨，阮大铖诬告他勾结左良玉，侯方域只得逃奔史可法，于是夫妻二人分离。由此，侯、李各自不同的遭际，折射出南明政治的各个方面。侯方域这条线，关联到史可法、左良玉等军国重臣和迎立福王、史可法被排挤等重大事件。李香君这条线，则描写了弘光群丑的偷安宴游之景。后来，侯方域被捕入狱，李香君被迫做了宫中歌妓。直到清兵席卷江南，南明小朝廷覆灭，当这对夫妻不期而遇，已是国破家亡。一个道士撕破了这柄扇子，他们一起出家，结束了他们的爱情。

一把纤巧的扇子，在孔尚任手中不仅串联着纷乱的历史人物与事件，并雄辩地展示出它们破灭的必然性。在民族沦落、社稷倾圮的时代，作者把高尚的人格给予身为妓女的李香君，把一个孱弱的灵魂赋予享有盛名的才子，而将最深沉的同情寄托在社会地位卑微的民间艺人身上。孔尚任借他们的口，抒发了对末世既临的无可奈何、无可挽回的叹息。

《长生殿》和《桃花扇》不仅以主题的深刻和强烈的现实感震动了剧坛，而且以精巧的结构、妥帖的宫调与曲牌、优美的文辞，形成了传奇创作的又一高峰。清初的传奇作品，还有李渔的《笠翁十种曲》、万树的《风流棒》、方成培改前人的《雷峰塔》等。

五、天地大爱

俏平儿情掩虾须镯　勇晴雯病补孔雀裘

清·曹雪芹《红楼梦·第五十二回》

话说贾母道："正是这个了。上次我要说这话，我见你们大事多，如今又添出些事来，你们固然不敢抱怨，未免想着我只顾疼这些小孙子孙女儿们，就不体贴你们这当家人了。你既这么说出来，便好了。"因此时薛姨妈李婶娘都在座，邢夫人及尤氏等也都过来请安，还未过去，贾母因向王夫人等说道："今日我才说这话，素日我不说：一则怕逞了凤丫头的脸，二则众人不服。今日你们都在这里，都是经过妯娌姑嫂的，还有他这么想得到的没有？"薛姨妈、李婶娘、尤氏齐笑说："真个少有！别人不过是礼上的面情儿，实在他是真疼小姑子小叔子。就是老太太跟前，也是真孝顺。"贾母点头叹道："我虽疼他，我又怕他太伶俐了，也不是好事。"凤姐儿忙笑道："这话老祖宗说差了。世人都说：'太伶俐聪明怕活不长。'世人都说，世人都信，独老祖宗不当说，不当信。老祖宗只有伶俐聪明过我十倍的，怎么如今这么福寿双全的？只怕我明儿还胜老祖宗一倍呢。我活一千岁后，等老祖宗归了西，我才死呢。"贾母笑道："众人都死了，单剩咱们两个老妖精，有什么意思！"说的众人都笑了。

宝玉因惦记着晴雯等事，便先回园里来。到了屋中，药香满室，一人不见，只有晴雯独卧于炕上，脸上烧的飞红。又摸了一摸，只觉烫手，忙又向炉上将手烘暖，伸进被去摸了一摸身上，也是火热。因说道：“别人去了也罢，麝月秋纹也这么无情，各自去了？”晴雯道：“秋纹是我撵了他去吃饭了，麝月是方才平儿来找他出去了，两个人鬼鬼祟祟的，不知说什么。必是说我病了不出去。”宝玉道：“平儿不是那样人。况且他并不知你病特来瞧你，想来一定是找麝月来说话，偶然见你病了，随口说特瞧你的病，这也是人情乖觉取和儿的常事。便不出去，有不是，与他何干？你们素日又好，断不肯为这无干的事伤和气。”晴雯道：“这话也是，只是疑他为什么忽然又瞒起我来？”宝玉笑道：“等我从后门出去，到那窗户根下听听说些什么，来告诉你。”

说着，果从后门出去至窗下，潜听麝月悄悄问道：“你怎么就得了的？”平儿道：“那日彼时洗手时不见了，二奶奶就不许吵嚷；出了园子，即刻就传给园里各处的妈妈们，小心访查。我们只疑惑邢姑娘的丫头，本来又穷，只怕小孩子家没见过，拿起来是有的，再不料定是你们这里的。幸而二奶奶没有在屋里，你们这里的宋妈去了，拿着这支镯子，说是小丫头坠儿偷起来的，被他看见，来回二奶奶的。我赶忙接了镯子。想了一想：宝玉是偏在你们身上留心用意、争胜要强的，那一年有个良儿偷玉，刚冷了这二年，闲时还常有人提起来趁愿；这会子又跑出一个偷金子的来了，而且更偷到街坊家去了！偏是他这么着，偏是他的人打嘴。所以我倒忙叮咛宋妈千万别告诉宝玉，只当没有这事，总别和一个人提起。第二件，老太太、太太听了生气。三则袭人和你们也不好看。所以我回二奶奶只说：‘我往大奶奶那里去来着，谁知镯子褪了口，丢在草根底下，雪深了没看见。今儿雪化尽了，黄澄澄的映着日头，还在那里呢，我就拣了起来。’二奶奶也就信了，所以我来告诉你们。你们以后防着他些，别使唤他到别处去。等袭人回来，你们商议着，变个法子打发出去就完了。”麝月道：“这小娼妇也见过些东西，怎么这么眼浅？”平儿道：“究竟这镯子能多重！原是二奶奶的，说这叫做‘虾须镯’，倒是这颗珠子重了。晴雯那蹄子是块爆炭，要告诉了他，他是忍不住的，一时气上来，或打或骂，依旧嚷出来，所以单告诉你留心就是了。”说着，便作辞而去。

宝玉听了，又喜又气又叹：喜的是平儿竟能体帖自己的心；气的是坠儿小窃；叹的是坠儿那样伶俐，做出这丑事来。因而回至房中，把平儿之话一长一短告诉了晴雯，又说：“他说你是个要强的，如今病了，听了这话，越发要添病的，等好了再告诉你。”晴雯听了，果然气的蛾眉倒蹙，凤眼圆睁，即时就叫坠儿。宝玉忙劝道：“这一喊出来，岂不辜负了平儿待你我的心呢？不如领他这个情，过后打发他出去就完了。”晴雯道：“虽如此说，只是这气如何忍得住？”宝玉道：“这有什么气的？你只养病就是了。”

晴雯服了药，至晚间又服了二和，夜间虽有些汗，还未见效，仍是发烧头疼鼻塞声重。次日，王太医又来诊视，另加减汤剂。虽然稍减了烧，仍是头疼。宝玉便命麝月取鼻烟来：“给他闻些，痛打几个嚏喷就通快了。”麝月果真去取了一个金镶双金星玻璃小扁盒儿来递给宝玉。宝玉便揭开盒盖，里面是个西洋珐琅的黄发赤身女子，两肋又有肉翅，里面盛着些真正上等洋烟。晴雯只顾看画儿，宝玉道：“闻些，走了气就不好了。”晴雯听说，忙用指甲挑了些抽入鼻中。不见怎么，便又多多挑了些抽入。忽觉鼻中一股酸辣，透入囟门，接连打了五六个嚏喷，眼泪鼻涕登时齐流。晴雯忙收了盒子，笑道：“了不得，辣！快拿纸来。”早有小丫头子递过一搭子细纸，晴雯便一张一张的拿来醒鼻子。宝玉笑问：“如何？”晴雯笑道：“果然通快些。只是太阳还疼。”宝玉笑道：“越发尽用西洋药治一治，只怕就好了。”说着，便命麝月：“往二奶奶要去，就说我说了，姐姐那里常有那西洋贴头疼的膏子药，叫做‘依佛哪’，找寻一点儿。”麝月答应去了，半日，果然拿了半节来。便去找了一块红缎子角儿，铰了两块指顶大的圆式，将那药烤和了，用簪挺摊上。晴雯自拿着一面靶儿镜子贴在两太阳上。麝月笑道：“病的蓬头鬼一样，如今贴了这个，倒俏皮了！二奶奶贴惯了，倒不大显。”说毕，又问宝玉道：“二奶奶说了：明儿是舅老爷的生日，太太说了叫你去呢。明儿穿什么衣裳？今儿晚上好打点齐备了，省的明儿早起费手。”宝玉道：“什么顺手就是什么罢了。一年闹生日也闹不清。”说着，便起身出房，往惜春屋里去看画儿。

【品悟赏析】

《红楼梦》，中国古代章回体长篇小说，又名《石头记》《金陵十二钗》等，前八十回是清代作家曹雪芹所著，通行本后四十回为高鹗所续。《红楼梦》版本可分为 120 回“程本”和 80 回“脂本”两大系统。程本为程伟元排印的印刷本，脂本为脂砚斋在不同时期抄评的早期手抄本。脂本是程本的底本。

小说结构严密精巧，“大旨谈情，实录其事”，常常用“草蛇灰线、伏延千里”的写法，新鲜别致；以贾、史、王、薛四大家族的兴衰为背景，以贾宝玉、林黛玉的爱情故事为主线，描绘了一批举止见识出于须眉之上的闺阁佳人的人生百态，展现了真正的人性美和悲剧美。

《红楼梦》作为中国古典小说的巅峰之作，它是中国封建社会的百科全书，传统文化的集大成者。它处处皆美：

诗词，让人口齿噙香。

如《葬花辞》“花谢花飞花满天，红消香断有谁怜？游丝软系飘春榭，落絮轻沾扑绣帘……一年三百六十日，风刀霜剑严相逼；明媚鲜妍能几时，一朝漂泊难寻觅……昨宵庭外悲歌发，知是花魂与鸟魂？花魂鸟魂总难留，鸟自无言花自羞；愿侬此日生双翼，随花飞到天尽头。天尽头，何处有香丘……尔今死去侬收葬，未卜侬身何日丧？侬今葬花人笑痴，他年葬侬知是谁？试看春残花渐落，便是红颜老死时；一朝春尽红颜老，花落人亡两不知！”此诗想象奇特，画面凄清，情调忧伤，情感浓烈，非常符合林黛玉的人物形象和处境，黛玉在冷酷现实的摧残下，她迷茫于生与死、爱与恨复杂的斗争中所。这首诗不仅仅是林黛玉身世遭遇的象征，更是整部小说所有女子的结局归处，是通篇之大关节！

又如《秋窗风雨夕》“秋花惨淡秋草黄，耿耿秋灯秋夜长。已觉秋窗秋不尽，那堪风雨助凄凉！助秋风雨来何速？惊破秋窗秋梦绿。抱得秋情不忍眠，自向秋屏移泪烛。泪烛摇摇爇短檠，牵愁照恨动离情。谁家秋院无风入？何处秋窗无雨声？罗衾不奈秋风力，残漏声催秋雨急。连宵霢霢复飕飕，灯前似伴离人泣。寒烟小院转萧条，疏竹虚窗时滴沥。不知风雨几时休，已教泪洒窗纱湿。”这首诗连用十五个秋的意象，是中国历代写秋诗词之最，情景交融，景为情设，情因景生，把林黛玉的满怀愁绪和无边伤感，写的淋漓尽致。

再如《芙蓉女儿诔》《咏白海棠》《螃蟹诗》等等，诗文按照人物形象的特征抒发情感，一丝不差，但又可以独立成篇，显现了曹雪芹超乎常人的写作技巧。

对联，让人心旷神怡。

如：“烟霞闲骨格，泉石野生涯”“绕堤柳借三篙翠，隔岸花分一脉香”“嫩寒锁梦因春冷，芳气袭人是酒香”“假作真时真亦假，无为有处有还无”“世事洞明皆学问，人情练达即文章”“厚地高天，堪叹古今情不尽。痴男怨女，可怜风月债难偿。”“麝兰芳霭斜阳院，杜若香飘明月洲”“花影不离身左右，鸟声只在耳东西”“芙蓉影破归兰桨，菱藕香深泻竹桥”“亭亭玉树临风立，冉冉香莲带露开”，对仗工整，俊雅高致，不落俗套，气韵万千！

名称，让人回味无穷。

如：林黛玉、薛宝钗、秦可卿、史湘云、王熙凤、林如海、邢岫烟、蒋玉函、柳湘莲、薛宝琴、甄士隐、林红玉、白玉钏、黄金莺、晴雯、紫鹃、雪雁、麝月、入画、司棋、秋纹、茗烟、翠缕、香菱、芳官、袭人、茜雪、抱琴、妙玉、碧痕、绮霞、侍书、春纤……这些人物名字或依据人物形象和性格设定而取名，如“紫鹃”“金鸳鸯”；或依据人物结局暗示而取名，如“林黛玉（判词暗示--玉带林中挂）”“薛宝钗（判词暗示——金簪雪里埋）”“史湘云（判词暗示——湘江水逝楚云飞）”“晴雯（判词暗示——彩云易散、霁月难逢）”；或根据人物关系取名，如贾府四小姐的丫鬟分别以琴棋书画命名，为“抱琴、司棋、侍书、入画”；或是依据典故而来，如“花袭人（花气袭人知昼暖）”。整部小说的人物名字清新雅致，无一不透露着曹雪芹的天才构思，这在中国文学史上也是绝无仅有的。

又如亭台楼阁的名字，怡红院、潇湘馆、衡芜苑、秋爽斋稻香村、藕香榭、紫菱洲、滴翠亭凹晶馆、凸碧堂、芦雪庵、栊翠庵暖香坞、沁芳闸等，真是诗情画意！

甚至连大观园众人因联诗所取别号也是极其风雅：林黛玉——潇湘妃子；薛宝钗——蘅芜君；贾宝玉——怡红公子；贾探春——蕉下客；史湘云——枕霞旧友；

李纨——稻香老农；贾迎春——菱洲；贾惜春——藕榭。

小说中的器具、饮食、衣物也极具艺术美：枫露茶、碧粳粥、软烟罗、蝉翼纱、霞影纱、雀金裘、凫靥裘、绿玉斗、红麝串、芙蓉簟、玛瑙枕、玫瑰清露、木樨清露、藕粉桂花糖糕、松瓤鹅油卷等。

情节，让人感慨万千。

如“黛玉葬花”“宝钗扑蝶”“湘云醉卧”“平儿行权”“凤姐泼醋”“晴雯撕扇”“迎春穿花”“探春理家”“宝玉挨打”“雪景联诗”“宝琴捧梅”“共读西厢”等都是中国小说史上完美细腻、场面宏大、妙心独运的好故事！

人物形象，让人见之忘俗。

如林黛玉“两弯似蹙非蹙笼烟眉，一双似喜非喜含情目。态生两靥之愁，娇袭一身之病。泪光点点，娇喘微微。闲静似娇花照水，行动如弱柳扶风。心较比干多一窍，病如西子胜三分”；贾宝玉“头上戴着束发嵌宝紫金冠，齐眉勒着二龙抢珠金抹额，穿一件二色金百蝶穿花大红箭袖，束着五彩丝攒花结长穗宫绦，外罩石青起花八团倭锻排穗褂，蹬着青缎粉底小朝靴。面若中秋之月，色如春晓之花，鬓若刀裁，眉如墨画，鼻如悬胆，睛若秋波。虽怒时而似笑，即瞋视而有情”；薛宝钗“肌骨莹润，举止娴雅。品格端方，容貌丰美。唇不点而红，眉不画而翠，脸若银盆，眼如水杏。”北静王“头上戴着净白簪缨银翅王帽，穿着江牙海水五爪龙白蟒袍，系着碧玉红鞓带，面如美玉，目似明星，真好秀丽人物。”人物形象各具风情，辨识度极高！

《红楼梦》的每个瞬间都让人陶醉！清代有学者这样评价《红楼梦》：作者无所不知，上自诗词文赋、琴理画趣，下至医卜星象、弹棋唱曲、叶戏陆博诸杂技，言来悉中肯綮。想八斗之才又被曹家独得。全部一百二十回书，吾以三字概之：曰新、曰真、曰文。

周汝昌先生曾说，《红楼梦》的主要人物形象有一个共通点，就是“体贴”二字。这两字说尽了这部小说的不同寻常和伟大之处，《红楼梦》大致谈情，这个情不仅仅是男女之情，更为重要的是曹雪芹的悲天悯人的情怀。我们通过这篇选文来欣赏《红楼梦》“体贴”的艺术特色，以窥这部小说之伟大。

第四节　和合精神

天人合一是中国古代哲学的一个重要命题，这来源于农耕文化，人们按照时令日出而作日入而息，大自然的变化对生产生活有至关重要的作用，人们对天地自然会有一种亲近的情感，人们渴望与天地自然和睦相处。

在古典诗文中，“意境”是最高的审美追求，文学家们将生命和自然造化融为一体，春夏秋冬、山河日月、花鸟虫鱼、天地精灵，这些极具中国味道、中国色彩的意象无一不入诗，山水之间似乎有太多让诗人向往的乐趣。陶渊明爱桃花源，王维爱终南山，李白云游四方放浪不羁，纵使世事百般辗转，也终不改他们悠独山水的意愿，于是就诞生了一首首山水田园诗作，这些强调人和自然的和谐、人和他人和社会和谐的精神，早已渗透到每一个人中国人的血肉之中。

无论古今，总有太多纷扰无法释怀，醉心于争名逐利，往往徒劳而归。古人或寄情山水，或回归田园，都只为让内心有一番宁静，归去，这是千古以来中国人的情怀。每一位诗人归隐前都有着轰轰烈烈的理想，理想实现无望时，他们恋恋不舍地回归山水、回归田园，在自己的一方乐土上寻找诗与远方。

在中国人的世界当中，山水田园和理想诉求、劳作与情趣并不冲突，中国文人在山水田园中，蔓延着对理想生活孜孜不倦的追求，寄寓着对人格理想始终如一的秉持，阐释着对多娇江山的无限热爱，创造着天人合一的悠远境界。

一、桃花源

桃花源记

魏晋·陶渊明

晋太元中，武陵人捕鱼为业。缘溪行，忘路之远近。忽逢桃花林，夹岸数百步，中无杂树，芳草鲜美，落英缤纷。渔人甚异之，复前行，欲穷其林。

林尽水源，便得一山，山有小口，仿佛若有光。便舍船，从口入。初极狭，才通人。复行数十步，豁然开朗。土地平旷，屋舍俨然，有良田、美池、桑竹之属。阡陌交通，鸡犬相闻。其中往来种作，男女衣着，悉如外人。黄发垂髫，并怡然自乐。

见渔人，乃大惊，问所从来。具答之。便要还家，设酒杀鸡作食。村中闻有此人，咸来问讯。自云先世避秦时乱，率妻子邑人来此绝境，不复出焉，遂与外人间隔。问今是何世，乃不知有汉，无论魏晋。此人一一为具言所闻，皆叹惋。余人各复延至其家，皆出酒食。停数日，辞去。此中人语云："不足为外人道也。"（间隔一作：隔绝）

既出，得其船，便扶向路，处处志之。及郡下，诣太守，说如此。太守即遣人随其往，寻向所志，遂迷，不复得路。

南阳刘子骥，高尚士也，闻之，欣然规往。未果，寻病终。后遂无问津者。

【作品选注】

（1）太元：东晋孝武 bai 帝的年号（376-397 年）。

（2）武陵：郡名，du 今武陵山区或湖南常德一带。

（3）为业：把……作为职 zhi 业，以……为生。为 dao，作为。

（4）缘：顺着、沿着。

（5）行：行走这里指划船。

（6）远近：偏义复词，仅指远。

（7）忽逢：忽然遇到。逢，遇见。

（8）夹岸：两岸。

（9）杂：别的，其他的。

（10）鲜美：鲜艳美丽。

（11）落英：落花。一说，初开的花。

（12）缤纷：繁多而纷乱的样子。

（13）异之：以之为异，即对此感到诧异。异，意动用法，形作动，以……为异，对……感到诧异，认为……是奇异的。之，代词，指见到的景象。（14）复：又，再。

（15）前：名词活用为状语，向前。

（16）欲：想要。

（17）穷：尽，形容词用做动词，这里是“走到……的尽头”的意思。

（18）林尽水源：林尽于水源，桃花林在溪水发源的地方就没有了。尽，完，没有了。

（19）豁然开朗：形容由狭窄幽暗突然变得宽阔明亮的样子。然，……的样子。豁然，形容开阔敞亮的样子；开朗，开阔明亮。

【品悟赏析】

陶渊明（公元365—427年），字元亮，又名潜，世称靖节先生，因宅边曾有五棵柳树，又自号“五柳先生”，浔阳柴桑（今江西九江市西南）人，是山水田园派的代表人物之一。陶渊明少年时代既好读六经，有大济苍生的宏愿，又厌恶世俗，热爱纯净的自然。他自29岁入仕，作过州祭酒、参军一类小官。后因仕途坎坷，又不耐烦“为五斗米折腰向乡里小人”陶渊明于41岁毅然辞去在任仅80余日的彭泽县令，回柴桑归隐。此后直到他逝世的23年间，以耕读自娱，未再入仕。陶渊明长于诗文辞赋，有《陶渊明集》传世，主要散文有《归去来兮辞（并序）》《桃花源记》《五柳先生传》等。

陶渊明一生大多数时间住在江西的柴桑，那里有一个康王谷，有山有水。陶渊明像一个农夫那样在柴桑生活，每天不是种种花看看山，就是耕耕田喝喝酒。

有一次，他听到一个故事，一个关于桃花源的故事。因为这个故事，桃花源成为一个符号式的词，在中国流传了近千年，已然是中国人的集体无意识，沉淀在中国人的内心。

陶渊明把这个故事写成了一篇文章，叫《桃花源记》，还写了一首诗。那篇短文其实就是一篇短篇小说。在我看来，《红楼梦》是中国古代最好的长篇小说，而《桃花源记》是中国最好的短篇小说。

《桃花源记》写一个武陵地方的捕渔人在山里迷路后遇到的奇妙事情。这个捕渔人在山里沿着溪流摇船而行，大概景色太美了，走着走着就忘了走到哪了。突然看到眼前粉红一片，进了桃花林。再往前走，看到一个很小的山洞，好像有一点点光。就把船停在岸边，从洞口走了进去。

渔人入山后，看到桃花源的生活环境是“土地平旷，屋舍俨然，有良田美池桑竹之属，阡陌交通，鸡犬相闻。”桃花源中的人热情好客，“设酒杀鸡作食，村中闻有此人，咸来问讯。余人各复延至其家，皆出酒食。”桃花源人的祖先为了躲避秦时的祸乱，带领妻子儿女及乡邻来到这个与世隔绝的地方。他们害怕世人知道桃花源这个地方，扰乱、破坏他们和平安宁的生活。也为下文再寻桃源不得埋下伏笔。

文章中的桃花源是作者虚构的一个环境优美、没有战乱、没有剥削和压迫、人民生活自给自足，和平安定的理想社会。陶渊明为我们描绘了这个美好的世外桃源，是对社会现实（政治黑暗、连年战乱）的不满和对美好生活的向往。

桃花源是中国文学中的重要意象，如《诗经·桃夭》《幽明录》“桃花源遇仙”、《题都城南庄》《射雕英雄传》“桃花岛”等作品中都出现了桃花源的影子。

对于中国人来说，这样的故事并不陌生。一个砍柴的人，在深山里遇到下棋的老人或美丽的女子，然后度过一段美妙的时光，再回到世间，恍然已经过去几十年乃至上百年。

桃花源的魅力在于它不是神仙的所在，而是真实的人间生活。桃花源假设了在时间之外有另一种真实的生活，这不是对于现实的逃避，而是现世的人们对于美好生活的向往。

山水田园中，寄寓着对人格理想始终如一的秉持，创造着天人合一的悠远境界。中国人的山水田园，是天人合一的悠远境界的缩影。山水田园中，蔓延着对理想生活孜孜不倦的追求。

（二）

归园田居

晋·陶渊明

少无适俗韵，性本爱丘山。
误落尘网中，一去三十年。
羁鸟恋旧林，池鱼思故渊。
开荒南野际，守拙归园田。
方宅十余亩，草屋八九间。
榆柳荫后檐，桃李罗堂前。
暧暧远人村，依依墟里烟。
狗吠深巷中，鸡鸣桑树颠。
户庭无尘杂，虚室有余闲。
久在樊笼里，复得返自然。

【作品选注】

（1）适俗：适应世俗。韵：情调、风度。

（2）羁鸟：笼中之鸟。池鱼：池塘之鱼。鸟恋旧林、鱼思故渊，借喻自己怀恋旧居。

（3）南野：一本作南亩。际：间。

（4）守拙：守正不阿。潘岳《闲居赋序》有“巧宦”“拙宦”二词，巧宦即善于钻营，拙宦即一些守正不阿的人。守拙的含义即守正不阿。

（5）暧暧：暗淡的样子。

（6）户庭：门庭。尘杂：尘俗杂事。

(7)虚室：闲静的屋子。余闲：闲暇。

(8)樊：栅栏。樊笼：蓄鸟工具，这里比喻仕途。返自然：指归耕园田。这两句是说自己像笼中的鸟一样，重返大自然，获得自由。

【品悟赏析】

文学家的生命从来就不是活在春去秋来的年轮里，而是活在他的作品中。在九死不悔上下求索的《离骚》里，屈原获得了永生；在“钟鼓馔玉不足贵”“安能摧眉折腰事权贵”的傲岸人格的拔节中，李白获得了永生；在“会当凌绝顶，一览众山小”“穷年忧黎元，叹息肠内热”的壮怀激烈与忧患煎熬里，杜甫获得了永生；在“刑天舞干戚”“采菊东篱下”的猛志与悠然中，陶潜获得了永生……

家国情怀骚先声，魏武横槊洪波涌。经天纬地诗言志，最接地气陶渊明。寻常田园寻常语，松菊飞鸟说愿景。王孟诗派承遗泽，千载厚美冲淡风。

陶渊明从二十九岁起开始出仕，任官十三年，一直厌恶官场，向往田园。他在义熙元年（405 年）四十一岁时，最后一次出仕，做了八十多天的彭泽县令即辞官回家。以后再也没有出来做官。据《宋书·陶潜传》和萧统《陶渊明传》云，陶渊明归隐是出于对腐朽现实的不满。当时郡里一位督邮来彭泽巡视，官员要他束带迎接以示敬意。他气愤地说：“我不愿为五斗米折腰向乡里小儿！”陶渊明天性酷爱自由，而当时官场风气又极为腐败，谄上骄下，胡作非为，廉耻扫地。一个正直的士人，在当时的政治社会中决无立足之地，更谈不上实现理想抱负。陶渊明经过十三年的曲折，终于彻底认清了这一点。陶渊明品格与政治社会之间的根本对立，注定了他最终的抉择——归隐。从此他结束了时隐时仕、身不由己的生活，终老田园。归来后，作《归园田居》诗一组。共五首（一本作六首）。第一首诗从对官场生活的强烈厌倦，写到田园风光的美好动人，农村生活的舒心愉快，流露了一种如释重负的心情，表达了对自然和自由的热爱。第二首诗着意写出乡居生活的宁静，以朴实无华的语言不加雕饰地描绘出一个宁静纯美的天地，表现了乡村的幽静和作者心境的恬淡。第三首诗细腻生动地描写了作者对农田劳动生活的体验，风格清淡而又不失典雅，洋溢着诗人心情的愉快和对归隐的自豪。第四首写作者亲自参加劳动和对劳动的热爱，表明他不但没有因早出晚归地辛苦劳动而减少对劳动的兴趣，反而加深了他对劳动的感情，坚定了他终生归耕的决心。第五首诗讲述了作者耕种归来的活动，表达其欣然自得之情，内蕴醇厚，情感真挚。

陶诗的内容大都表现隐逸的思想和生活。平淡与醇美的统一，情、景、理的统一是陶诗的艺术特色。田园诗所歌咏的是个人悠闲的生活，没有充分揭示农村的矛盾，这是其不足之处，但以田园的美好对比官场的丑恶，是有积极意义的。咏怀诗、咏史诗表现出理想不能实现的苦闷，以及不与统治者同流合污的高尚品格，也曲折地暴露了社会政治的黑暗。陶渊明对后代的影响主要是积极的。但也包含了不少明哲保身、安分守己、人生如梦、及时行乐的消极思想。陶渊明是中国文学史上杰出的诗人，他的诗歌以田园生活为题材，开创了田园诗歌新的艺术境界，使田园诗歌在唐宋以后成为诗歌的重要内容。陶诗沿袭魏晋诗歌的古朴诗风而进入更纯更熟的境地，他成功地将自然提升为一种美的至境，他创造了中国诗歌意境中一种新的，美的类型，一种意韵极为醇厚而又朴实无华的冲淡美，这一切的取得与其丰富的人生体验分不开的，如果没有田园生活的体验也写不出这些广为传诵的田园诗，从而使陶诗在中国文学史上奠定了不朽的地位。陶的思想基本上是儒家的，但后来也一定程度上受了道家的影响。他少有济时之志，后屡遭挫折又放弃了这种理想，但能坚持志节，不肯随俗浮沉。他归田以后，参加了一部分生产劳动，跟农民平等相处，对于他的文学成就起了很大的作用。陶诗不仅开拓了田园诗这一诗歌题材的新天地，而且在田园诗的艺术上取得了重大的成就。他的诗是一种新的开创，将日常生活诗化，在日常生活中发现重要的意义和久而弥淳的诗味，在他以前屈原、曹操、曹植、阮籍、陆机等都着重于关于国家政治的题材，陶着重写普普通通的生活，用家常话写家常事，写得诗意盎然。陶渊明将自己的所有才华和精力都倾注到田园诗的创作上，取得了无与伦比的成就，一下子便将田园诗推向了峰巅。清人沈德潜说："陶诗胸次浩然，其中一段渊深朴茂不可到处。唐人祖述者，王右承有其清腴，孟山人有其闲远，储太祝有其朴实，韦左司有其冲和，柳义曹有其峻洁，皆学焉而得其性之所近。"可见唐代田园诗人各自从陶渊明的田园诗中吸取了某一方面的长处，而不能从整体上超越陶渊明。

陶渊明的田园诗在今天，仍有不可替代的审美价值，倍受现代人关注。鲁迅先生曾说过，"陶潜正因为并非浑身是'静穆'，所以他伟大"。梁启超评价陶渊明时曾经说，"自然界是他爱恋的伴侣，常常对着他笑"。确如其言，陶在自然与哲理之间打开了一条通道，在生活的困苦与自然的旨趣之间达到了一种和解。连最平凡的农村生活景象在他的笔下也显示出了一种无穷的意味深长的美。陶渊明的不朽诗篇，陶渊明的伟大人品，影响了李白、杜甫、白居易、苏东坡、辛弃疾等几代文人的思想和创作。为中国文学的发展和繁荣，作出了不可估量的贡献。陶渊明的诗文，重在抒情和言志。他的语言，看似质朴，实则奇丽。在平淡醇美的诗句中，蕴含着炽热的感情和浓郁的生活气息。陶渊明的《归园田居》五首，是田园诗的精品乃至极品。其中《少无适俗韵》，编入大学和中学的语文课本中。诗的抒情沁人心脾；诗的写景，豁人耳目。读过后叫人终生难忘。什么时候读，都是一种美的享受。作为身处晋末乱世的隐士，陶渊明晚年常与庐山中的释道交往，这是可以想象得到的事，但他们之间在思想上却未必志同道合。仔细研读过陶诗和了解诗人生平的人，都知道陶渊明是个外表恬淡静穆，而内心热情济世的无神论者。他少年时曾胸怀大志，接受儒家思想，希望建功立业。但在出仕了一个时期以后，现实使他感到失望，他不愿与当政的人同流合污，便选择了一条退隐归耕的道路。这时他又受到老庄哲学的影响。因为他有过以往文人多不曾有过的田园生活，并且亲自参加了劳动，与劳动人民有了接触，思想上不可避免地得到一些新的感受和启发，因而在崇尚骈俪陈旧文风的晋代，能创造出有独特风格的田园诗的新形式，在中国诗歌发展史上作出了卓越的贡献。他从少年时的"猛志逸四海"，到老年时的"猛志固常在"，始终对世事没有淡忘。他传世的名篇《桃花源记》，正是他对如同上古原始时代的那种人们自食其力、友好相处、没有种种现实中的纷扰与贫困的"怡然有余乐"社会的憧憬。就是他的隐居与饮酒，放在当时的时代背景下加以分析，也含有对当时黑暗统治表示一定程度的不满和反抗的意义在内。这是陶渊明及其作品长久地活在后人心中的一个重要原因。

二、人生感叹

（一）

虞美人·听雨

（宋）蒋捷

少年听雨歌楼上，红烛昏罗帐。
壮年听雨客舟中，
江阔云低、断雁叫西风。
而今听雨僧庐下鬓已星星也。
悲欢离合总无情，
一任阶前、点滴到天明。

【作品选注】

（1）虞美人：词牌名，又名《一江春水》《玉壶水》《巫山十二峰》等。双调，五十六字，上下片各四句，皆为两仄韵转两平韵。

（2）昏：昏暗，罗帐：古代床上的纱幔。

（3）断雁：失群孤雁 .

（4）僧庐：僧寺，僧舍。

（5）星星：白发点点如星，形容白发很多。

（6）无情：无动于衷。

（7）一任：听凭。

【品悟赏析】

《虞美人·听雨》是宋代词人蒋捷创作的一首词。元灭南宋之际的词人经历了国破之痛、家亡之恨，在他们的文学作品中多以抒发黍离之悲、铜驼荆棘之感。这首词以“听雨”为媒介，概括出少年、壮年和晚年的特殊感受，将几十年大跨度的时间和空间相融合：少年只知追欢逐笑享受陶醉；壮年飘泊孤苦触景伤怀；老年的寂寞孤独，一生悲欢离合，尽在雨声中体现。此词在结构上运用时空跳跃，以“听雨”复沓串连，上、下片浑然一体，具有跌宕回旋的匠心。

历代文人的笔下，绵绵不断的细雨总是和“愁思”难解难分的，如：“梧桐更兼细雨，到黄昏，点点滴滴，这次第，怎一个愁字了得？”（李清照《声声慢》）“欲黄昏，雨打梨花深闭门。”（李重元《忆王孙》）但是在蒋捷词里，同是“听雨”，却因时间不同、地域不同、环境不同而有着迥然不同的感受。词人从“听雨”这一独特视角出发，通过时空的跳跃，依次推出了三幅“听雨”的画面，而将一生的悲欢歌哭渗透、融汇其中。短短一首词，概括人一生。前三句，一句一画面，以听雨为线索真切地描画出自己人生的三个阶段：少年，寻欢作乐，歌楼上闲听歌雨；

壮年，漂泊天涯，客舟中愁听风雨；老年，寄人篱下，僧庐下听雨度残年。三幅画面前后衔接而又相互映照，艺术地概括了作者由少到老的人生道路。其中折射出词人由年少时的欢乐无忧，到中年的惆怅彷徨，进而到老年的凄苦无奈的心情，这是亡国者的哀痛，也是失志者的悲愤！

在谋篇行文方面，这首词是从旧日之我写到今日之我，在时间上是顺叙下来的；但它的写作触发点却应当是从今日之我想到旧日之我，在时间上是逆推上去的。词中居主要地位的应当是今我，而非旧我。因此，继以上两幅一起反衬作用、一起陪衬作用的画面后，词人接着又让读者看到一幅显示他的当前处境的自我画像："而今听雨僧庐下，鬓已星星也。"画中没有景物的烘染，只有一个白发老人独自在僧庐下倾听着夜雨。这样一个极其单调的画面，正表现出画中人处境的极端孤寂和心境的极端萧索。他在尝遍悲欢离合的滋味，又经历江山易主的巨大变故后，不但埋葬了少年的欢乐，也埋葬了壮年的愁恨，一切皆空，万念俱灰，此时此地再听到点点滴滴的雨声，虽然感到雨声的无情，而自己却已木然无动于衷了。词的结尾，就以"悲欢离合总无情，一任阶前点滴到天明"这样两句无可奈何的话，总结了他"听雨"的一生。

（二）

蝶恋花·春景

宋·苏轼

花褪残红青杏小。燕子飞时，绿水人家绕。
枝上柳绵吹又少。天涯何处无芳草。
墙里秋千墙外道。墙外行人，墙里佳人笑。
笑渐不闻声渐悄。多情却被无情恼。

【作品选注】

（1）蝶恋花：词牌名。又名"凤栖梧""鹊踏枝"等。双调，六十字，上下片各四仄韵。

（2）花褪残红青杏小：指杏花刚刚凋谢，青色的小杏正在成形。褪（tuì），萎谢。

（3）飞：一作"来"。

（4）绕：一作"晓"。

（5）柳绵：即柳絮。

（6）天涯何处无芳草：指春暖大地，处处长满了美美芳草。

（7）渐悄：渐渐没有声音。

（8）多情：指旅途行人过分多情。却被：反被。无情：指墙内荡秋千的佳人毫无觉察。

【品悟赏析】

这是一首出自豪放派代表人物苏轼的婉约词。苏轼一生作词大多以豪放为主，如：《念奴娇·赤壁怀古》《江城子·密州出猎》等但是他也写下了很多脍炙人口、令人称颂的婉约词，如：《江城子·十年生死两茫茫》《水龙吟·次韵章质夫杨花词》等，其中这首《蝶恋花·春景》就是他婉约词中的佼佼者。

这首词是为我们描写晚春时节的景色。

上阕，“花褪残红青杏小”，随着树上的残花纷纷落下、飘尽，一粒粒青色如玉的小杏渐露枝头，红走绿来，春意衰残，热夏渐至。其中一个“小”字流露出词人对初露枝头青杏的喜爱之情。接着词人将目光从树上移开，看到了“燕子飞时，绿水人家绕”，天空中燕子在自由自在地飞翔，“绿水人家绕”应为“绿水绕人家”，一个“绕”字化静为动且富有情意，好似绿水有情，留恋着人家、围绕着人家、滋养着人家。“枝上柳绵吹又少，天涯何处无芳草”，这两句是最为世人称道的，流传甚广。为什么呢？在我看来此二句在婉约伤春惜春中又见词人的豪放旷达。忽而一阵春风拂面，柳絮离枝而飞，零落天涯，“吹又少”微露嗔怪、无奈、伤感之情，但紧接着词人笔锋一转感情亦为之转变，好一个“天涯何处无芳草”，普天之下哪个地方没有青青的芳草呢！此句一扫前句的春色将尽的伤感，词人灵魂中的那种随缘自适、自我排遣后的旷达乐观跳脱了出来。其实这才是真实的苏轼！“日啖荔枝三百颗，不辞长作岭南人”，“但愿人长久，千里共婵娟”，“谁道人生无再少，门前流水尚能西，休将白发唱黄鸡”，字字句句都为我们诠释着“日月之行，若出其中，星汉灿烂，若出其里”的心胸！苏轼是非常喜欢陶渊明的，但我认为苏轼比陶渊明更值得被人们喜欢、尊敬！陶渊明不满现实时辞官归隐，从此田园，但苏轼却不躲避现实反而用那种“回首向来萧瑟处，归去，也无风雨也无晴”的心态与之战斗，人的心能活成这样真是无敌于天下！

来看下阕。“墙里秋千墙外道。墙外行人，墙里佳人笑”，此处要称赞词人巧妙的构思。“墙里”“墙外”反复出现，看似犯忌，实则耐人寻味，而且读起来朗朗上口。墙里秋千荡漾，墙外春日小径，墙里传出开心快乐银铃般的笑声，墙外行人被这天籁之声所吸引，留恋驻足，如痴如醉！词人客观记叙，不加任何的修饰，仅凭一堵墙就给读者多少美好的想象！然美好却过于短暂，“笑渐不闻声渐悄，多情却被无情恼”，词人让我们继续我们的想象，行人正在享受女子的开心快乐给他带来的精神上的愉悦，但是，笑声却渐渐没有了！怎么回事？我想此时的行人一定手足无措，满脸疑惑，十分着急地望墙兴叹，唉，这个多情的人啊！她是玩累了回房休息了吗？她美丽到什么程度呢？她是否知道墙外道上有一个男子为她驻足，为她倾心，为她多情但却因她“无情”不笑离去而惹出万斛的苦恼呢！“多情”与“无情”形成鲜明对比，一个“却”字又让我们体会到行人的抱怨之情和想而不得的惆怅之意！也有人说“行人”与“佳人”象征着词人自己与当时的皇上，自己不被到时的皇上所理解，这也是一种合理的解读。

纵观全词写春天之景，春天之人，表达了词人对春光流逝的叹息以及自己情感不为人所知的烦恼。全词词意婉转，词情动人，于清新中蕴涵哀怨，于婉丽中透出伤情，意境朦胧，韵味无穷。

三、天人合一

（一）

山居秋暝

唐·王维

空山新雨后，天气晚来秋。
明月松间照，清泉石上流。
竹喧归浣女，莲动下渔舟。
随意春芳歇，王孙自可留。

【品悟赏析】

山雨初霁，秋山如洗，幽静闲适，清新宜人。时近黄昏，日落月出，松林静而溪水清，浣女归而渔舟从。如此清秋佳景，风雅情趣，自可令王孙公子流连陶醉，忘怀世事。全诗将空山雨后的秋凉，松间明月的光照，石上清泉的声音以及浣女归来竹林中的喧笑声，渔船穿过荷花的动态，和谐完美地融合在一起，给人一种丰富新鲜的感受。

此诗以一“空”字领起，格韵高洁，山真的空吗？非也！空，乃空灵之意也！空和新，写出了山的幽静之美。全诗动静结合，静中有动，动中有静。月照松林是静态，清泉流溢是动态。前四句写秋山晚景之幽静，五六句写浣女渔舟之喧哗。春芳随意流走吧，该在的还在。本来，《楚辞·招隐士》说：“王孙兮归来，山中兮不可久留！”诗人的体会恰好相反，他觉得“山中”比“朝中”好，洁净纯朴，可以远离官场而洁身自好，所以就决然归隐了。

这首诗写得如诗如画，像一幅清新秀丽的山水画，又像一支恬静优美的抒情乐曲，体现了王维诗中有画的创作特点。

（二）

春江花月夜

唐·张若虚

春江潮水连海平，海上明月共潮生。
滟滟随波千万里，何处春江无月明。
江流宛转绕芳甸，月照花林皆似霰。
空里流霜不觉飞，汀上白沙看不见。
江天一色无纤尘，皎皎空中孤月轮。
江畔何人初见月？江月何年初照人？
人生代代无穷已，江月年年望相似。
不知江月待何人，但见长江送流水。
白云一片去悠悠，青枫浦上不胜愁。

谁家今夜扁舟子？何处相思明月楼？
可怜楼上月徘徊，应照离人妆镜台。
玉户帘中卷不去，捣衣砧上拂还来。
此时相望不相闻，愿逐月华流照君。
鸿雁长飞光不度，鱼龙潜跃水成文。
昨夜闲潭梦落花，可怜春半不还家。
江水流春去欲尽，江潭落月复西斜。（古音 xiá）
斜月沉沉藏海雾，碣石潇湘无限路。
不知乘月几人归，落月摇情满江树。

【作品选注】

（1）滟（yàn）滟：波光闪动的光彩。

（2）芳甸（diàn）：遍生花草的原野。

（3）霰（xiàn）：雪珠，小冰粒。

（4）流霜：飞霜，古人以为霜和雪一样，是从空中落下来的，所以叫流霜。这里比喻月光皎洁，月色朦胧、流荡，所以不觉得有霜霰飞扬。

（5）汀（tīng）：沙滩。

（6）纤尘：微细的灰尘。

（7）月轮：指月亮，因月圆时象车轮，故称月轮。

（8）穷已：穷尽。

（9）但见：只见、仅见。

（10）悠悠：渺茫、深远。

（11）青枫浦上：青枫浦，地名，今湖南浏阳县境内有青枫浦。这里泛指游子所在的地方。浦上：水边。

（12）扁舟：孤舟，小船。

（13）明月楼：月夜下的闺楼。这里指闺中思妇。

（14）捣衣砧（zhēn）：捣衣石、捶布石。

（15）潇湘：湘江与潇水 .

【品悟赏析】

被闻一多先生誉为“诗中的诗，顶峰上的顶峰”（《宫体诗的自赎》）的《春江花月夜》，一千多年来使无数读者为之倾倒。一生仅留下两首诗的张若虚，也因这一首诗，“孤篇横绝，竟为大家”。

此诗沿用陈隋乐府旧题，运用富有生活气息的清丽之笔，以月为主体，以江为场景，描绘了一幅幽美邈远、惝恍迷离的春江月夜图，抒写了游子思妇真挚动人的离情别绪以及富有哲理意味的人生感慨，表现了一种迥绝的宇宙意识，创造了一个深沉、寥廓、宁静的境界。全诗共三十六句，每四句一换韵，通篇融诗情、画意、哲理为一体，意境空明，想象奇特，语言自然隽永，韵律宛转悠扬，洗净了六朝宫体的浓脂腻粉，具有极高的审美价值，素有“孤篇盖全唐”之誉。

诗以春江花月夜为背景，以月轮的运行为线索展开。从起句到“皎皎空中孤月轮”，写了月亮升起时江边花林景象，描绘出了一幅轻彩淡痕，澄明恬静，神韵飞动的水墨彩图。图中，春潮涨起，与大海相平，一轮明月冉冉而生，月光随波流动，轻洒银辉，于是，春江景物笼罩在月色之中：江流环绕芳野，花林闪着银光；空中月光似天降流霜，不见飞动；江畔白沙与月光融成白茫茫一片，江天共一色纯洁无瑕，明月皎皎在清空中孤单清静……

静穆的月，引发了诗人一连串诗意的哲理性问题，从“江畔何人初见月”到“但见长江送流水”，正是诗人对月的苦苦思索，年年岁岁，月是终古不变，而对月之人却代代更替，上演了无穷无尽的一幕又一幕。宇宙无限，而人生有限，由无数个有限人生组成的延续不断的人类，如长江水一般长流不逝，而个体的人生却是如流水匆匆而逝，这明月就始终永恒地注视着一切，静默不语，它在期待何人呢？……

想到这里，诗人的视线追随着一片白云，飘于青枫浦上，他又起了一种感慨：生命短暂，应该珍惜，而天下，又有多少思妇游子，在重复着千百年来的两地悲愁呢！于是，很自然地，从“白云一片去悠悠”开始，诗歌转入到了抒写离情。这其中，前半部分写思妇，她在楼上徘徊，月光如思情相随而形影不离，照着她的妆镜台，照着卷帘，照着捣衣砧……让她想随月光飞去离人身边，然而鸿雁不可传书，鱼龙不可捎信，皆因路途太遥远，它们帮不上忙。后半部，则写了游子的悲愁，他在梦中见春花凋零，悲伤青春过半，归期未卜，梦醒时，落月西斜，徒然映照着似流逝青春的东去长江水。春江花月夜将尽了，斜月藏入海雾中，天南海北，无限路途，游子的心坠入了人生的迷雾中，他怆惘不知，这样的月夜中，有几人能幸运归去？而他只有看着落月，将满怀愁情借落月余辉洒在江边的树上……，诗在绘春江花月夜的美景中入墨，在叹幽忧别情中收尾，抒发了对人生有限的无可奈何的感喟，又交织着对生活的期待和哲理性的思索，景、情、理水乳交融，别有一种清丽雅致的神韵。

全诗紧扣春、江、花、月、夜的背景来写，而又以月为主体。“月”是诗中情景兼融之物，它跳动着诗人的脉搏，在全诗中犹如一条生命纽带，通贯上下，触处生神，诗情随着月轮的生落而起伏曲折。月在一夜之间经历了升起——高悬——西斜——落下的过程。在月的照耀下，江水、沙滩、天空、原野、枫树、花林、飞霜、白沙、扁舟、高楼、镜台、砧石、长飞的鸿雁、潜跃的鱼龙，不眠的思妇以及漂泊的游子，组成了完整的诗歌形象，展现出一幅充满人生哲理与生活情趣的画卷。这幅画卷在色调上是以淡寓浓，虽用水墨勾勒点染，但“墨分五彩”，从黑白相辅、虚实相生中显出绚烂多彩的艺术效果，宛如一幅淡雅的中国水墨画，体现出春江花月夜清幽的意境美。

第五节　侠义精神

千百年来，国人对侠义精神不断界定、丰富和演绎，形成了独特的侠义文化。

那么，什么是侠义？侠，从人，夹声，指依仗自己的力量帮助被欺凌者的人或行为；义，从我，羊声，符合道德规范。侠义，指为人仗义，肯于助人。

侠义精神表现为见义勇为，舍己助人，爱国爱民，扶贫济困，惩恶扬善，淡泊名利，信守承诺，不畏强暴，不惧生死。这是中华民族永无止境的精神追求，是激励中国人民不懈奋斗、战胜各种艰难险阻的制胜法宝。我国古代文学为弘扬这种精神作出了积极的贡献。

郭解以德报怨，见义勇为，处事公正，公正处理侄儿引发的杀人纠纷；宋公明仗义疏财，救人危难；虬髯客追杀负心者，疾恶如仇，为民除害；白马英雄视死如归；郭靖为国为民。他们武艺高超，舍身报国；豫让舍命报主。信守承诺，淡泊名利；荆轲明知送死，依然勇敢前行。梁山好汉反抗暴政。不畏强暴，不惧生死。

对侠义精神，我们应该批判性吸收，去其糟粕，剔除义气至上、以暴制暴、忠良不分等落后因素，发扬诚实善良、舍己为人、爱国爱民的优良传统，与时俱进，推陈出新，使其为社会主义精神文明建设服务，为民族文化复兴服务。

一、《墨子》三则

夫爱人者，人必从而爱之；利人者，人必从而利之；恶人者，人必从而恶之；害人者，人必从而害之。

天下兼相爱则治，交相恶则乱。

为其所难者，必得其所欲焉。未闻为其所欲，而免其所恶者也。

【作品今译】

爱别人的，别人也必然爱他，利于别人的，别人也必然利于他，憎恶别人的，别人也必然憎恶他，残害别人的，别人也必然残害他。

假使人人都彼此爱护，则天下安治；倘若人人都彼此交恶，则天下大乱。墨家主张兼爱。兼爱，指同时爱不同的人或事物。墨子主张爱无差别等级，不分厚薄亲疏。

即使做很困难的事情，也一定能够达到目的，没听说过想达到自己的愿望，而能回避困难的。遇事不怕事，人是要有些胆量的。拿得起、放得下、有担当，不逃避，才能直面凛冽的人生。

【品悟赏析】

墨子，名翟，春秋末战国初期鲁国（今滕州市）人，大约生于公元前 468 年，卒于公元前 376 年，是战国时期著名的思想家、政治家、军事家、教育家、社会活动家，还是中国古代逻辑学的集大成者。他出身“卑微”，是一个熟悉木工技巧的工匠，后来成为一位博通古代典籍的“士”。在春秋战国时期的“诸子百家”中，是唯一代表劳动人民利益并为劳动人民呼喊奔波的思想家。墨子一生的活动主要在两个方面，一是广收弟子，积极宣扬自己的学说；二是不遗余力地反对兼并战争。其弟子根据墨子生平事迹的史料，收集其语录，完成了《墨子》一书传世。

《庄子·天下》中评价墨者说：“墨者穿着粗布衣服，脚穿草鞋，日夜不息，以吃苦耐劳为准则，不这样做，就不足以称墨者。”（多以裘褐为衣，以跂为服，日夜不休，以自苦为极，曰：“不能如此，非禹之道也，不足谓墨。”墨家主张节用，对衣食住行均求节俭，有饭吃，有衣穿，就足够了。墨子是这方面的典范，“独自苦而为义”，为了理想，为了正义的事业，甘愿吃苦。

《墨子·公输》记载了这样一件事：墨子在山东听说湖北人要攻打河南人，立即连夜起程，走了十天十夜，到达楚国的首都，制止了一场国际冲突。这是墨家“非攻”成功的一个典范。颇有意思的是，墨子在楚国制止侵宋战争于未始之后，在回国途中，路经宋国，正巧天下大雨，墨子想到城门里去避避雨，守城门的人却没有接纳他。这也说明，制止楚国侵略宋国的活动，宋国人是不知道的，这是墨子自愿、自觉的行为，当然他不会以此邀取名声，博取利禄富贵。此篇的最后，引用了前人的一句话说：“运用神机的人，众人不知道他的功劳；而在明处争辩不休的人，众人却都知道他。”

非攻是墨子的主张。注意，墨子讲“非攻”而不是讲“非战”，看来，他反对一切主动的战争)，否定战争的一切正面价值，以至于也否定了主动进攻于防守的价值与意义。他自居于弱者一方，不想进取，只图保全，这就使他的防守思想很保守。他的防守之所以成功，只是他的工具先进，设计科学，禽滑厘等三百弟子在宋城上守御，使得楚国千军万马望而却步，乃是凭借他“守圉（御）之具”的先进，超过了公输般的“攻城之械”。孔子反战，乃不言战。墨子反战，却是以战反战以守反攻。这又是儒侠（墨）之间的大区别之一。

墨子不仅是思想家，还是发明家、科学家。

“小孔成像”的故事说的就是墨子。墨子对光学很有研究，对于光的直线传播、光的反射和若干物影成像，进行了精彩的描述：有一次，墨子进行光学试验，他在堂屋朝阳的墙上开了一个小孔，让一个人对着小孔站在屋外，在阳光照射下，屋内相对的墙上出现倒立的人影。墨子通过小孔成像的光学实验，阐述了光的直线传播原理：即光从上下直射，人的头部与足部成影在下边和上边，构成倒影，成为后代摄影技术的先声。

由于组织庞大，带来了巨额开支。为了维持日常运转，墨子自力更生，将所有组织成员自己打家具、搞建筑、造守城武器。他们生产的连弩车、转射机、藉车，成了战国时期火力最强大最抢手的重型武器。但墨子的武器通常只卖给防守一方，而绝不卖给侵略者。

据《韩非子》记载，公元前471年，宋国国防部探知公输班造出过一辆木飞机，觉得可以用作巡城工具，在军事上会大有作为，于是委托墨子做一个比公输班更大更豪华的木飞机。墨子为此花了三年时间才做成，在验货试飞的当天，飞机只飞了一个上午就掉了下来。弟子们怕墨子不好过，都安慰墨子说：“老师您真牛啊，竟然能让木鸟飞上天。”墨子说道：“我应该像禽滑厘（墨子的弟子）那样哦，他用仅一尺的木头，一天的时间，就做成了车辕，却能承载三十石的重量，载得又多，跑得又久。你瞧我的破飞机，三年才弄成，一天就坏了。我应该做力所能及的事呢！”

墨子的一生都是在为扶危济困而奔走呼号，是一位大爱无言的圣贤领袖人物，更是中国几千年来首位为最底层劳动者和社会弱者的立场上说话的人。

二、侠客行

侠客行

唐·李白

赵客缦胡缨，吴钩霜雪明。
银鞍照白马，飒沓如流星。
十步杀一人，千里不留行。
事了拂衣去，深藏身与名。
闲过信陵饮，脱剑膝前横。
将炙啖朱亥，持觞劝侯嬴。
三杯吐然诺，五岳倒为轻。
眼花耳热后，意气素霓生。
救赵挥金槌，邯郸先震惊。
千秋二壮士，烜赫大梁城。
纵死侠骨香，不惭世上英。
谁能书阁下，白首太玄经。

【作品选注】

（1）这是一首描写和歌颂侠客的古体五言，是李白乐府三一首中的一首。行，这里不是行走的行，而是歌行体的行，等于说“侠客的歌”。

（2）赵客，燕赵之地的侠客。自古燕赵多慷慨悲歌之士。《庄子·说剑》：“昔赵文王好剑，剑士夹门而客三千余人。”缦，没有花纹。胡缨，古时将北方少数民族通称为胡；缨，系冠帽的带子。缦胡缨，即少数民族做工粗糙的没有花纹的带子。这句写侠客的冠带。

（3）吴钩，宝刀名。霜雪明，谓宝刀的锋刃像霜雪一样明亮。

（4）飒沓，群飞的样子，形容马跑得快。

（5）这两句原自《庄子·说剑》：“臣之剑十步一人，千里不留行。”这里是说侠客剑术高强，而且勇敢。

（6）信陵，信陵君，战国四公子之一，为人礼贤下士，门下食客三千余人。

（7）朱亥、侯嬴都是信陵君的门客。朱本是一屠夫，侯原是魏国都城大梁东门的门官，两人都受到信陵君的礼遇，都为信陵君所用。炙，烤肉。啖，吃。啖朱亥，让朱亥来吃。

（8）这两句说，几杯酒下肚（古诗文中，三、九常是虚指）就作出了承诺，并且把承诺看得比五岳还重。

（9）素霓，白虹。古人认为，凡要出现不寻常的大事，就会有不寻常的天象出现，如“白虹贯日”。这句意思是，侠客重然诺、轻死生的精神感动了上天。也可以理解为，侠客这一承诺，天下就要发生大事了。这样与下文扣得更紧。

【品悟赏析】

李白这一首《侠客行》古风，抒发了他对侠客的倾慕，对拯危济难、用世立功生活的向往。前四句从侠客的装束、兵刃、坐骑描写侠客的外貌。第二个四句写侠客高超的武术和淡泊名利的行藏。在渲染侠客精神后，“闲过”两句是承上启下的过渡，将侠客与战国时期信陵君这样的“明主”联系起来。李白正是想结识像信陵君这样的明主以成就自己“申管晏之谈，谋帝王之术，奋其智能，愿为辅弼，使寰区大定，海县靖一”的政治抱负。接着十句写信陵君救赵用两位侠客的故事。写信陵君款待侯嬴和朱亥，两位侠客为信陵君的大义和感情所感动，意气慷慨激昂如白虹贯日，许下比五岳还重的诺言。赞扬朱亥挥锤击杀晋鄙而震惊赵国，虽然侯嬴和朱亥都死去，但在魏都留下盛大声名，侠骨传香，不愧为当世英雄。诗人不仅在热烈地颂唱侯嬴和朱亥“二壮士”，同时也对校书天禄阁草《太玄经》的扬雄辈，无情地加以蔑视：“谁能书阁下，白首《太玄经》?”末二句以扬雄反衬侠客精神的崇高和伟大。

李白被称为诗仙，又被称为谪仙人。谪仙乃是居住于凡间的神仙，他们才情高超，超脱于事物之外。而当时唐朝游侠之气盛行，侠与仙人相遇，就有了一份豪纵慷慨的气概！因此李白将自己化身为赵国侠客，渴望自己能够像他一样执剑走遍神州大地。侠客虽然排忧解难，不图名利，重义气，但是为了国事可以抛开一切慷慨赴死。这也是李白理想化后又回归现实的终极愿望。

少年行四首（其一）

唐·王维

新丰美酒斗十千，咸阳游侠多少年。
相逢意气为君饮，系马高楼垂柳边。

【品悟赏析】

《少年行》共四首，这是第一首，写的是咸阳少年游侠的欢聚痛饮。“新丰美酒斗十千”，新丰出产的美酒价值很高，十分名贵，一斗酒就价值十千钱，这是下文“咸阳游侠”所饮之酒。“斗十千”很容易让人联想到李白的“金樽清酒斗十千”，豪放不羁的李白所饮的清酒也是那么名贵，一斗酒也价值十千钱，同时，李白曾写过《侠客行》赞侠客且以侠客自居。游侠，侠客都是那么爽气！

“咸阳游侠多少年”，咸阳城里的游侠们多半是青春的少年。此句交代了当时活跃在咸阳城（唐朝国都长安）游侠的年龄尚轻，这里特意点明年龄为后二句做铺垫。年轻就有极大可能尚未成家，孑然一身，无牵挂，无羁绊，有热血，有理想，仗剑天涯，路逢知音，便可慷慨以价值不菲的名酒。美酒，美少年，倜傥风流，豪放不羁，挥斥方遒！

“相逢意气为君饮”，这些少年游侠偶遇就因彼此意气相投愿意为对方喝上一杯。简单来讲就是因意气而喝，喝酒就是表达意气的一种方式，联想到他们的身份，所以“意气”应理解为除暴安良、轻生重义、仗义疏财等词。喝酒的目的是为彼此侠义行为而欢庆，更可贵的是他们是偶遇，便一见倾心，不惜重金买酒相互勉励，豪气干云，胸怀坦荡，令人敬慕！

“系马高楼垂柳边”，他们把自己的骏马拴在那高高酒楼前垂柳旁边。意气相投的两位英武少年已经上了酒楼，要畅快地大喝一场了，于是乎“三杯吐然诺，五岳倒为轻。眼花耳热后，意气素霓生”，于是乎“今日把示君，谁有不平事？”，于是乎“为吊侯生墓，骑驴入大梁”，烘托出少年侠客的奔放、刚健；“垂柳”，则烘托出少年侠客的风流、飘逸。可谓一箭双雕！

本诗作者选用一系列美好的形象，如美酒，游侠，骏马，高楼等，洋溢着一种昂扬振作的精神，具有鼓舞人心的艺术力量。

★ 文化感悟和思考练习

1. 读书在古代是一件很奢侈的事情，所以古代学子很珍惜读书的机会。那么对于当今的学生，你怎么看待读书这件事情？

2. 你认为应该如何爱国？爱国爱家是中华民族的优良传统，当你离开家乡来到学校的时候，是否会思念家乡？思乡是中国文学的主题，哪些意象最能够代表中国人的思乡之情？

3. 访谈：自古才子多痴情，中国文学作品中痴情男子很多，如贾宝玉、柳梦梅、张拱、梁山伯等，这四位的性格有何不同？谈谈你最欣赏哪一位？

4. 千古文人侠客梦，你怎么看待中国人心中的侠客梦？电影《功夫》和《影》上映时，引起了一阵武侠热潮，这是极具中国美学特色的古典艺术为什么还会引起现代人如此大的共鸣？

5. 元杂剧《窦娥冤》中有一句：“天地也！只合把清浊分辨，可怎生糊突了盗跖、颜渊？”请问，“盗跖”和“颜渊”在原文指的是（　　）。

A. 古代两个著名的昏官　　B. 黑色和白色

C. 泛指坏人和好人　　D. 古代的两位贤人

6. “安得广厦千万间，大庇天下寒士俱欢颜”反映了（　　）推己及人、舍己为人的崇高善良愿望。

A. 杜牧　　B. 杜甫　　C. 范仲淹　　D. 欧阳修

7.《五柳先生传》是一篇自传性散文，读了此文我们知道五柳先生的志趣是（　　）。

A. 种菊花　　B. 好读书　　C. 嗜饮酒

D. 著文章　　E. 游田野

★ 拓展链接

中国新疆之历史印记　选集

百家讲坛选集　昔日北大荒今日北大仓

自然发现　美丽中国

第六章

历久弥新的民间节俗

中国传统节日沉淀了千百年的传统文化，从远古走来，每一个节日都有它的历史渊源、美妙传说、独特风情和深厚广泛的民众基础。传统节日习俗反映了中华民族的传统习惯、道德风尚和价值观念，寄托了人们对生活的美好愿望和憧憬，具有很强的内聚力和广泛的包容性。在这里，我们将带你走进节日，饱享文化的饕餮盛宴：一个个传统佳节的起源演变、一则则神奇浪漫的节日传说、一篇篇脍炙人口的典故趣闻、一幅幅风情万种的民俗场景、一首首朗朗上口的经典诗词……感受独特魅力，领略民族精神。

第一节　元月迎新

春节过去也叫元旦。春节所在的这一月叫元月。春节，即农历新年，俗称过年，一般从腊月二十三的祭灶到正月十五，也有的从腊月初八开始，一直过到正月底，其中以除夕和大年初一为高潮。春节时间延续长、地域跨度广，节日活动丰富，是我国最重要、最隆重，也是历史最悠久、最热闹的传统节日。

一、春节的由来

中国农历年的岁首称为春节。是中国人民最隆重的传统节日，也象征团结、兴旺，对未来寄托新的希望的佳节。据记载，中国人民过春节已有4000多年的历史。关于春节的起源有很多说法，但其中为公众普遍接受的说法是，春节由虞舜兴起。公元前2000多年的一天，舜即天子位，带领着部下人员，祭拜天地。从此，人们就把这一天当作岁首。据说这就是农历新年的由来，后来叫春节。但是，中国历代元旦的日期并不一致：夏朝用孟春的元月为正月，商朝用腊月（十二月）为正月，秦始皇统一六国后以十月为正月，汉朝初期沿用秦历。汉武帝刘彻感到历纪太乱，就命令大臣公孙卿和司马迁造“太阳历”，规定以农历正月为一岁之首，以正月初一为一年的第一天，就是元旦。此后中国一直沿用夏历（阴历，又称农历）纪年，直到清朝末年，长达2080年。

春节不同时代有不同名称。在先秦时叫“上日”“元日”“改岁”“献岁”等；

到了两汉时期，又被叫为“三朝”“岁旦”“正旦”“正日”；魏晋南北朝时称为“元辰”“元日”“元首”“岁朝”等；到了唐宋元明，则称为“元旦”“元”“岁日”“新正”“新元”等；而清代，一直叫“元旦”或“元日”。

1912年孙中山在南京就任中华民国临时大总统时，宣布废除旧历改用阳历（即公历），用民国纪年。并决定以公元1912年1月1日为民国元年1月1日。一月一日叫新年，但不称元旦。但民间仍按传统沿用旧历即夏历，仍在当年2月18日（壬子年正月初一）过传统新年，其他传统节日也照旧。有鉴于此，1913年（民国二年）7月，由当时北京政府任内务总长向大总统袁世凯呈上一份四时节假的报告，称：“我国旧俗，每年四时令节，即应明文规定，拟请定阴历元旦为春节，端午为夏节，中秋为秋节，冬至为冬节，凡我国民都得休息，在公人员，亦准假一日。”但袁世凯只批准以正月初一为春节，同意春节例行放假，次年（1914年）起开始施行。自此夏历岁首称“春节”，现行“春节”称谓有1 00多年历史。

1949年9月27日，中国人民政治协商会议第一届全体会议决定在成立中华人民共和国的同时，采用世界通用的公元纪年。为了区分阳历和阴历两个“年”，又因一年二十四节气的“立春”恰在农历年的前后，故把阳历一月一日称为“元旦”，农历正月初一正式改称“春节”。

地球绕太阳一周，历法上叫一年，循环往复，永无止境。但是，人们根据春、夏、秋、冬四季节气的不同，就以夏历正月初一为一年的岁首。每年农历十二月三十日（小月二十九）半夜子时（十二点）过后，春节就算正式来到了。

临近春节，人们采办年货，除夕时，全家团聚在一起吃年夜饭。贴年画、春联；迎接新的一年来临。

随着新中国的成立，春节庆祝活动更为丰富多彩。不仅保留了过去民间习俗，剔除了一些带有封建迷信的活动，而且增加了不少新的内容，使春节具有新的时代气息。

中国是个多民族的国家，各民族过新年的形式各有不同。汉族、满族和朝鲜族过春节的风俗习惯差不多，全家团圆，人们吃年糕、水饺以及各种丰盛的饭菜、张灯结彩，燃放鞭炮，并互相祝福。春节期间的庆祝活动极为丰富多样，有舞狮、耍龙的，也有踩高跷、跑旱船的。在有些地区人们沿袭过去祭祖敬神活动，祈求新的一年风调雨顺，平安、丰收。

古代的蒙古族，把春节叫作“白节”，正月叫白月，是吉祥如意的意思。藏族是过藏历年。回族、维吾尔族、哈萨克族等，是过“古尔邦节”。春节也是苗族、僮族、瑶族等的盛大节日。

二、春节的习俗

在漫长悠久的历史岁月中，春节从萌芽到定型，不断发展，形成独具中华民族特色、丰富多彩的习俗。春节期间，我国的汉族和很多少数民族都要举行各种活动以示庆祝。这些活动均以祭祖敬老、感恩祈福、阖家团聚、除旧布新、迎禧接福、祈求丰年为主要内容，带有浓郁的民族特色。

（一）祭灶神

祭灶，是我国民间影响很大、流传极广的习俗。旧时，差不多家家灶间都设有“灶王爷”神位。传说他是玉皇大帝封的“九天东厨司命灶王府君”，负责管理各家的灶火，人们称这尊神为“司命菩萨”或“灶君司命”，被作为一家的保护神而受到崇拜。民谣中“二十三，糖瓜粘”，指的就是每年腊月二十三或二十四日的祭灶，有所谓“官三民四船家五”的说法，也就是官府在腊月二十三日，一般民家在二十四日，水上人家则在二十五日举行祭灶。

祭灶神

传说到了腊月二十三，灶王爷便要升天，向玉皇大帝禀报这家人一年的善恶，玉皇大帝根据灶王爷的汇报，再将这一家在新的一年中应该得到的吉凶祸福的命运交与灶王爷之手。送灶神的仪式称为“送灶”或“辞灶”，百姓供上红烛、糖瓜，以隆重的礼节送灶神上天，祈望灶神“上天言好事，下界降吉祥”。如今，农村很多地区还沿袭这种风俗。

（二）扫尘

“二十四，扫尘日”。迎新首先要除旧。扫尘就是年终大扫除，北方称“扫房”，南方叫“掸尘”。在春节前扫尘，是我国民间素有的传统习俗。扫尘之日，全家上下齐动手，用心打扫房屋、庭院，擦洗锅碗、拆洗被褥，干干净净迎接新年。其实，人们借助“尘”与“陈”的谐音表达除陈、除旧的意愿。

（三）贴春联

贴春联这种春节期间的活动从宋代开始盛行，每到过年时家家有贴春联的习俗。春联，俗称“门对”，又名“春贴”，是对联的一种，因在春节时张贴，故称春联。春联的一个源头是桃符。最初人们以桃木刻人形挂在门旁以避邪，后来画门神像于桃木上，再简化为在桃木板上题写门神名字。春联的另一来源是春贴，古人在立春日多贴“宜春”二字。春联真正普及始于明代，与朱元璋的提倡有关。据史料记载，有一年过年前，朱元璋曾下令每家门上都要贴一副春联，以示庆贺。原来春联题写在桃木板上，后来改写在纸上。桃木的颜色是红的，红色有吉祥、避邪的意思，因此春联大都用红纸书写。春联堪称中华民族独创的艺术奇葩，它以雅俗共赏的特性深受世代人民喜爱。有人曾这样概括春联：“两行文字，撑天柱地；一副对联，评古涵今。”贴春联，是重要的年节民俗。春节前夕，家家户户都要贴上红红的春联，一副副透着喜庆和热烈的春联表达了人们迎新纳福、企盼新生活的美好愿望。

贴春联

（四）贴年画

年画和春联一样，起源于“门神”。随着雕版印刷术的兴起，年画的内容已不仅限于门神之类，而渐渐把财神请到家里，进而在一些年画作坊中产生了《福禄寿三星图》《天官赐福》《五谷丰登》《六畜兴旺》《迎春接福》等彩色年画，以满足人们喜庆祈年的美好愿望。因明太祖朱元璋提倡春节贴春联，年画也受其影响随之盛行开来。江苏苏州桃花坞、天津杨柳青和山东潍坊杨家埠，是我国三个重要的年画产地。民国初年，上海出现了将月历和年画二者结合起来的一种新形式，以后发展成为今天的挂历。

贴年画

（五）倒贴福字

在我国，人们往往用一个“福”字来表达对福运、福气。幸福的向往和追求。每当辞旧迎新的时刻，家家户户都要把“福”字贴在屋门上，意味着福气进入家门。许多地方还倒贴“福”字，利用“倒”与“到”的谐音，寓意“福到了”。

（六）除守踩岁

除夕是指一年最后一天的晚上，与春节首尾相连，是“一夜连双岁，五更分二年”的重要时刻。“除”是“去”的意思，除夕的意思就是“月穷岁尽”，表示旧岁至此而除，来年另换新岁。除夕之夜是年节的第一个高潮。守岁，俗称“熬年”，是从吃年夜饭开始。年夜饭是一年中最具家庭亲情、充满温馨祥和的家宴，此时，人们不仅享受着满桌佳肴，更享受着浓浓的亲情和节日的喜庆。年夜饭之后，除了年幼的孩子外，全家人开始守岁，共同辞旧迎新。在晋代就有除夕守岁习俗，南北朝时已很普遍，进入隋唐后守岁很盛行，宋代沿袭唐风更盛。另外，汉代已有除夕夜晚饮椒柏酒（用草药配制的药酒）以驱邪祛病的习俗，后世改为饮屠苏酒，王安石有诗“春风送暖人屠苏”。现如今，我国南方仍有年节时全家老小欢聚酣饮屠苏酒的风俗。除夕夜，我国民间还要举行踩岁活动，即在院内将芝麻秆粘上用黄纸卷成的元宝形，攒成一捆，谓之“聚宝盆”。然后，全家人用脚将其踩碎，以“碎”谐“岁”，并借用芝麻开花节节高之吉祥寓意，祝愿家道兴旺，表达对新的一年的祝福和祈盼。

（七）压岁钱

除夕守岁之时，长辈要给晚辈压岁钱，也叫压胜钱。因为“岁”与“祟”谐音，长辈们希望压岁钱能驱邪免灾，保佑孩子平平安安。压岁钱寄托着长辈对晚辈的殷切希望和深情关爱，因此，同学们不要相互攀比压岁钱的数量，而应该注重它的情感价值。同时，要合理使用压岁钱，把它用在学习上或做一些有意义的事情。

（八）放爆竹

中国民间有“开门爆竹”一说，即在新的一年到来之际，家家户户开门的第一件事就是燃放爆竹，以噼噼啪啪的爆竹声辞旧迎新。燃放鞭炮是中国节日的一种娱乐活动，可以给人们带来欢愉和吉利，在中国至今已有2000多年历史。据史料记载，最早的爆竹是用竹竿之类的易燃品制成的火炬。因为我国南方盛产竹子，这个习俗首先是从南方流行起来的。当竹子燃烧时，竹节里空气膨胀，引起竹腔爆裂，发出噼噼啪啪的响声，爆竹的名称也由此得来。大约到了唐代，人们把火药装在竹筒里点燃。宋代人们已经普遍使用内装火药的纸卷代替竹筒，也就是现在的炮仗了。

（九）拜年

拜年，是春节期间的重要活动，它与除夕夜的团圆饭一样，是最能体现“年味”的春节习俗。在过去家庭拜年顺序为一拜天地，二拜祖宗，三拜高堂。一般大年初一晚辈给长辈拜年，祝愿长辈福如东海、寿比南山。新年后给亲戚拜年，一般的规矩是初一拜本家、初二拜岳家、初三拜亲戚。在同学、同事、朋友、合作者、邻里之间也要相互拜年。在“过年好”的道贺声中，拉近了心与心的距离，增进了人与人的感情。正如古语所说，拜年“以联年谊、以敦乡情”。

春节团拜是我国古已有之的春节习俗。过去，拜年的人要围成一圈，以便互相看得见，不至于拜不到。现在，每年春节中共中央和国务院都要举行春节团拜会，届时党和国家领导人向全国各族人民、港澳同胞、台湾同胞以及海外侨胞拜年，并与各界人士欢聚一堂，辞旧迎新，共庆新春。

如今，信息社会，拜年方式更加丰富多彩，传统的团拜、登门拜访依然沿袭，但电话拜年、短信拜年、网上拜年等新兴拜年方式也越来越时兴。这些方式虽然不如登门拜年直观、感性，但非常方便、高效，人们可以更随意、更恰当地把握拜年时间，适合现代人的生活观念和生活节奏，是古老的年节民俗与现代信息化生活方式相结合的产物。同时，短信拜年把拜年内容与优美诗意的文采、真诚幽默的情感巧妙精致地结合，内容极富个性，或轻松幽默，或充满情趣，或极富哲理，或谆谆教诲，或温馨浪漫，或真诚祝福，形成拜年民俗中一道亮丽的风景线。其实，不管过去、现在，还是未来，无论拜年形式怎么变化，表达人们内心的春节祝愿和祝福是永远不变的。

（十）逛庙会

逛庙会，是大多数中国人的春节情结，更是不可或缺的年俗。春节庙会最早是民间的宗教仪式，庙会之时，通常由僧人、道士做“法事”或“道场”以祭祀神佛，人们也要进香朝拜、许愿、还愿、求福。庙会期间，也少不了商贩叫卖、民间艺术表演。庙会上有许多历史悠久深受老百姓喜爱的传统项目，比如，舞狮、舞龙、扭秧歌、踩高跷、跑旱船等。

（十一）中国结

中国结又称盘长结，每一个结都是从头到尾用一根红绳编结而成。中国结发源于远古时期，当时还没有文字，人们为了记住某些事情，在一根绳上盘上不同的结以示记忆，这就是“结绳记事”。当时，人们用这种方法除了记住生产和生活中的重要事情之外，还是年轻人用于表达爱情的物品。作为一种装饰艺术品，中国结给人以淳朴、吉祥的印象。它内含浓郁的民族乡土气息，外形又很雅致，既体现远古时代的神秘，又体现中国人的灵秀。因此，它很快成为人们在春节期间室内悬挂，或互相赠送的物件。优美的造型、古色古香的韵味给传统佳节增添祥和、吉利的气氛。

三、春节的食俗

（一）腊八粥

进入腊月，人们就开始忙着准备过年。农历十二月初八是腊八节，人们“合五谷枣栗等果品为粥，祭先农，祭先祖”。腊八节源于古老的腊日节，也称腊祭或蜡祭。孔子的学生子贡曾用“一国之人皆若狂”形容当时庆祝腊日节的盛况。相传腊月初八也是佛祖释迦牟尼得道成佛之日，从宋朝开始，腊日节日趋衰落，而佛成道日的影响却在不断扩大，腊日节渐渐演变为喝腊八粥的腊八节，由此奏响了春节的序曲。著名的雍和宫腊八粥，除了江米、小米等五谷杂粮外，还加有羊肉丁和奶油，粥面撒有红枣、桂圆、核桃仁、葡萄干、瓜子仁、青红丝等。腊八粥现又称八宝粥，用料以桂圆、苡米、麦片、糯米、绿豆、红豆、芸豆、花生等八物。

（二）年糕

春节吃年糕，“义取年胜年，藉以祈岁稔。”寓意万事如意年年高。年糕的种类有北方有白糕饦、黄米糕；江南有水磨年糕；西南有糯粑粑；台湾有红龟糕。汉代扬雄的《方言》一书中就已有“糕”的称谓，魏晋南北朝时已流行。贾思勰《齐民要术》记载了制作方法。明、清时，是糕已发展成市面上一种常年供应的小食，并有南北风味之别。北方年糕有蒸、炸二种，南方年糕除蒸、炸外，尚有片炒、汤煮诸法。

（三）饺子

北方年夜饭有吃饺子的传统，但各地吃饺子的习俗也不相同，有的地方除夕之夜吃饺子，有的地方初一吃饺子，北方一些山区还有初一到初五每天早上吃饺子的习俗。吃饺子是表达人们辞旧迎新之际祈福求吉愿望的特有方式。按照我国古代记时法，晚上 11 时到第二天凌晨 1 时为子时。“交子”即新年与旧年相交的时刻。饺子就意味着更岁交子，过春节吃饺子被认为是大吉大利。另外饺子形状像元宝，包饺子意味着包住福运，吃饺子象征生活富裕。与北方不同，南方的年夜饭通常有火锅和鱼。火锅沸煮，热气腾腾，温馨撩人，红红火火；“鱼”和“余”谐音，象征“吉庆有余”，也喻示着生活幸福，“年年有余”。

四、春节的传说

（一）熬年守岁

守岁，就是在旧年的最后一天夜里不睡觉，熬夜迎接新一年的到来的习俗，也叫除夕守岁，俗名“熬年”。探究这个习俗的来历，在民间流传着一个有趣的故事：太古时期，有一种凶猛的怪兽，散居在深山密林中，人们管它们叫“年”。它的形貌狰狞，生性凶残，专食飞禽走兽、鳞介虫豸，一天换一种口味，从磕头虫一直吃到大活人让人谈“年”色变。后来，人们慢慢掌握了“年”的活动规律，它是每隔三百六十五天窜到人群聚居的地方尝一次口鲜，而且出没的时间都是在天黑以后，等到鸡鸣破晓，它们便返回山林中去了。算准了“年”肆虐的日期，百姓们便把这可怕的一夜视为关口来煞，称作“年关”，并且想出了一整套过年关的办法：每到这一天晚上，每家每户都提前做好晚饭，熄火净灶，再把鸡圈牛栏全部拴牢，把宅院的前后门都封住，躲在屋里吃“年夜饭”，由于这顿晚餐县有闪吉未卜的意味，所以置办得很丰盛，除了要全家老小围在一起用餐表示和睦团圆外，还须在吃饭前先供祭祖先，祈求祖先的神灵保佑，平安地度过这一夜，吃过晚饭后，谁都不敢睡觉，挤坐在一起闲聊壮胆。就逐渐形成了除夕熬年守岁的习惯。守岁习俗兴起于南北朝，梁朝的不少文人都有守岁的诗文。“一夜连双岁，五更分二年。”人们点起蜡烛或油灯，通宵守夜，象征着把一切邪瘟病疫照跑驱走，期待着新的一年吉祥如意。这种风俗被人们流传至今。

（二）万年创建历法说

相传，在古时候，有个名叫万年的青年，看到当时节令很乱，就有了想把节令定准的打算。但是苦于找不到计算时间的方法，一天，他上山砍柴累了，坐在树荫下休息，树影的移动启发了他，他设计了一个测日影计天时的晷仪，测定一天的时间，后来，山崖上的滴泉启发了他的灵感，他又动手做了一个五层漏壶，来计算时间。天长日久，他发现每隔三百六十多天，四季就轮回一次，天时的长短就重复一遍。

当时的国君叫祖乙，也常为天气风云的不测感到苦恼。万年知道后，就带着日晷和漏壶去见皇上，对祖乙讲清了日月运行的道理。祖乙听后龙颜大悦，感到有道理。于是把万年留下，在天坛前修建日月阁，筑起日晷台和漏壶亭。并希望能测准日月规律，推算出准确的晨夕时间，创建历法，为天下的黎民百姓造福。有一次，祖乙去了解万年测试历法的进展情况。当他登上日月坛时，看见天坛边的石壁上刻着一首诗：

日出日落三百六，周而复始从头来。

草木枯荣分四时，一岁月有十二圆。

知道万年创建历法已成，亲自登上日月阁看望万年。万年指着天象，对祖乙说：“现在正是十二个月满，旧岁已完，新春复始，祈请国君定个节吧”。祖乙说：“春为岁首，就叫春节吧”。据说这就是春节的来历。冬去春来，年复一年，万年经过长期观察，精心推算，制定出了准确的太阳历，当他把太阳历呈奉给继任的国君时，已是满面银须。国君深为感动，为纪念万年的功绩，便将太阳历命名为“万年历”，封万年为日月寿星。以后，人们在过年时挂上寿星图，据说就是为了纪念德高望重的万年。

（三）门神的传说

据说贴春联的习俗，大约始于一千多年前的后蜀时期，这是有史为证的。此外根据《玉烛宝典》　《燕京岁时记》等著作记载，春联的原始形式就是人们所说的“桃符”。

在中国古代神话中，相传有一个鬼域的世界，当中有座山，山上有一棵覆盖三千里的大桃树，树梢上有一只金鸡。每当清晨金鸡长鸣的时候，夜晚出去游荡的鬼魂必赶回鬼域。鬼域的大门坐落在桃树的东北，门边站着两个神人，名叫神荼、郁垒。如果鬼魂在夜间干了伤天害理的事情，神荼、郁垒就会立即发现并将它捉住，用芒苇做的绳子把它捆起来，送去喂虎。因而天下的鬼都畏惧神荼、郁垒。于是民间就用桃木刻成他们的模样，放在自家门口，以避邪防害。后来，人们干脆在桃木板上刻上神荼、郁垒的名字，认为这样做同样可以镇邪去恶。这种桃木板后来就被叫作“桃符”。

到了宋代，人们便开始在桃木板上写对联，一则不失桃木镇邪的意义，二则表达自己美好心愿，三则装饰门户，以求美观。又在象征喜气吉祥的红纸上写对联，新春之际贴在门窗两边，用于表达人们祈求来年福运的美好心愿。

为了祈求一家的福寿康宁，一些地方的人们还保留着贴门神的习惯。据说，大门上贴上两位门神，一切妖魔鬼怪都会望而生畏。在民间，门神是正气和武力的象征，古人认为，相貌出奇的人往往具有神奇的禀性和不凡的本领。他们心地正直善良，捉鬼擒魔是他们的天性和责任，人们所仰慕的捉鬼天师钟馗，即是此种奇形怪相。所以民间的门神永远都怒目圆睁，相貌狰狞，手里拿着各种传统的武器，随时准备同敢于上门来的鬼魅战斗。由于我国民居的大门，通常都是两扇对开，所以门神总是成双成对。

贴门神

唐朝以后，除了以往的神荼、郁垒二将以外，人们又把秦叔宝和尉迟恭两位唐代武将当作门神。相传，唐太宗生病，听见门外鬼魅呼号，彻夜不得安宁。于是他让这两位将军手持武器立于门旁镇守，第二天夜里就再也没有鬼魅骚扰了。其后，唐太宗让人把这两位将军的形象画下来贴在门上，这一习俗开始在民间广为流传。

（四）桃符的传说

宋代王安石在《元日》这首诗中写道：“千门万户日，总把新桃换旧符。”形容初日的光亮。诗中的“桃”和“符”是互文，意即总把新桃符换下旧桃符——除旧布新。关于桃符有个美丽的传说。很久以前，东海度朔山风景秀丽，山上有一片桃林，其中有一株桃树巨大无比，枝繁叶茂，曲蟠三千里，结的桃子又大又甜，人吃了这树上的桃子能变成神仙。一个漆黑的夜晚，有青面獠牙、红发绿眼的鬼怪想偷吃仙桃。桃林主人神荼、郁垒二兄弟用桃枝打败鬼怪，并用草绳捆着喂了看山的老虎。从此，两兄弟的大名令鬼怪为之惧怕，他们死后变为专门惩治恶鬼的神仙。后世人们用一寸宽、七八寸长的桃木板画上神荼、郁垒两神仙像挂在自家门两侧，以驱鬼祛邪，这种桃木板被称作“桃符”。随着时代的变化，桃符本身也在变化，以后人们又将两个神仙的名字写在桃符上，代替画像，再后来，又发展到“题桃符”，即将字数相等、结构对称、意思相应的短诗题写在桃符上，这就是春联的前身。

桃符

★ 史海拾贝

一、春节名诗欣赏

守 岁

唐·李世民

暮景斜芳殿，年华丽绮宫。
寒辞去冬雪，暖带入春风。
阶馥舒梅素，盘花卷烛红。
共欢新故岁，迎送一宵中。

除夜有怀

唐·孟浩然

五更钟漏欲相催，四气推迁往复回。
帐里残灯才去焰，炉中香气尽成灰。
渐看春逼芙蓉枕，顿觉寒销竹叶杯。
守岁家家应未卧，相思那得梦魂来。

除夜作

唐·高适

旅馆寒灯独不眠，客心何事转凄然。

故乡今夜思千里，愁鬓明朝又一年。

客中守岁在柳家庄

唐·白居易

守岁尊无酒，思乡泪满巾。
始知为客苦，不及在家贫。
畏老偏惊节，防愁预恶春。
故园今夜里，应念未归人。

守　岁

宋·苏轼

欲知垂尽岁，有似赴壑蛇。
修鳞半已没，去意谁能遮。
况欲系其尾，虽勤知奈何。
儿童强不睡，相守夜欢哗。
晨鸡且勿唱，更鼓畏添挝。
坐久灯烬落，起看北斗斜。
明年岂无年，心事恐蹉跎。
努力尽今夕，少年犹可夸。

除夜雪

宋·陆游

北风吹雪四更初，嘉瑞天教及岁除。
半盏屠苏犹未举，灯前小草写桃符。

元　日

宋·王安石

爆竹声中一岁除，春风送暖入屠苏。
千门万户曈曈日，总把新桃换旧符。

除　夕

明·文徵明

人家除夕正忙时，我自挑灯拣旧诗。
莫笑书生太迂腐，一年功事是文词。

己酉新正

明·叶颙

天地风霜尽，乾坤气象和；

历添新岁月，春满旧山河。
梅柳芳容徲，松篁老态多；
屠苏成醉饮，欢笑白云窝。

除　夕

清·赵翼

烛影摇红焰尚明，寒深知已积琼英。
老夫冒冷披衣起，要听雄鸡第一声。

元旦口占用柳亚子怀人韵

董必武

共庆新年笑语哗，红岩士女赠梅花。
举杯互敬屠苏酒，散席分尝胜利茶。
只有精忠能报国，更无乐土可为家。
陪都歌舞迎佳节，遥祝延安景物华。

春节看花市

林伯渠

迈街相约看花市，却倚骑楼似画廊。
束立盆栽成队列，草株木本斗芬芳。
通宵灯火人如织，一派歌声喜欲狂。
正是今年风景美，千红万紫报春光。

二、春节趣联故事

（一）解缙应景题春联

解缙是明代翰林学士、内阁首辅。自幼好学，出口成章。幼年时的一年春节，他看到门口对面有一片长势很好的竹子，就应景写了一副春联贴在门上：

门对千竿竹，家藏万卷书。

对门的员外是这片竹子的主人，他看到解缙这个穷小子写这副春联，很不高兴，心想，穷苦人家怎么配得上贴这副春联？马上命令仆人把这片竹子砍了。解缙看到对面的竹子只剩下短短的一截根了，微微一笑，提笔在上、下联各添一个字，改为：

门对千竿竹短，家藏万卷书长。

那个员外听到仆人禀报，气得浑身颤抖，下令仆人把竹子连根挖起来，看你解缙还怎么短长！不料，解缙又提笔在上、下联各添一个字，改为：

门对千竿竹短无，家藏万卷书长有。

员外气得吐血！

（二）纪晓岚巧写春联

纪晓岚是清代学者、文学家。历雍正、乾隆、嘉庆三朝，官至礼部尚书、协办大学士。一年春节，他回乡探亲，乡里有一家三兄弟请他帮写一副春联，他一挥而就：

惊天动地门户，数一数二人家。

横批：先斩后奏

奸臣知道纪晓岚写了这一副春联，就以“犯上”的罪名向乾隆皇帝告纪晓岚犯了“欺君之罪”！乾隆皇帝马上派人把纪晓岚抓来查问，纪晓岚回答道：“报皇上：这春联确实是我写的，但我没有欺君。这家老大是卖炮仗的，所以说他是惊天动地门户；老二是在集市上用斗量米的，整天一斗、两斗地数数，所以是数一数二人家；老三是卖烧鸡烧鸭的，所以是先斩后奏。”乾隆听罢大笑。

第二节　元宵佳节

元宵节，又称上元节、小正月、元夕或灯节，为每年农历正月十五日，是中国春节年俗中最后一个重要节令。元宵节是中国与汉字文化圈地区以及海外华人的传统节日之一。正月是农历的元月，古人称“夜”为“宵”，所以把一年中第一个月圆之夜正月十五称为元宵节。

中国古俗中，上元节（天官节）、中元节（地官节、盂兰盆节）、下元节（水官节）合称三元。元宵节俗的形成有一个较长的过程，据一般的资料与民俗传说，正月十五在西汉已经受到重视，汉武帝正月上辛夜在甘泉宫祭祀“太一”的活动，被后人视作正月十五祭祀天神的先声。不过，正月十五元宵节真正作为民俗节日是在汉魏之后。

元宵节习俗自古以来就以热烈喜庆的观灯习俗为主。传统习俗出门赏月、燃灯放焰、喜猜灯谜、共吃元宵、拉兔子灯等。此外，不少地方元宵节还增加了耍龙灯、耍狮子、踩高跷、划旱船、扭秧歌、打太平鼓等传统民俗表演。

2008 年 6 月，元宵节入选第二批国家级非物质文化遗产。

旧习元宵之夜，城里乡间，到处张灯结彩，观花灯，猜灯谜，盛况空前。届时，不论皇室贵戚，平民百姓，深闺淑女，均可破常规，顺习俗。制灯玩赏，出游嬉闹。唐诗人崔液作诗道：“玉漏银壶且莫催，铁关金锁彻明开；谁家见月能闲坐，何处闻灯不看来？”平时足不涉户的闺阁女子，往往乘此机会与意中人谈情相会。宋辛弃疾《元夕》词云：“东风夜放花千树，更吹落，星如雨。宝马雕车香满路。凤箫声动，玉壶光转，一夜鱼龙舞。蛾儿雪柳黄金缕，笑语盈盈暗香去。众里寻他千百度，蓦然回首，那人却在灯火阑珊处。”形象生动地展现了元宵灯会狂欢之夜，情人急于约会，望眼欲穿，“踏破铁鞋无觅处”，见时就在眼前的有趣场景。

唐宋明清，元宵灯成了年节中重要的民众娱乐活动。墨客骚人，常常吟诗作画，作为增添雅兴。今天，元宵放灯、观灯，仍是中国广大地区人民喜闻乐见的民俗娱乐活动。特别是近几年，出现了空前繁荣的景象。人们喜欢元宵灯节，可它究竟是什么时候起源的呢？

一、元宵节的起源

（一）源于“平吕”说

传说元宵节是汉文帝时为纪念“平吕”而设。汉高祖刘邦死后，吕后之子刘盈登基为汉惠帝。惠帝生性懦弱，优柔寡断，大权渐渐落在吕后手中。汉惠帝病死后吕后独揽朝政把刘氏天下变成了吕氏天下，朝中老臣，刘氏宗室深感愤慨，但都惧怕吕后残暴而敢怒不敢言。

吕后病死后，诸吕惶惶不安害怕遭到伤害和排挤。于是，在上将军吕禄家中秘密集合，共谋作乱之事，以便彻底夺取刘氏江山。此事传至刘氏宗室齐王刘襄耳中，刘囊为保刘氏江山，决定起兵讨伐诸吕。随后与开国老臣周勃、陈平取得联系，设计解除了吕禄，“诸吕之乱”终于被彻底平定。

平乱之后，众臣拥立刘邦的第二个儿子刘恒登基，称汉文帝。文帝深感太平盛世来之不易，便把平息“诸吕之乱”的正月十五，定为与民同乐日，京城里家家张灯结彩，以示庆祝。从此，正月十五便成了一个普天同庆的民间节日——“闹元宵”。

汉武帝时，“太一神”的祭祀活动定在正月十五（太一：主宰宇宙一切之神）。司马迁创建“太初历”时，就已将元宵节确定为重大节日。

（二）源于火把说

元宵是中国自古的传统节日，元宵赏灯始于上古民众在乡间田野持火把驱赶虫兽，希望减轻虫害，祈祷获得好收成。直到今天，中国西南一些地区的人们还在正月十五用芦柴或树枝做成火把，成群结队高举火把在田头或晒谷场跳舞。隋、唐、宋以来，更是盛极一时。参加歌舞者足达数万，从昏达旦，至晦而罢。当随着社会和时代的变迁，元宵节的风俗习惯早已有了较大的变化，但至今仍是中国民间传统节日。

最近出现一种新说法据 1 985 年第 1 期《民间文学论坛》所载的《灯节的起源与发展》一文认为，元宵灯节“最早起源于对火的崇拜”，“原始人发明了火之后”，“认为神秘的火能驱赶走一切妖魔鬼怪”。相沿成习，最先形成仪式活动的，便是“傩”，“傩”是一种持火驱鬼的习俗活动，其“原始形态，可追溯至久远的上古时代”。

（三）源于“三元”说

元宵燃灯的习俗起源于道教的“三元说”上元，含有新的一年第一次月圆之夜的意思。上元节的由来，《岁时杂记》记载说，这是因循道教的陈规。道教曾把一年中的正月十五称为上元节，七月十五为巾元节，十月十五为下元节，合称“三元”。汉末道教的重要派别五斗米道崇奉的神为天官、地官、水官，说天官赐福，地官赦罪，水官解厄，并以三元配三官，说上元天官正月十五日生，中元地官七月十五日生，下元水官十月十五日生。这样，正月十五日就被称为上元节。南宋吴白牧在《梦粱录》中说："正月十五日元夕节，乃上元天官赐福之辰。"故上元节要燃灯。

二、元宵节的习俗

（一）吃元宵

正月十五吃元宵，"元宵"作为食品，在我国由来已久。宋代，民间即流行一种元宵节吃的新奇食品。这种食品，最早叫"浮元子"，后称"元宵"，生意人还美其名曰"元宝"。古时"元宵"价格比较贵，有一首诗说："贵客钩帘看御街，市中珍品一时来。帘前花架无路行，不得金钱不得回。"

元宵俗称"汤圆"以白糖、玫瑰、芝麻、豆沙、黄桂、核桃仁、果仁、枣泥等为馅，用糯米粉包成圆形，可荤可素，风味各异。可汤煮、油炸、蒸食，有团圆美满之意。北方"滚"元宵，南方"包"汤圆，这是两种做法和口感都不同的食品。陕西的汤圆不是包的，而是在糯米粉中"滚"成的，或煮司或油炸，热热火火，团团圆圆。

（二）闹花灯

农历正月十五是"元宵节"，此节日民间有挂灯、打灯、观灯灯习俗，故也称灯节。

闹花灯是元宵节传统节日习俗，始于西汉，兴盛于隋唐。隋唐以后，历代灯火之风盛行，并沿袭传于后世。而正月十五，又是一年一度的闹花灯放烟火的高潮。所以也把元宵节称为"灯节"在山西的县城一级城郭甚至乡镇中，这些居民集中地，繁华热闹区，在正月十五到来之前，满街挂满灯笼，到处花团锦簇，灯光摇曳，到正月十五晚上达到高潮。正月十五的"观灯"已经成为山西民间群众白发的活动，在正月十五晚上，街头巷尾，红灯高挂，有宫灯、兽头灯、走马灯、花卉灯、鸟禽灯等，吸引着观灯的群众。太原一带，太谷县的灯是很有名气的。太谷的灯，以品种繁多、制作精巧、外观引人出名。

（三）猜灯谜

猜灯谜又称打灯谜，是中国独有的富有民族风格的一种传统民俗文娱活动形式，是从古代就开始流传的元宵节特色活动。每逢农历正月十五，传统民间都要挂起彩灯，燃放焰火，后来有好事者把谜语写在纸条上，贴在五光十色的彩灯上供人猜。因为谜语能启迪智慧又迎合节日气氛，所以响应的人众多，而后猜谜逐渐成为元宵节不可缺少的节目。灯谜增添节日气氛，展现了古代劳动人民的聪明才智和对美好生活的向往。

（四）耍龙灯

耍龙灯，也称舞龙灯或龙舞。它的起源可以追溯上古时代。传说，早在黄帝时期，在一种《清角》的大型歌舞中，就出现过由人扮演的龙头鸟身的形象，其后又编排了六条蛟龙互相穿插的舞蹈场面。见于文字记载的龙舞，是汉代张衡的《西京赋》，作者在百戏的铺叙中对龙舞作了生动的描绘。而据《隋书·音乐志》记载，隋炀帝时类似百戏中龙舞表演的《黄龙变》也非常精彩，龙舞流行于中国很多地方。中华民族崇尚龙，把龙作为吉祥的象征。

（五）踩高跷

踩高跷，是民间盛行的一种群众性技艺表演。高跷本属中国古代百戏之一种，早在春秋时已经出现。中国最早介绍高跷的是《列子·说符》篇："宋有兰子者，以技干宋元。宋元召而使见其技。"

（六）舞狮子

舞狮子是中国优秀的民间艺术，每逢元宵佳节或集会庆典，民间都以狮舞前来助兴。这一习俗起源于三国时期，南北朝时开始流行，至今已有一千多年的历史。

舞狮子始于魏晋，盛于唐，又称"狮子舞""太平乐"，一般由三人完成，二人装扮成狮子，一人充当狮头，一人充当狮身和后脚，另一人当引狮人，舞法上又有文武之分，文舞表现狮子的温驯，有抖毛、打滚等动作，武狮表现狮子的闪猛，有腾跃、蹬高、滚彩球等动作。

（七）划旱船

划旱船，民间传说是为了纪念治水有功的大禹的。划旱船也称跑旱船，就是在陆地上模仿船行功作，表演跑旱船的大多是姑娘。旱船不是真船，多用两片薄板，锯成船形，以竹木扎成，再蒙以彩布，套系在姑娘的腰间，如同坐于船中一样，手里拿着桨，做划行的姿势，一面跑，一面唱些地方小调，边歌边舞，这就是划旱船了。有时还另有一男子扮成坐船的船客，搭档着表演，则多半扮成丑角，以各种滑稽的动作来逗观众欢乐。划旱船流行于中国很多地区。

（八）走百病

"走百病"，也叫游百病，散百病，烤百病，走桥等，是一种消灾祈健康的活动。元宵节夜妇女相约出游，结伴而行，见桥必过，认为这样能祛病延年。

走百病是明清以来北方的风俗，有的在十五日，但多在十六日进行。这天妇女们穿着节日盛装，成群结队走出家门，走桥渡危，登城，摸钉求子，直到夜半，始归。

三、元宵节的食俗

元宵节，家家户户自制元宵。元宵，是一种雅俗共尝，甜而不腻，脍炙人口的民间小吃，全国流行。正月十五吃元宵，元宵作为食品，在中国也由来已久。宋代，民间即流行一种元宵节吃的新奇食品。在南北朝时浇上肉加便便汤汁的米粥或豆粥。但这项食品主要用来祭祀，还谈不上是节日食品。到了宋朝郑望之的《膳夫录》才记载了："汴中节食，上元油锤"。油锤的制法，据《太平广记》引《卢氏杂说》中一则"尚食令"的记载，类似后代的炸元宵。也有人美其名为"油画明珠"。唐朝的元宵节食是面蚕。王仁裕（880-956 年）的《开元天宝遗事》记载："每岁上元，都人造面蚕的习俗到宋代仍有遗留，但不同的应节食品则较唐朝更为丰"。吕原明的《岁时杂记》就提到："京人以绿豆粉为科斗羹，煮糯为丸，糖为臛，谓之圆子盐豉。捻头杂肉煮汤，谓之盐豉汤，又如人日造蚕，皆上元节食也"。到南宋时，就有所谓"乳糖圆子"的出现，这应该就是汤圆的前身了。

清朝康熙年间，御膳房特制的"八宝元宵"，是名闻朝野的美味。马思远则是当时北京城内制元宵的高手。他制作的滴粉元宵远近驰名。符曾的《上元竹枝词》云："桂花香馅裹胡桃，江米如珠井水淘。见说马家滴粉好，试灯风里卖元宵"。诗中所咏的，就是鼎鼎大名的马家元宵。

近千年来，元宵的制作日见精致。光就面皮而言，就有江米面、粘高粱面、黄米面和苞谷面。馅料的内容更是甜咸荤素、应有尽有。甜的有所谓桂花白糖、山楂白糖、什锦、豆沙、芝麻、花生等。咸的有猪油肉馅，可以作油炸炒元宵。素的有芥、蒜、韭、姜组成的五辛元宵，有表示勤劳、长久、向上的意思。

制作的方法也南北各异。北方的元宵多用箩滚手摇的方法，南方的汤圆则多用手心揉团。元宵可以大似核桃、也有小似黄豆，煮食的方法有带汤、炒吃、油氽、蒸食等。不论有无馅料，都同样的美味可口。元宵已成了一种四时皆备的点心小吃，随时都可以来一碗解解馋。

四、元宵节的文化价值

中国传统节日习俗适应了中国社会广大民众在物质、精神、伦理和审美等方面的综合需要。在物质生活层面，中国的传统节日具有许多不同节日独特的食品。元宵佳节，全家人在一起吃汤圆，"汤圆"与"团圆"字音相近，象征着团团圆圆，和睦相处。

元宵节的文化价值在于它是全民的狂欢节，人人参与，乐在其中。古代元宵节由于开禁，人流如织，男女相遇，易于产生爱情。千百年来，在元宵节上演的两情相悦的爱情故事，举不胜举。

元宵节主要活动是大众娱乐，但是其社会文化意义却不仅仅是娱乐。正月十五有很多信仰活动，祈求神灵保佑。

元宵节也是求子的佳节良辰。宋代陈元靓《岁时广记》卷十二《偷灯盏》解释当时人在元宵节偷灯的原因时说："一云，偷灯者，生男子之兆。"这里"灯"谐音

“丁”，就是男丁。这样一来，偷灯就象征着生育儿子，偷灯就是祈求子嗣绵延。根据同样的道理，观灯也具有求子的含义。于是，古代妇女出门观灯有了这个理由，就名正言顺了。

2008 年 6 月 14 日，北京市怀柔区、密云区，山西省柳林县，河北省蔚县，福建省福州市马尾区、泉州市、晋江市、仙游县、连城县，甘肃省永昌县，青海省乐都县申报的元宵节（敛巧饭习俗、九曲黄河阵灯俗、柳林盘子会、蔚县拜灯山习俗、马尾—马祖元宵节俗、泉州闹元宵习俗、闽台东石灯俗、枫亭元宵游灯习俗、闽西客家元宵节庆、永昌县卍字灯俗、九曲黄河灯俗）经国务院批准列入第二批国家级非物质文化遗产名录。

2014 年 12 月 3 日，北京市门头沟区，河北省滦平县，浙江省杭州市萧山区，浙江省宁海县，山东省淄博市张店区，陕西省彬县申报的元宵节（千军台庄户幡会、抡花、河上龙灯胜会、前童元宵行会、淄博花灯会、彬县灯山会）经国务院批准列入第四批国家级非物质文化遗产名录。

第三节　春景清明

清明节又叫踏青节，在仲春与暮春之交，也就是冬至后的第 104 天，是中国传统节日之一，也是最重要的祭祀节日之一，是祭祖和扫墓的日子。

中国汉族传统的清明节大约始于周代，距今已有二千五百多年的历史。受汉族文化的影响，中国的满族、赫哲族、壮族、鄂伦春族、侗族、土家族、苗族、瑶族、黎族、水族、京族、羌族等 24 个少数民族，也都有过清明节的习俗。虽然各地习俗不尽相同，但扫墓祭祖、踏青郊游是基本主题。

2006 年 5 月 20 日，经国务院批准，将清明节列入第一批国家级非物质文化遗产名录。

一、清明节的起源

（一）源于“介子推”说

相传春秋时期，晋公子重耳为逃避迫害而流亡国外。流亡途中，在一处渺无人烟的地方，又累又饿，再也无力站起来。随臣找了半天也找不到一点吃的，正在大家万分焦急的时候，随臣介子推走到僻静处，从自己的大腿上割下一块肉，煮了一碗肉汤让公子喝了，重耳渐渐恢复了精神，当重耳发现肉是介子推从自己腿上割下的时候，感动得流下了眼泪。

十九年后，重耳做了国君，也就是历史上的晋文公。即位后晋文公重重赏了当初伴随他流亡的功臣，唯独忘了介子推。很多人为介子推鸣不平，劝他面君讨赏，然而介子推最鄙视那些争功讨赏的人。他打点好行装，同老母亲悄悄地到绵山隐居去了。

晋文公听说后，羞愧莫及，亲自带人去请介子推，然而介子推已离家去了绵山。

绵山山高路险，树木茂密，找寻两个人谈何容易，有人献计，从三面火烧绵山，逼出介子推。大火烧遍绵山，却没见介子推的身影，火熄后，人们才发现背着老母亲的介子推已坐在一棵老柳树下死了。晋文公见状，恸哭。装殓时，从树洞里发现一片衣襟，上写道："割肉奉君尽丹心，但愿主公常清明。"为了纪念介子推，晋文公下令将这一天定为寒食节。

第二年晋文公率众臣登山祭奠，发现老柳树死而复活，便赐老柳树为"清明柳"，并晓谕天下，把寒食节的后一天定为清明节。

（二）源于"节气清明"说

西汉时期的《淮南子·天文训》中说："春分后十五日，斗指乙，则清明风至。""清明风"即清爽明净之风。《岁时百问》则说："万物生长此时，皆清洁而明净。故谓之清明。"虽然作为节日的清明在唐朝才形成，但作为时序标志的清明节气早已被古人所认识，汉代已有了明确的记载。

二十四节气是中国古代天文学家和民众在生活和生产实践中总结出来的气候规律，比较适宜地反映了一年四季气温、物候、降雨等方面的变化，对人们依时安排农耕、蚕桑等活动有不可或缺的指导意义。到了清明，气温变暖，降雨增多，正是春耕春种的大好时节。所以清明对于古代农业生产而言是一个重要的节气。农谚说："清明前后，种瓜点豆""植树造林，莫过清明"，正是说的这个道理。东汉崔寔《四民月令》记载："清明节，命蚕妾，治蚕室……"说的是这时开始准备养蚕。其中的"清明节"还只是一个节气，不是节日。清明节气在时间和天气物候特点上为清明节俗的形成提供了重要条件，该节气被看作清明节的源流之一。

二、清明节的习俗

清明节的习俗是丰富有趣的，除了讲究禁火、扫墓，还有踏青、荡秋千、蹴鞠、打马球、插柳等一系列风俗体育活动。相传这是因为清明节要寒食禁火，为了防止寒食冷餐伤身，所以大家来参加一些体育活动，以锻炼身体。因此，这个节日中既有祭扫新坟生别死离的悲酸泪，又有踏青游玩的欢笑声，是一个富有特色的节日。

（一）荡秋千

这是我国古代清明节习俗。秋千，意即揪着皮绳而迁移。它的历史很古老，最早叫千秋，后为了避忌讳，改为秋千。古时的秋千多用树桠枝为架，再拴上彩带做成。后来逐步发展为用两根绳索加上踏板的秋千。荡秋千不仅可以增进健康，而且可以培养勇敢精神，至今为人们特别是儿童所喜爱。

（二）蹴鞠

鞠是一种皮球，球皮用皮革做成，球内用毛塞紧。蹴鞠，就是用足去踢球。这是古代清明节时人们喜爱的一种游戏。相传是黄帝发明的，最初目的是用来训练武士。

（三）踏青

又叫春游。古时叫探春、寻春等。三月清明，春回大地，自然界到处呈现一派生机勃勃的景象，正是郊游的大好时光。我国民间长期保持着清明踏青的习惯。

（四）植树

清明前后，春阳照临，春雨飞洒，种植树苗成活率高，成长快。因此，自古以来，我国就有清明植树的习惯。有人还把清明节叫作“植树节”。植树风俗一直流传至今。1979年，人大常委会规定，每年三月十二日为我国植树节。这对动员全国各族人民积极开展绿化祖国活动，有着十分重要的意义。

（五）放风筝

也是清明时节人们所喜爱的活动。每逢清明时节，人们不仅白天放，夜间也放。夜里在风筝下或风稳拉线上挂上一串串彩色的小灯笼，像闪烁的明星，被称为“神灯”。过去，有的人把风筝放上蓝天后，便剪断牵线，任凭清风把它们送往天涯海角，据说这样能除病消灾，给自己带来好运。

（六）扫墓

清明扫墓，谓之对祖先的“思时之敬”。其习俗由来已久。明《帝京景物略》载：“三月清明日，男女扫墓，担提尊，轿马后挂楮锭，粲粲然满道也。拜者、酹者、哭者、为墓除草添土者，焚楮锭次，以纸钱置坟头。望中无纸钱，则孤坟矣。哭罢，不归也，趋芳树，择园圃，列坐尽醉。”其实，扫墓在秦以前就有了，但不一定是在清明之际，清明扫墓则是秦以后的事。到唐朝才开始盛行。《清通礼》云：“岁，寒食及霜降节，拜扫圹茔，届期素服诣墓，具酒馔及芟剪草木之器，周胝封树，剪除荆草，故称扫墓”并相传至今。

有的富户要携家带眷乘车坐轿，亲到坟茔去祭扫。届时要修整坟墓，或象征性地给坟头上添添土，还要在上边压些纸钱，让他人看了，知道此坟尚有后人。祭罢，有的围坐聚餐饮酒；有的则放起风筝，甚至互相比赛，进行娱乐活动。妇女和小孩们还要就近折些杨柳枝，将撤下的蒸食供品用柳条穿起来。有的则把柳条编成箩圈状，戴在头上，谓“清明不戴柳，来生变黄狗”。此既是扫墓又是郊游，兴尽方归。

（七）插柳

据说，插柳的风俗，也是为了纪念“教民稼穑”的农事祖师神农氏的。有的地方，人们把柳枝插在屋檐下，以预报天气，古谚有“柳条青，雨蒙蒙；柳条干，晴了天”的说法。黄巢起义时规定，以“清明为期，戴柳为号”。起义失败后，戴柳的习俗渐被淘汰，只有插柳盛行不衰。杨柳有强大的生命力，俗话说：“有心栽花花不开，无心插柳柳成荫。”柳条插土就活，插到哪里，活到哪里，年年插柳，处处成荫。

清明插柳戴柳还有一种说法：原来中国人以清明、七月半和十月朔为三大鬼节，是百鬼出没讨索之时。人们为防止鬼的侵扰迫害，而插柳戴柳。柳在人们的心目中有辟邪的功用。受佛教的影响，人们认为柳可以却鬼，而称之为“鬼怖木”，观世音以柳枝沾水济度众生。北魏贾思勰《齐民要术》里说：“取柳枝著户上，百鬼不入家。”清明既是鬼节，值此柳条发芽时节，人们自然纷纷插柳戴柳以辟邪了。

汉人有“折柳赠别”的风俗：灞桥在长安东，跨水作桥，汉人送客至此桥，折柳赠别。李白有词云：“年年柳色，灞陵伤别。”古代长安灞桥两岸，堤长十里，一步一柳，由长安东去的人多到此地惜别，折柳枝赠别亲人，因“柳”与“留”谐音，以表示挽留之意。这种习俗最早起源于《诗经·小雅·采薇》里“昔我往矣，杨柳依依”。用离别赠柳来表示难分难离，不忍相别，恋恋不舍的心意。杨柳是春天的标志，在春天中摇曳的杨柳，总是给人以欣欣向荣之感。“折柳赠别”就蕴含着“春常在”的祝愿。古人送行折柳相送，也喻意亲人离别去乡正如离枝的柳条，希望他到新的地方，能很快地生根发芽，好像柳枝之随处可活。它是一种对友人的美好祝愿。古人的诗词中也大量提及折柳赠别之事。唐代权德舆诗：“新知折柳赠”，宋代姜白石诗：“别路恐无青柳枝”，明代郭登诗：“年年长白送行人，折尽边城路旁柳。”清代陈维崧词：“柳条今剩几？待折赠。”人们不但见了杨柳会引起别愁，连听到《折杨柳》曲，也会触动离绪。李白《春夜洛城闻笛》：“此夜曲中闻折柳，何人不起故园情。”其实，柳树可以有多方面的象征意义，古人又赋予柳树种种感情，于是借柳寄情便是情理中之事了。

三、清明节的食俗

由于寒食节与清明节合二为一的关系，一些地方还保留着清明节吃冷食的习惯。在山东，即墨吃鸡蛋和冷饽饽，莱阳、招远、长岛吃鸡蛋和冷高粱米饭，据说不这样的话就会遭冰雹。泰安吃冷煎饼卷生苦菜，据说吃了眼睛明亮。晋中一带还保留着清明前一日禁火的习惯。

很多地方在完成祭祀仪式后，将祭祀食品分吃。晋南人过清明时，习惯用白面蒸大馍，中间夹有核桃、枣儿、豆子，外面盘成龙形，龙身中间扎一个鸡蛋，名为“子福”。要蒸一个很大的总“子福”，象征全家团圆幸福。上坟时，将总“子福”献给祖灵，扫墓完毕后全家分食之。上海旧俗，用柳条将祭祀用过的蒸糕饼团贯穿起来，晾干后存放着，到立夏那天，将之油煎，给小孩吃，据说吃了以后不得疰夏病。

上海清明节时有吃青团的风俗。将雀麦草汁和糯米一起舂合，使青汁和米粉相互融合，然后包上豆沙、枣泥等馅料，用芦叶垫底，放到蒸笼内。蒸熟出笼的青团色泽鲜绿，香气扑鼻，是本地清明节最有特色的节令食品。上海也有的人家清明节爱吃桃花粥，在扫墓和家宴上爱用刀鱼。

青团

在浙江湖州，清明节家家裹粽子，可作上坟的祭品，也可作踏青带的干粮。俗话说："清明粽子稳牢牢。"清明前后，螺蛳肥壮。俗话说："清明螺，赛只鹅。"农家有清明吃螺蛳的习惯，这天用针挑出螺蛳肉烹食，叫"挑青"。吃后将螺蛳壳扔到房顶上，据说屋瓦上发出的滚动声能吓跑老鼠，有利于清明后的养蚕。清明节这天，还要办社酒。同一宗祠的人家在一起聚餐。没有宗祠的人家，一般同一高祖下各房子孙们在一起聚餐。社酒的菜肴，荤以鱼肉为主，素以豆腐青菜为主，酒以家酿甜白酒为主。浙江桐乡河山镇有"清明大似年"的说法，清明夜重视全家团圆吃晚餐，饭桌上少不了这样几个传统菜：炒螺蛳、糯米嵌藕、发芽豆、马兰头等。这几样菜都跟养蚕有关。把吃剩的螺蛳壳往屋里抛，据说声音能吓跑老鼠，毛毛虫会钻进壳里做巢，不再出来骚扰蚕。吃藕是祝愿蚕宝宝吐的丝又长又好。吃发芽豆是博得"发家"的口彩。吃马兰头等时鲜蔬菜，是取其"青"字，以合"清明"之"青"。

南方人喜欢做"艾糍粑"，民间常于清明前后采摘艾草的嫩苗煮熟，糅人糯米粉中做成墨绿色的扁形糕团，以花生、芝麻、红糖为馅，香糯清甜，口感细腻，味道鲜美。

第四节　阳盛端午

农历五月初五为端午节，又称端阳节、午日节、艾节、端五、重午、午日、夏节。虽然名称不同，但各地人民过节的习俗是相同的。端午节是我国两千多年的旧习俗，每到这一天，家家户户都悬钟馗像，挂艾叶菖蒲，赛龙舟，吃粽子，饮雄黄酒，游百病，配香囊，备牲醴。

一、端午节的来源

（一）源于"浴兰节"说

古人五月采摘兰草盛行以兰草汤沐浴、除毒之俗。《大戴礼记·夏小正》"五月……煮梅为豆实也蓄兰为沐浴也。”屈原《九歌·云中君》“浴兰汤兮沐芳华采衣兮若英。”南朝梁人宗懔《荆楚岁时记》云“五月五日谓之浴兰节。”此俗流传至唐宋时代又称端午为浴兰之月。

（二）纪念历史人物说

1. 纪念屈原说

据《史记》“屈原贾生列传”记载，屈原，是春秋时期楚怀王的大臣。他倡导举贤授能，富国强兵，力主联齐抗秦，遭到贵族子兰等人的强烈反对，屈原遭谗去职，被赶出都城，流放到沅、湘流域。他在流放中，写下了忧国忧民的《离骚》《天问》《九歌》等不朽诗篇，独具风貌，影响深远（因而，端午节也称诗人节）。公元前278年，秦军攻破楚国京都。屈原眼看自己的祖国被侵略，心如刀割，但是始终不忍舍弃自己的祖国，于五月五日，在写下了绝笔作《怀沙》之后，抱石投汨罗江身死，以自己的生命谱写了一曲壮丽的爱国主义乐章。

传说屈原死后，楚国百姓哀痛异常，纷纷涌到汨罗江边去凭吊屈原。渔夫们划起船只，在江上来回打捞他的真身。有位渔夫拿出为屈原准备的饭团、鸡蛋等食物丢进江里，说是让鱼龙虾蟹吃饱了，就不会去咬屈大夫的身体了。人们见后纷纷仿效。一位老医师则拿来一坛雄黄酒倒进江里，说是要药晕蛟龙水兽，以免伤害屈大夫。后来为怕饭团为蛟龙所食，人们想出用楝树叶包饭，外缠彩丝，发展成粽子。

以后，在每年的五月初五，就有了龙舟竞渡、吃粽子、喝雄黄酒的风俗；以此来纪念爱国诗人屈原。

2. 纪念伍子胥说

伍子胥名员，楚国人，父兄均为楚王所杀，后来子胥投奔吴国，助吴伐楚，五战而人楚都郢城。当时楚平王已死，子胥掘墓鞭尸三百，以报杀父兄之仇。吴王阖庐死后，其子夫差继位，吴军士气高昂，百战百胜，越国大败，越王勾践请和，夫差许之。子胥建议，应彻底消灭越国，夫差不听，吴国大宰，受越国贿赂，谗言陷害子胥，夫差信之，赐子胥宝剑，子胥以此死。子胥本为忠良，视死如归，在死前对邻舍人说：“我死后，将我眼睛挖出，悬挂在吴京之东门上，以看越国军队入城灭吴。”便自刎而死，夫差闻言大怒，令取子胥之尸体，装在皮革里于五月五日投入大江，因此，相传端午节亦为纪念伍子胥之日。

3. 纪念曹娥说

曹娥是东汉上虞人，父亲溺于江中，数日不见尸体，当时孝女曹娥年仅十四岁，昼夜沿江号哭。过了十七天，在五月五日也投江，五日后抱出父尸。就此传为神话，继而相传至县府知事，令度尚为之立碑，让他的弟子邯郸淳作诗词颂扬。孝女曹娥之墓，在今浙江绍兴，后传曹娥碑为晋王义所书。后人为了纪念曹娥的孝节，在曹娥投江之处兴建曹娥庙，她所居住的村镇改名为曹娥镇，曹娥殉父之处定名为曹娥江。

二、端午节的习俗

（一）悬钟馗像

钟馗捉鬼，是端午节习俗。在江淮地区，家家都悬钟馗像，用于镇宅驱邪。唐明皇开元，自骊山讲武回宫，疟疾大发，梦见二鬼，一大一小，小鬼穿大红无裆裤，偷杨贵妃之香囊和唐明皇的玉笛，绕殿而跑。大鬼则穿蓝袍戴帽，捉住小鬼，挖掉其眼睛，一口吞下。唐明皇喝问，大鬼奏曰：臣姓钟馗，即武举不第，愿为陛下除妖魔，唐明皇醒后，疟疾痊愈，于是令画工吴道子，按照梦中所见画成钟馗捉鬼之画像，通令天下于端午节时，一律张贴，以驱邪魔。卦艾叶菖蒲：在端午节，家家都以菖蒲、艾叶、榴花、蒜头、龙船花，制成人形称为艾人。将艾叶悬于堂中，剪为虎形或剪为小虎，贴以艾叶，妇人争相佩戴，以辟邪驱瘴。用菖蒲作剑，插于门楣，有驱鬼祛贵之神效。

（二）赛龙舟

当时楚人因舍不得贤臣屈原死去，于是有许多人划船追赶拯救。他们争先恐后，追至洞庭湖时不见踪迹，是为龙舟竞渡之起源，后每年五月五日划龙舟以纪念之。借划龙舟驱散江中之鱼，以免鱼吃掉屈原的尸体。竞渡之习，盛行于吴、越楚。清乾隆二十九年台湾开始有龙舟竞渡，当时台湾知府蒋元君曾在台南市法华寺半月池主持友谊赛。现在台湾每年五月五日都举行龙舟竞赛。香港有竞渡，近来英国人也有仿效中国人的做法，组织鬼佬队，进行竞赛活动。

（三）吃粽子

荆楚之人，在五月五日煮糯米饭或蒸粽糕投入江巾，以祭祀屈原，唯恐鱼吃掉，故用竹筒盛装糯米饭掷下，以后渐用粽叶包米代替竹筒。

（四）饮雄黄酒

传说屈原投江之后，屈原家乡的人们为了不让蛟龙吃掉屈原的遗体，纷纷把粽子、咸蛋抛入江中。一位老医生拿来一坛雄黄酒倒入江中，说是可以药晕蛟龙，保护屈原。一会儿，水面果真浮起一条蛟龙。于是，人们把这条蛟龙扯上岸，抽其筋，剥其皮，之后又把龙筋缠在孩子们的手腕和脖子上，再用雄黄酒抹七窍，以为这样便可以使孩子们免受虫蛇伤害。据说这就是端午节饮雄黄酒的来历。

（五）佩戴香囊

端午节小孩佩戴香囊，不但有辟邪驱瘟之意，而且有襟头点缀之风。香囊内有朱砂、雄黄、香药，外包以丝布，清香四溢，再以五色丝线弦扣成索，作各种不同形状，结成一串，形形色色，玲珑夺目。

（六）浴兰汤

端午日洗浴兰汤是《大戴礼》记载的古俗。当时的兰不是现在的兰花，而是菊科的佩兰，有香气，可煎水沐浴。《九歌·云中君》亦有“浴兰汤会沭芳”之句。《荆楚岁时记》：“五月五日，谓之浴兰节。”《五杂俎》记明代人因为“兰汤不可得，则以午时取五色草拂而浴之”。后来一般是煎蒲、艾等香草洗澡。在广东，则用艾、蒲、凤仙、白玉兰等花草；在湖南、广西等地，则用柏叶、大风根、艾、蒲、桃叶等煮成药水洗浴。不论男女老幼，全家都洗，此俗至今尚存，据说可治皮肤病、去邪气。

三、端午节的食俗

（一）吃粽子

“粽子香，香厨房。艾叶香，香满堂。桃枝插在大门上，出门一望麦儿黄。这儿端阳，那儿端阳，处处都端阳。”这是旧时流行甚广的一首描写过端午节的民谣。总体上说，各地人民过端午节的习俗大同小异，而端午节吃粽子，古往今来，中国各地都一样。如今的粽子更是多种多样，璀璨纷呈。现今各地的粽子，一般都用箬壳包糯米，但内含的花色则根据各地特产和风俗而定，著名的有桂圆粽、肉粽、水晶粽、莲蓉粽、蜜饯粽、板栗粽、辣粽、酸菜粽、火腿粽、咸蛋粽等。

粽子

（二）饮雄黄酒

端午饮雄黄酒的习俗，从前在长江流域地区极为盛行。古语曾说：“饮了雄黄酒，病魔都远走”。民间流传有“早端午，晚中秋”之说，古人以为晨属龙，晨时正是群龙形雨之时，故在端午节早晨设雄黄酒以饮宴祈雨，希望有个风调雨顺、五谷丰登的好年景。有的地方在端午清晨，人们还喜欢把雄黄酒或雄黄水洒在屋子外，涂在小孩耳、鼻、头额和面颊上，以避除毒虫、蚊蝇叮咬，驱散瘟疫毒气。不过从现代医学的角度来看，喝雄黄酒对人体是极有害的，即便不喝，只是把雄黄酒涂在孩子的头上、身上，也不可取。

（三）吃打糕

端午节是吉林省延边朝鲜族人民隆重的节日。这一天最有代表性的食品是清香的打糕。打糕，就是将艾蒿与糯米饭，放置于独木凿成的大木槽里，用长柄木槌打制而成的米糕。这种食品很有民族特色，又可增添节日的气氛。

（四）吃煎堆

福建晋江地区，端午节家家户户要吃“煎堆”。“煎堆”是用面粉、米粉或番薯粉和其他配料调成浓糊状煎成。相传古时闽南一带在端午节之前是雨季，阴雨连绵不止，民间说天公穿了洞，要“补天”。端午节吃了“煎堆”后雨便止了，人们说把天补好了。这种食俗由此而来。

第五节　河汉七夕

农历七月初七是人们俗称的七夕节，也称之为“乞巧节”或“女儿节”，这是中国传统节日中最具浪漫色彩的一个节日，传说是牛郎织女鹊桥相会的日子。

一、七夕节的由来

牛郎织女这是一个千古流传的美丽爱情故事，是我国四大民间爱情传说之一。传说牛郎是一个聪明忠厚的小伙子，但父母早逝，只能跟哥嫂生活在一起。但嫂嫂为人狠毒，多次设计陷害牛郎、牛郎被逼离家，陪伴他的只有一头老牛。一天，织女和诸仙女一起下凡游戏，在河里洗澡。牛郎在老牛的帮助下认识了织女，二人互生情意。后来织女偷偷下凡，来到人间，做了牛郎的妻子。织女还把从天上带来的天蚕分给大家，并教大家养蚕、抽丝，织出又光又亮的绸缎。二人生活得十分幸福，并有了一双儿女。后来王母知道了他们的事情，便强行把织女带回天庭，谁知牛郎竟带上儿女追赶织女到了天庭，狠心的王母娘娘便拔下玉簪子划银河为界，使牛郎织女隔河相望，而不能相见。天上人间同情二人对爱情的忠贞，于是每年的七月初七，所有喜鹊便衔柴搭桥，人称鹊桥，让牛郎织女在桥上相会。在晴朗的夏秋之夜，天上繁星闪耀，一道白茫茫的银河横贯南北，银河的东西两岸，各有一颗闪亮的星星，隔河相望，遥遥相对，那就是牵牛星和织女星。相传这天晚上要降小雨，那是二人的眼泪。在寂静的瓜架下面，若仔细倾听，你还能听见二人的窃窃私语呢。如能听到牛郎织女相会时的悄悄话，那么待嫁的少女日后便能得到千年不渝的爱情。

七夕坐看牵牛织女星，是民间的习俗。织女是一个美丽聪明、心灵手巧的仙女，凡间的妇女便在这一天晚上向她祈求智慧和巧艺，也向她求赐美满姻缘，所以七夕节也被称为乞巧节。女孩儿们在这个充满浪漫气息的晚上，对着天空的朗朗明月，摆上时令瓜果，朝天祭拜，祈求天上的女神赋予她们聪慧的心灵和灵巧的双手，让自己的针织女红技法娴熟，更乞求爱情婚姻的姻缘巧配。过去婚姻是决定女性一生幸福的大事，所以，世间无数的有情男女都会在这个晚上夜深人静时刻，对着星空祈祷自己的姻缘美满。

二、七夕节的习俗

（一）拜织女

“拜织女”是女性朋友的事，她们预先和自己朋友或邻里们约好五六人，多至十来人，联合举办，举行的仪式是于月光下摆一张桌子，桌子上置茶、酒、水果、五子（桂圆、红枣、榛子、花生、瓜子）等祭品；约好参加拜织女的少妇、少女们准时都到主办的家里来，大家一起围坐在桌前，一面吃花生，瓜子，一面朝着织女星座，默念自己的心事。如少女们希望长得漂亮或嫁个如意郎君、少妇们希望早生贵子等，都可以向织女星默祷。

（二）拜魁星

俗传七月七日是魁星的生日。魁星能左右文人的考运，所以每逢七月七日他的生日，想求取功名的读书人特别崇敬魁星，所以一定在七夕这天祭拜，祈求保佑自己考运亨通。魁星爷就是魁斗星，二十八星宿中的奎星，为北斗七星的第一颗星，也称魁星或魁首。古代士子中状元时称“大魁天下士”或“一举夺魁”，都是因为魁星主掌考运的缘故。

（三）洗发求织女神保佑

七夕洗发，也是特别的习俗。在湖南、江浙一带都有此记载。例如湖南湘潭地区《攸县志》：“七月七日，妇女采柏叶、桃枝，煎汤沐发。”人们认为，七夕这天取泉水、河水，就如同取银河水一样，具有洁净的神圣力量。有的地方直接叫它“天孙（即织女）圣水”。因此女性在这天洗发，也就有了特殊意义，代表用银河里的圣水洗发，可获得织女神的护佑。

（四）穿针乞巧

这是最早的乞巧方式，始于汉朝，流于后世。《西京杂记》说：“汉彩女常以七月七日穿七孔针于开襟楼，人具习之。”南朝梁宗谋《荆楚岁时记》说：“七月七日，是夕人家妇女结彩楼穿七孔外，或以金银鍮石为针。”《舆地志》说：“齐武帝起层城观，七月七日，宫人多登之穿针。世谓之穿针楼。”五代王仁裕《开元天宝遗事》说：“七夕，宫中以锦结成楼殿，高百尺，上可以胜数十人，陈以瓜果酒炙，设坐具，以祀牛女二星，妃嫔各以九孔针五色线向月穿之，过者为得巧之侯。动清商之曲，宴乐达旦。士民之家皆效之。”元陶宗仪《元氏掖庭录》说：“九引台，七夕乞巧之所。至夕，宫女登台以五彩丝穿九尾针，先完者为得巧，迟完者谓之输巧，各出资以赠得巧者焉。”

（五）染指甲

染指甲系流传在中国西南一带的七夕习俗，四川省诸多县志以及贵州、广东两地，也有此风。许多地区的年轻姑娘，喜欢在节日时用树的液浆兑水洗头发，传说不仅可以年轻美丽，而且对未婚的女子，还可以尽快找到如意郎君。用花草染指甲也是大多数女子与儿童们，在节日娱乐中的一种爱好，也与生育信仰有密切的关系。

（六）为牛庆生

儿童在七夕之日采摘野花挂在牛角上，又叫“贺牛生日”。因为传说西王母用天河把牛郎织女分开后，老牛为了让牛郎能够跨越天河见到织女，让牛郎把它的皮剥下来，驾着它的牛皮去见织女。人们为了纪念老牛的牺牲精神，便有了“为牛庆生”的习俗。

（七）配方养生

七夕佳节有配药方的习俗，人们常用松柏等入药配方，甚至还主张饵松实、服柏子、折荷叶等，并称它们为长生不老的仙药。中医认为，久食松子健身心，滋润皮肤，延年益寿；柏子香气浓郁，能养心安神、止汗润肠；荷叶能清热解暑、升发清阳、凉血止血。七夕时闽西客家人习惯用仙人草冬瓜块和水熬煮，再用洁净的瓦坛密封贮存，以治疗发热、头痛、中暑、惊风。

直到今日，七夕仍是一个富有浪漫色彩的传统节日，被誉为中国的情人节。虽然不少习俗活动已弱化或消失，但象征忠贞爱情的牛郎织女的传说，一直流传民间，经久不衰。

第六节　月满中秋

中秋节，又称月夕、秋节、仲秋节、八月节、八月会、追月节、玩月节、拜月节、女儿节或团圆节，是流行于中国众多民族与汉字文化圈诸国的传统文化节日。时在农历八月十五；因其恰值三秋之半，故名，也有些地方将中秋节定在八月十六。中秋节始于唐朝初年，盛行于宋朝，至明清时，已成为与春节齐名的中国主要节日之一。受中华文化的影响，中秋节也是东亚和东南亚一些国家尤其是当地的华人华侨的传统节日。自 2008 年起中秋节被列为国家法定节假日。2006 年 5 月 20 日，国务院列入首批国家级非物质文化遗产名录。

中秋节自古便有祭月、赏月、拜月、吃月饼、赏桂花、饮桂花酒等习俗，流传至今，经久不息。中秋节以月之圆兆人之团圆，为寄托思念故乡，思念亲人之情，祈盼丰收、幸福，成为丰富多彩、弥足珍贵的文化遗产。中秋节与端午节、春节、清明节并称为中国四大传统节日。

一、中秋节的来源

（一）源于“嫦娥奔月”说

中秋节源自嫦娥奔月的故事。据史书记载：“昔嫦娥以西王母不死之药服之，遂奔月为月精。”嫦娥此举所付出的代价是罚作苦役，并终生不能返回人间。李白为此颇为伤感，写有诗句：“白兔捣药秋复春，女亘娥孤栖与谁邻？”嫦娥自己虽觉月宫之好，但也耐不住寂寞，在每年八月十五月圆夜清之时，返回到人间与夫君团聚，但在天明之前必须回到月宫。后世人每逢中秋，既想登月与嫦娥一聚，又盼望嫦娥下凡一睹芳容。因此，许多人在焚香拜月之时，祈求“男则愿早步蟾宫，高攀仙桂……女则愿貌似嫦娥，圆如皓月。”年复一年，人们把这一天作为节日来庆祝。

（二）源于“唐明皇赏月”说

唐代《开元遗事》一书中记载：中秋夜，唐明皇偕杨贵妃在月下游玩儿，游到兴处，二人径自登人月宫，唐明皇还在月宫学得半部《霓裳羽衣曲》，后来补充完整，成为传世之作。唐明皇念念不忘这月宫之行，每年到此时刻，必要赏月一番。百姓也来效仿，月圆之时欢聚一堂，享受人间美景。久而久之，成了一种传统沿袭下来。

（三）源于“推翻元朝”说

中秋节源于推翻元朝统治的一次起义纪念日。在元朝末年，老百姓不堪忍受官府的统治，在中秋季节，把写有“杀鞑子、灭元朝；八月十五家家齐动手”的字条藏在烙好的小圆饼内相互传递。到了八月十五日晚，家家户户齐动手，一举推翻了元朝统治。后来，每逢中秋节，都吃月饼来纪念这次历史性的胜利。

（四）源于“农业生产”说

中秋节源于农业生产。秋天是农作物收获的季节，“秋”字的解释是：“庄稼成熟日秋。”八月中秋，农作物和各种果品陆续成熟，农民为了庆祝丰收，表达喜悦的心情，就以“中秋”这天作为节日。“中秋”就是秋天中间的意思，农历的八月是秋季中间的一个月，十五日又是每个月中间的一天。

二、中秋节的习俗

（一）赏月

根据《东京梦华录》（写于 1147 年）卷八的记载，宋朝的街市，在中秋节的前几天，就已弥漫着浓厚的过节气氛。商店贩卖新酒，重新布置门前的彩楼。市人争饮新有石榴、梨、栗、葡萄、枨橘等。到了晚上，人家争登酒楼赏月，丝竹箫管并作。里巷儿童通宵玩耍，夜市人马杂沓，至於天明。吴自牧（约 1270 年前后在世）

的《梦粱录》卷四也记载，南宋人家多於此日安排家宴、团圆子女，以酬佳节。即使是陋巷里的贫穷人家，也都会典当衣物去购买酒困，来欢度中秋。

（二）拜月

金盈之（约1126年前后在世）的《新编醉翁谈录》卷四则记载了当时人由赏月进而拜月的习俗："京师赏月之会，异於他郡。倾城人家，不以贫富，能自行者至十二三，皆以成人之服饰之。登楼或於庭中焚香拜月，各有所期。男则愿早步蟾宫，高攀仙桂……女则愿貌似嫦娥，圆如洁月。"

（三）赏灯

除了拜月之外，还有赏灯的风俗。周密（1232–1308）的《武林旧事》卷三记载杭州中秋夜："灯烛华灿，竟夕乃止"。浙江也於中秋夜放一种羊皮小水灯"一点红"，江面上布满了数十万盏灯，有如天上繁星，十分引人注目。据说水灯是为讨江神喜欢，并非纯粹为了观赏。

在广州、香港等地，中秋夜要进行树中秋活动，树亦作竖，即将灯彩高竖起来之意。小孩子们在家长协助下用竹纸扎成兔子灯、杨桃灯或正方形的灯，横挂在短竿中，再竖起于高杆上，高挂起来，彩光闪耀，为中秋再添一景。孩子们多互相比赛，看谁竖得高，竖得多，灯彩最精巧。另外还有放天灯的，即孔明灯，用纸扎成大形的灯，灯下燃烛，热气上腾，使灯飞扬在空中，引人欢笑追逐。另外还有儿童手提的各式花灯在月下游嬉玩赏。

在广西南宁一带，除了以纸竹扎各式花灯让儿童玩耍外，还有很朴素的柚子灯、南瓜灯、桔子灯。所谓柚子灯，是将柚子掏空，刻出简单图案，穿上绳子，内点蜡烛即成，光芒淡雅。南瓜灯、橘子灯也是将瓤掏去而成。虽然朴素，但制作简易，很受欢迎，有些孩子还把柚子灯漂人池河水中作游戏。如今广西广东的不少地区，在中秋夜布置灯会，扎制大型现代灯彩，供人观赏。

三、中秋节的食俗

八月十五中秋佳节，家家自然都免不了要置办佳肴美酒，与家人团聚一起，从而形成我国丰富多彩的中秋饮食风俗。

（一）吃月饼

中秋吃月饼，是我国流传已久的传统风俗。风清月朗、桂香沁人，家家尝月饼、赏月亮，喜庆团圆，别有风味。月饼作为一种形如圆月，内含佳馅的食品，在北宋时期就已出现。诗人兼美食家苏东坡就有"小饼如嚼月，中有酥和饴"的诗句。月饼象征着团圆，是中秋佳节必食之品。在节日之夜，人们还爱吃些西瓜等团圆的果品，祈祝家人生活美满、甜蜜、平安。

月饼

（二）吃芋头

中秋食芋头，在不少地方民间则寓意辟邪消灾，并有表示不信邪之意。清乾隆《潮州府志》曰：“中秋玩月，剥芋头食之，谓之剥鬼皮”。剥芋而食之，大有钟馗驱鬼的气概。

（三）吃藕盒子

中秋食藕，也是寄团圆之意，尤其是吃“藕盒子”。江浙人多将藕切片，每两片间下端相连，中间夹肉、文蛤等调制而成的馅，外拖面煎至金黄，此又称藕饼，与月饼有异曲同工之妙。目前市场上藕的品种主要有两种，即七孔藕与九孔藕。江浙一带较多栽培七孔藕，该品种质地优良，肉质细嫩，鲜脆甘甜，洁白无瑕。中医认为，藕经过煮熟以后，性由凉变温，对脾胃有益，有养胃滋阴，益血的功效。

（四）饮桂花酒

桂花不仅可供观赏，而且还有食用价值，用桂花制成的桂花酒香甜醇厚，有开胃醒神、健脾补虚的功效。桂花酒尤其适用于女士饮用，被赞誉为“妇女幸福酒”。祖国医学中有花疗的理论实践，桂花酒就是典型的实例。每逢中秋之夜，人们仰望着明月，闻着阵阵桂香，遥想吴刚举斧伐桂，饮一杯桂花蜜酒，欢庆合家甜甜蜜蜜，欢聚一堂，已成为节日的享受。

第七节 九九重阳

农历的九月初九是重阳节，中国民间的一个传统节日。相传重阳节起源于东汉（25~220），已有1800多年的历史了。

一、重阳节的来历

重阳节源自天象崇拜，起始于上古，普及于西汉，鼎盛于唐代以后。据现存史料及考证，上古时代有在季秋举行丰收祭天、祭祖的活动；《吕氏春秋·季秋纪》中收录，古人在九月农作物丰收之时祭天帝、祭祖，以谢天帝、祖先恩德的活动。这是重阳节作为秋季丰收祭祀活动而存在的原始形式。唐代是传统节日习俗揉合定型的重要时期，其主体部分传承至今。重阳祭祖民俗相沿数千年，是具有深刻意义的一个古老民俗。

重阳节在历史发展演变中杂糅多种民俗为一体，承载了丰富的文化内涵。在民俗观念中“九”在数字中是最大数，有长久长寿的含意，寄托着人们对老人健康长寿的祝福。

重阳节

二、重阳节的习俗

重阳节，是中国传统节日，节期为每年农历九月初九。“九”数在《易经》中为阳数，“九九”两阳数相重，故曰“重阳”；因日与月皆逢九，故又称为“重九”。九九归真，一元肇始，古人认为九九重阳是吉祥的日子。古时民间在重阳节有登高祈福、秋游赏菊、佩插茱萸、拜神祭祖及饮宴祈寿等习俗。传承至今，又添加了敬老等内涵，于重阳之日享宴高会，感恩敬老。登高赏秋与感恩敬老是当今重阳节日活动的两大重要主题。

祭祖

重阳节与除夕、春节、清明、端午、七月半等均是中国传统的祭祖节日，祭祖是主要节日做节的一大主题。中国古代属于农耕社会，农业文明，是极其重视祖先经验的一种文明形态。中华民族自古就有礼敬祖先、慎终追远的礼俗观念，有着逢年过节祭祀祖宗的习俗，以示孝敬、不忘根本。

登高

古代民间在重阳节有登高的风俗，故重阳节又叫“登高节”。重阳登高习俗源于此时的气候特点以及古人对山岳的崇拜。登高“辞青”也是源于大自然中的节气，重阳节登山“辞青”与古人在阳春三月春游“踏青”相对应。

敬老

近代，九月初九被赋予了敬老节的新含义。因“九”是数字中的最大数，九，是久长久远的谐音，因此九上又九、九九重阳，含有长长久久、长寿尊贵的隐喻在里面。在民俗观念中，又因“九”在数字中是最大数，且“九九”与“久久”同音，所以赋予有天长地久、生命长久、健康长寿的寓意。

重阳节正值金秋收获季节，秋高气爽，丰收的喜悦给节日增添了欢乐的气氛。重阳节通常适合在户外活动。许多人在节日中远足和登山，以享受冬天到来之前的自然美景。据说重阳节登山，插茱萸和饮菊花酒可以祛除邪魔，预防疾病。后来，历代骚客文人也都喜欢重阳登高，这象征“高中”“及第”的意思。下面是唐朝诗人王维写的一首脍炙人口的古诗：

九月九日忆山东兄弟

王维

独在异乡为异客，
每逢佳节倍思亲。
遥知兄弟登高处，
遍插茱萸少一人。

自古以来，举家登高，插茱萸，饮菊花酒成为重阳节的传统活动。

茱萸是一种浓香植物，经常用作中药。古代人们相信晚秋时节茱萸能避邪，防止着凉。所以，许多世纪以来茱萸都作药用。但重阳节插茱萸的习俗已慢慢消失了。许多人，特别是城市的年轻人，甚至不知道茱萸是什么样子。

虽然插茱萸的风俗正在消失，但登山的活动却正处在高潮。

早在大约2000年以前，西汉人就利用重阳节之际，到首都长安城外爬高高的平台。对许多人来说，这是冬季开始前的最后一次外出郊游。这个风俗发展到了现在，人们认为登高是为锻炼身体，欣赏秋天的景色。

但那些住在平原上离山区很远的人们怎么办？解决这个问题的办法是出去野餐，吃用糯米和大枣做的糕。汉语中的“糕”字与“高”同音。山是高的，所以通过一系列的联想，吃“糕”可以代替登高。古人九月九日登高，留下了不少“重阳佳话”。如东晋中叶陶渊明的外祖父孟嘉随同友人登上荆州的龙山，参加荆州刺史桓温在龙山的重九招待宴会，席间，他开怀畅饮，连自己的帽子被风吹落也佯装不知，还乘酒兴与同僚作诗唱和。桓温见状，暗令与会的文学家孙盛趁孟嘉如厕之机将帽子送还孟嘉座上，并作文嘲笑。孟嘉回席一看，也不甘示弱，立即作文答辩，由于文采甚美而传为佳话。孟嘉为何风吹落帽而被嘲笑？原来，我国古代是非常讲究冠冕风度的，认为官帽落地有伤大雅。从此，龙山落帽的趣话经久流传不衰，人们将龙山称为落帽台。后世名人来到荆州，都要到此饮酒怀古。唐朝宰相令孤楚在重阳登高游“落帽台”后，写下的“贵重近臣光绮席，笑谈重事落乌纱”就是指孟嘉落帽之事。

为了登高的方便，晋末诗人谢灵运还自制了一种登山的木屐，前后装有铁齿，上山时去掉前齿，下山时去掉后齿，人称“谢公屐”。唐代大诗人李白曾“脚著谢公屐，身登青云梯”，穿着这种“登山鞋”爬山。

在重阳登高活动中，历代诗人们写有许多“登高诗”。唐代边塞诗人岑参，在《行军九日思长安故园》中说：“强欲登高去，无人送酒来，遥怜故园菊，应傍战场开。”在行军中，适逢重阳节，他也想到要去登高。大诗人杜甫，晚年寄居夔州，重阳时节，他爬山登高，干脆以“登高”为题写下的《登高》诗，堪称他的七律的代表作。诗云：

风急天高猿啸哀，渚清沙白鸟飞回。
无边落木萧萧下，不尽长江滚滚来。
万里悲秋常作客，百年多病独登台。
艰难苦恨繁霜鬓，潦倒新停浊酒杯。

诗作描写重阳登高所见到的江边秋景，抒发了诗人一生穷愁潦倒的悲愤心情，意境开阔，感情深沉。

由于9是最大的奇数，所以人们把两个“9”放在一起来代表长寿。因此，九月初九就成为敬老日，是老人快乐的日子。现在，九月初九已经成为中国法定的老人节。中华民族历来就有尊敬老人的传统。现在老人协会在国内到处可见。许多部门、单位会组织那些离退休人员重阳节郊游、登高，举行各种娱乐活动，丰富老人们的精神生活。

★ 史海拾贝

各民族节日风俗大观

岁时节令习俗，在少数民族中多表现为各种节日。如壮族的歌圩节，白族的三月节，傣族的泼水节，藏族的藏历年，苗族的苗年、赶秋节，水族的端节，瑶族的达努节，侗族的花炮节，彝族的火把节，高山族的丰年祭等，表现形式各有不同，但大多都是以喜庆欢跃为特点。

1. 经久不衰的草原盛会——那达慕大会

蒙古族的那达慕盛会闻名遐迩，深得人们喜爱。经过上千年的发展，那达慕已成为蒙古族文化不可或缺的组成部分。

那达慕大会场景

那达慕，蒙语，意为游戏或娱乐，是集祭祀、竞技、娱乐和祝福于一体的蒙古族体育盛会。在中国北部，东起呼伦贝尔，西到新疆的巴音布鲁克，这一广大的草原上，只要有蒙古族群众生活居住的地方，就有那达慕盛会。

每年农历六月初四开始的那达慕，是草原上一年一度的传统盛会。那达慕或以嘎查（村屯）、苏木（区乡）为单位，或以旗县为单位举行，会期3~5天。

古代和近代的那达慕盛会都要进行男子“三项”比赛——摔跤、赛马和射箭。现在那达慕除了进行男子三项竞技外，还增加了马球、马术、田径、球类比赛、乌兰牧骑演出等新的内容，同时举行物资交流会并表彰先进。举行那达慕时，牧区方圆数百里的牧民穿起节日的盛装，骑着骏马或乘坐汽车、勒勒车络绎不绝地前来参观。那达慕期间帐篷林立，组织广泛的物资交流会，以促进生产。晚上还举行各种形式的文艺活动。锡林郭勒盟地区举办的那达慕已成为全民健身和群众娱乐的重要活动。

那达慕已有近八百年的历史，一直在锡林郭勒草原上流传和发展，深受各族群众的喜爱，成为蒙古族文化传统的重要载体。那达慕上的各项活动是力与美的显现、体能和智慧的较量、速度和耐力的比拼，比较全面地展示了在草原上生活的群众的综合素质。

那达慕是具有广泛群众性和娱乐性的传统民俗文化活动，具有广泛、深刻的文化内涵，反映了蒙古民族的价值观和审美观。发掘、抢救和保护那达慕，对中国体育史乃至世界体育史的丰富和完善都有着重要价值。

2. 唱和选婿结良缘的三月三“对歌节”

农历三月初三，是广西壮族群众一年一度的民歌盛会，百色、河池、柳州、南宁四个壮族聚居的地区，歌节活动丰富多彩。这天，家家户户都准备丰盛的节日食品，青年男女穿着节日盛装，带上五色糯饭、彩蛋等食品，女青年还带着精心缝制的绣球，从四面八方涌向歌圩（一般为圩场、坡地）尽情对唱，一般以爱情为主题，也有历史、生产、风俗、生活常识等方面的内容，对歌的形式有男女个人对唱和集体对唱，具体有见面歌、邀请歌、盘歌、爱慕歌、盟誓歌、送别歌等。壮族青年能歌善唱、出口成歌，遇上对手能对唱一天一夜，赛得难解难分。歌节上除以歌传情，青年男女还常用抛绣球、碰彩蛋等形式择偶定情。此外，还举行抢花炮、舞龙、舞狮、演戏等文体活动，也有部分地方在三月三这天祭扫祖墓、踏青郊游。三月三歌节流传至今，已有上千年历史，其民族性、多样性的节日内容与形式，充分反映了壮族人民的聪明才智、理想追求和健康向上的审美情趣。

五色糯饭

三月三歌节由祭神变为民间节日，有许多美丽的传说。比较流行的说法，是起源于“赛歌择婿”的民间佳话。还有一个传说与怀念“歌仙”刘三姐有关。

3. 东方“狂欢”的傣族泼水节

泼水节是傣族人民的传统节日，也是傣历新年，在公历四月中旬举行，历时三至四天。身着节日盛装的傣族男女老少从四面八方敲着铜锣，打着象脚鼓涌向街头，伴随着“水、水、水”的欢呼声，互相追逐，把一盆盆圣洁的水泼向对方，以示美好的祝愿，直至人人全身湿透。

傣族泼水节

泼水节也是未婚青年男女们寻觅爱情、栽培幸福的美好时节。泼水节期间，傣族未婚青年男女喜欢做“丢包”游戏。姑娘手中用花布精心制作的花包，是表示爱情的信物。丢包那天，姑娘们极尽打扮之能事，然后打着花伞，提着小花包来到“包场”，与小伙子们分列两边，相距三四十步，开始向对方丢花包。小伙子若是接不住姑娘丢来的花包，就得把事先准备好的鲜花插在姑娘的发髻上，姑娘若是接不着小伙子丢来的包，就得把鲜花插到小伙子的胸前，就这样渐渐地选中了对方，一段段浪漫的爱情故事就开始了。

划龙舟是泼水节最精彩的项目之一，常常在泼水节的“麦帕雅晚玛”（第三天）举行。人们穿着节日盛装欢聚在澜沧江畔、瑞丽江边，观看龙舟竞渡。江上停泊着披绿挂彩的龙船，船上坐着数十名精壮的水手，号令一响，整装待发的龙船像箭一般往前飞去，顿时整条江上，鼓声、锣声、号子声、喝彩声，此起彼伏、声声相应，节日的气氛在这里达到了高潮……

傣族人民能歌善舞，泼水节自然少不了舞蹈。大规模的舞蹈主要安排在泼水节的第三天，如象脚舞和孔雀舞等。从七八岁的娃娃到七八十岁的老人，都穿上节日盛装，聚集到村中广场，参加集体舞蹈。象脚舞热情、稳健、潇洒。舞者围成圆圈，合着铓锣、象脚鼓翩翩起舞，一边跳舞一边喝彩“吾、吾”或“水、水”！孔雀舞优美、雅致、抒情，是傣族舞蹈的灵魂，舞蹈以孔雀的各种姿态为基础，在趣与美的再创造中，集中凝聚着傣族儿女们的审美旨趣。还有不少舞者尽情挥洒自己的即兴之作，有的边唱边跳，有的甚至边跳边喝酒，如痴如醉、狂放不拘，连续跳上几天几夜也不知疲惫。

“放高升”是泼水节的又一项保留节目。高升是傣族人民自制的一种烟火，将竹竿底部填以火药和其他配料，置于竹子搭成的高升架上，接上引线，常在夜晚燃放。放高升时，点燃引线使火药燃烧便会产生强劲的推力，将竹子如火箭般推入高空。竹子吐着白烟，发出嗖嗖的尖啸声，同时在空中喷放出绚丽的烟火，犹如花团锦簇，光彩夺目，甚是美妙。地上则欢呼声、喝彩声此起彼伏，议论声、赞美声不绝于耳，好不热闹。

泼水节的节日习俗，既富有浓厚的民族情趣，又充满祥和的欢乐气氛。近年来，傣家的泼水节名扬五洲四海，吸引着众多国内外游客前来观光，他们与傣家儿女一起，欢度这个节日，将它誉为东方的“狂欢节”。

4. 火把节

火把节，是流行于我国云南、四川、贵州等省的彝、白、傈僳、拉祜、普米、纳西、佤、哈尼、布朗等民族的传统节日，节期因地域、民族的不同而有先有后，但大多都会在每年农历六月二十四至二十六之间举行。

“火把节”的由来，因地区、民族的不同而传说不一，但却有一个共同点，那就是不畏强权、群力抗暴，这些都充分地展示了我们中华民族所具有的高尚的民族气节与情操。

彝族火把节

"火把节"的内容，尽管因民族、地域、习俗的不同而不尽相同，但节日期间，各族同胞都要身穿节日盛装，举行斗牛、斗羊、赛马、摔跤、射箭、荡秋千等活动。夜晚，人们都要手传小火把，或在村巷相互追逐，打闹嬉戏，共祝吉祥长寿、亲密和睦；或高擎火把，在村子周边、山野田头往来挥舞，形成火龙、火圈、火环等变化多端、令人眼花缭乱的图案，抒发节日欢乐喜庆之情。有些地方、民族，则在家家门前竖一枝大火把，在村口或村中广场上竖一枝特大火把，到节日夜晚，人们将这些火把一一燃起，奏起乐器，放声高歌，围着火把尽情舞蹈，通宵达旦饮酒狂欢。不少民族还有"游田"的习俗，人们在夜半时分，高擎火把在田间地头游动，边走边将松香细末撒向火把，火苗忽忽闪闪、一路乱蹿，人们认为能驱虫、辟邪、除害，保佑五谷丰登、人畜兴旺。

近年来，各地不仅保留着这些传统节日习俗，而且增添了放映电影、文艺演出、经贸交流、物资交易等多种文化、经济活动，从而为"火把节"这个古老的传统节日融入了具有当代特色的新亮点。

★ 文化感悟和思考练习

1. 我国传统节日不仅有本章所介绍的这些节日，还有二月二、七月半（中元节）、冬至等传统节日。选择一个本章未介绍的传统节日，发掘它的起源和习俗，并分享给大家。

2. 过年的时候，家家户户都要写春联、贴春联。春联的纸张、内容、张贴位置等都是有讲究的，请在了解春联习俗的基础上，写一副春联并张贴。

3. 清明是二十四节气之一，也是我国的一个重要传统节日，其节日习俗有：（　　）

A. 扫墓　　B. 踏青　　C. 赛龙舟　　D. 放风筝

4. 下面选项中，哪些是立春的习俗？（　　）

A. 踏青　　B. 鞭春牛　　C. 游春

D. 咬春　　E. 吃月饼

5. "但愿人长久，千里共婵娟"其中婵娟指的是什么？（　　）

A. 月亮　　B. 姻缘　　C. 美女　　D. 美好的事物

6. 北方人年夜饭一般都要吃饺子，其象征意义是：(　　)

A. 团圆美好　　B. 年年有余

C. 更岁饺子　　D. 五福临门

7. 中国有一个传统习俗，农历腊月二十三或二十四日要过“小年”，通常人们要吃：(　　)

A. 元宵　　B. 饴糖　　C. 腊八粥　　D. 饺子

8. 七夕节，中国人通常吃什么？(　　)

A. 蒿饼　　B. 汤圆　　C. 巧果　　D. 汤圆

9. 中国的“寒食节”来源于春秋时期介子推的故事。大约到了唐代，寒食节与__________合二为一了。

10. 春节是我国传统习俗中最隆重的节日。此节乃一岁之首。古人又称________、________、________、________、________等，而今人称春节，是在采用公历纪元后。

★ 拓展链接

文化中国　元宵节

美食纪录片　赏味中秋

大家说清明　选集

第七章

中华传统美德

中华民族最讲究修身，儒家经典《大学》中说“修身齐家治国平天下”，修身是根基。儒家有句名言：“达则兼济天下，穷则独善其身”，把“平天下”和“修身”提到了同等高度。由此可见，修身在中国传统文化中占据重要地位。统而言之，所谓修身，无非就是我们自身应该具备中华传统美德，这些美德会成为一种力量，把人锻造成传统文化所要求的彬彬君子。

第一节　正心修身的追求

一、安贫乐道

所谓“安贫乐道”，指的就是处境虽然贫困，但仍乐于坚守信仰。孔子曾说，吃着粗粮，饮着白水，弯着胳膊当枕头，这也是充满乐趣的。唐代诗人刘禹锡《陋室铭》中的名句“斯是陋室，惟吾德馨”，便可以看作是中国古人安贫乐道的最好写照。

安贫乐道既是一种生活方式，更是一条正心修身之路。安贫不是目的，乐道才是关键。为什么要安贫？因为人一旦把心思都用在追逐钱财上，就会心生杂念，不可能一心向道。而且随着物质财富的增多，也会滋长更多的私心和欲望，这更是对求道的干扰。作为一种正心修身的方法，安贫有助于我们更好地修炼心智；乐道则有助于我们坚定理想和信念。

二、勤劳节俭

勤劳节俭是中国人的一种传统美德，是中华民族的优良传统。可以说修身、齐家、治国都离不开勤劳节俭，正所谓“历览前贤国与家，成由勤俭破由奢”。诸葛亮把“静以修身，俭以养德”作为“修身”之道；朱子将“一粥一饭，当思来之不易；半丝半缕，恒念物力维艰”当做“齐家”的训言；毛泽东以“厉行节约，勤俭建国”为“治国”之本。

★ 相关知识

“劳思逸淫”的由来

春秋时期，鲁国的贵族子弟公父文伯继承了祖上的大夫爵位。他洋洋得意，退朝回家时，看见母亲正在绩麻，便说道：“像我们这样的人家，母亲还要绩什么麻呢？不怕别人笑话我不能奉养您老吗？”他母亲听后惊叹道：“咱们鲁国要亡了吗？怎么叫你这种不懂道理的孩子做官呢？”于是，她对儿子讲了许多必须重视劳动的话，其中有几句是这样的：“劳则思，思则善心生；逸则淫，淫则忘善，忘善则恶心生。”意思是说：参加劳动，才会认真思考问题，善良待人，贪图安逸的人只会荒淫奢侈。“劳思逸淫”就是由此而来。

诸葛亮在《诫子书》中说：“静以修身，俭以养德”。节俭需要首先克制自己的欲望和贪念，这样才能保持节操，培养德行。所以自古有德之士都推崇“俭以养德”。节俭不仅是为人之德，还是一种很重要的为官之德。一个不懂节俭的人，很容易养成骄奢淫逸的习惯，并走向贪腐的深渊。一个不懂得节俭的民族，容易形成奢靡的社会风气，缺乏积极上进的民族精神。

诸葛亮

南朝宋的开国国君刘裕，年轻时家境清寒，为了生活不得不出外谋生。他穿上新婚妻子亲手缝制的粗布衫裤，一连数天，顶着大太阳挥汗劳作，新衣裳很快就破烂不堪。后来，刘裕穿着这身破衣投身军旅，凭着战功，得到晋升，之后当上了南朝宋的皇帝。

刘裕登上皇位后，并没有忘记年轻时的贫寒日子，他将破烂的粗布衫裤收藏起来，并告诫子孙说：“我保存这套粗布衣裤，就是为了提醒自己，不要忘记当年。后代子孙如果有奢侈不知节俭者，一定要家法严惩。”由于刘裕带头崇尚俭朴，使得东晋以来浮夸奢侈的社会风气大为改观。

三、明礼诚信

“君子敬而无失，与人恭而有礼，四海之内，皆兄弟也。”“民无信不立。”语出

《论语》。这两句话被后人归纳为中华传统美德之一，即明礼诚信。

“明礼”就是讲究“礼仪”和“礼让”，包括重礼节和讲礼貌。“诚信”包括“诚”和“信”两方面的内涵。“诚”主要是讲诚实、诚恳；“信”主要是讲信用、信任。“诚信”，就是指做人要忠诚老实，诚恳待人。

“明礼”是人的行为的外在表现，“诚信”则是人的内心状态。“明礼”只有表现出人内心的“诚信”的本质，才不会流于虚伪的形式和繁文缛节；“诚信”只有通过“礼仪”“礼让”，才能够最恰当、最真实地表达出来。无论我们在社会中扮演什么角色，明礼诚信都是必备的美德之一。

★ 相关知识

“一诺千金”的由来

季布曾是西楚霸王项羽的部将，楚汉两军交战时，季布曾经多次让刘邦困窘不堪。刘邦消灭项羽后，仍对此耿耿于怀，悬赏千金捉拿季布。惠帝时，季布为中郎将，后转任河东守。季布为人仗义，好打抱不平，以信守诺言、讲信用而著称。所以楚国人中广泛流传着“得黄金百，不如得季布一诺”的谚语。“一诺千金”这个成语也是从这儿来的。

四、浩然之气

有一天，孟子的弟子公孙丑问孟子：“请问老师，您最擅长什么？”孟子毫不思索地回答：“我善于培养我的浩然之气。”

公孙丑大惑：“什么是浩然之气？”

孟子皱眉道：“这难以说得明白。我只能这样描述它，它最宏大最刚强，用正义去培养它而不用邪恶去伤害它，就可以使它充满天地之间。它与仁和义相配合辅助，不这样做，浩然之气就会像人得不到食物一样疲软衰竭。浩然之气是由正义在内心长期积累而形成的，而不是通过偶然的正义行为获取的。当所作所为有不能心安理得的地方，则浩然之气就会衰竭。”

★ 相关知识

“大丈夫”的来历

孟子的浩然之气实质就是一种内在的气节力量，拥有这种浩然之气的人被称为“大丈夫”。孟子解释“大丈夫”的含义时说“居天下之广居，立天下之正位，行天下之大道。得志，与民由之；不得志，独行其道。富贵不能淫，贫贱不能移，威武不能屈，此之谓大丈夫也。”意思是说：遵守社会道德规范，用仁义之心与人相处；自己成功时与别人分享，自己不成功时独善其身；不被富贵所迷惑，不因贫贱而改变志向，不屈从权势和武力，这样才能称得上大丈夫。这种气节力量就是今天“男子汉大丈夫”的文化内涵和依据。

孟子所说的浩然之气，就是骨气和节操。中国人最注重这两点，正所谓“三军可夺帅也，匹夫不可夺志也”。作为一种崇高的美德，气节一直是古代思想家推崇的精神力量。孟子的浩然之气，就是对气节这一美德的重要发挥。孟子认为，对道义的坚守达到一定高度，就会自然产生出一种至大至刚的力量，这种力量鼓舞着人们为实现道义而勇往直前。

第二节　与人为善的处事原则

中国人始终把人际关系当作是人生中的一件大事，围绕着这件大事，产生了诸多传统美德。这些美德主要有以下四种：忠、孝、仁、义。这四点分别规定了中国传统社会最为重要的四类人际关系。

忠、孝、仁、义这四点基本道德规范，是中国传统社会道德生活的基石。在此基础上，传统道德的其他规范得以建立和发展。总体而言，这四种传统道德的终极目的可以归纳为四个字：与人为善。

一、尽己之谓忠

中华传统文化最讲究“忠”。《论语》中曾子说：“吾日三省吾身：为人谋而不忠乎？与朋友交而不信乎？传不习乎？”第一省的“为人谋而不忠乎”说的就是，替别人做事时，有没有尽心竭力了呢？在这里，“忠”是尽心竭力的意思。朱熹的解释就是“尽己之谓忠”。

尽自己的一切心力去真诚对待别人，尽心尽力完成别人托付给自己的事，这就是忠的表现。孟子曾问齐宣王：“有个人把家人托付给朋友出去游玩，回来后，他发现家人正在受冻挨饿，对这样的受托人该怎么办？”齐宣王说：“抛弃他。”这段记载于《孟子》中的对话，正是对“忠”这一传统美德的具体解释。答应帮助照顾人家妻儿的“朋友”，根本没有尽心，使得人家的妻儿挨饿受冻，这就是不“忠”。

“忠”还表现为要恪尽职守，尽心尽力做好自己的本职工作。古人认为，工作从本质上而言没有高低贵贱之分。不管这份工作的具体内容是什么，我们都应尽心尽力。

最后，“忠”还表现为要忠于民族和国家。古人云“位卑未敢忘忧国”“天下兴亡，匹夫有责”。说的都是要忠于自己的祖国和民族，要时刻关心国家的命运、民族的前途，将自己的生命与祖国的兴亡、民族的盛衰紧紧联系在一起。

辛弃疾

二、孝为人本

“孝”是中国传统道德中最重要的内容之一。何谓孝？《说文解字》的解释是：“孝，善事父母也。”也就是说，身为孩子要顺承父母的意思，并且要奉养父母，这才算尽到为人子女的责任。

★ 相关知识

“孝”

在我国传统的伦理体系中，“孝”是一个很重要的范畴，是中华文明人文理论体系的重要组成部分。古“孝”写作“(jiao) 爻在子部，从爻。南宋戴侗认为的含义是“人子之达道也，非但事老”，隶书兴起后爻与老讹，由此分为两种写法，《正字通》因之“以与孝同”。

《易·系辞传》云“爻者，言乎变者也”“因而重之，爻在其中矣”“爻也者，效此者也”“爻也者，效天下之动者也”“道有变动，故曰爻”一步步阐述了爻的特征，进而定义出了爻的概念与含义。“爻”是针对事物易变的一种总结；是有必然的重复性的；是人通过总结这种必然的重复性，进而效仿改善自我生存条件的知识；不是“道”这种造成事物易变的核心法则，而是法则运行交汇所产生的一种结果。拥有这些特征的“爻”用现代词汇进行概括就是“规律”“经验”。如“年分四季”“人固有一死”等，皆是这个世界多种固有法则易变的交汇所产生的现象。

“孝”即子承爻，是人类文明传承这一重要的传承方式，故“教”与“学”都从“孝”。教是攴（pu）而使其孝，故从孝从攴；学从白爻冖子，是子将经过白精炼的爻为冠，是主动的认知、了解前人总结并精炼过的知识。

孔子说，孝是为人之本。中华传统美德第一经的《孝经》更是把“孝”提到了无与伦比的高度：“夫孝，天之经也，地之义也，人之行也。”

中国人提倡孝道，源于中国思想传承与血缘传承并用的特点。这一特点决定了在中国社会中“师”与“亲”是同等地位的，同样，“弟子”与“子”也是同等地位的。在思想传承方面最重要的就是师与弟子的关系，师需要促使弟子继承思想，故曰“教”，弟子则需“学”。而在血缘传承方面最重要、最首要的就是父母与子女的关系。将自身的血脉基因持续传承下去是血缘传承的首要任务，故由血缘传承的角度来看则“不孝有三，无后为大”。尊敬师长、赡养父母是以恩报恩的基本伦理道德思想，并非单“孝”需要如此。故“闻诛一夫纣矣，未闻弑君”“父不慈，子奔他乡”都是孝的表现。

“孝”不仅仅是一种美德，它还是做有道德的人的根基。或许正是受这种思想的影响，古人将“孝”界定为诸德之本。国君可以用“孝”治理国家，臣民能够用“孝”立身理家。由于对“孝”的推崇，甚至使其成为古代官吏选举时的一条重要道德标准，比如汉代的“举孝廉”制度。

为了宣扬、推行孝道。中国古人编写了许多孝道教育的教材。其中最为经典的有《孝经》。在孝道教育与传承过程中，家训往往起着非常重要的作用。家训指家庭或家族内部父祖辈对子孙后代的垂诫、训示，是儒家知识分子在立身、处事、为学等方面教育后辈的家庭教育读物。司马光甚至说，他的两部著作中，家训体裁的《家范》要比治国理念的《资治通鉴》更重要，因为欲治国先齐家。

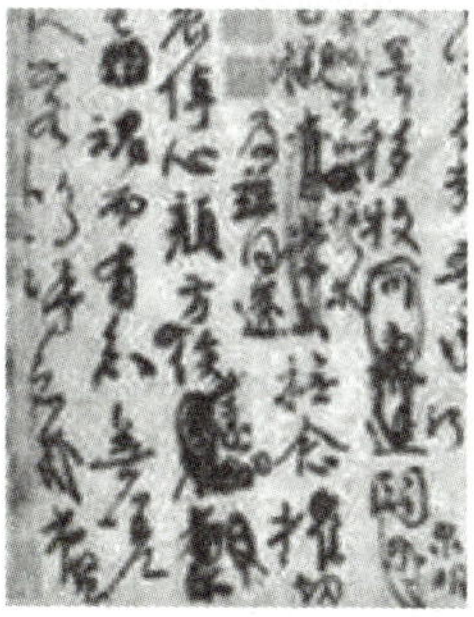

三、仁者爱人

“仁”是中华传统文化中分量最重的一个字，它本身就代表了中国传统文化和传统道德。爱人，就是仁，是中华传统道德的精髓。这一传统美德要求我们与人交往时要常怀一颗爱人之心，与人为善。因此，爱人应当是发自肺腑、真心实意的，虚伪就是不仁。

“仁”的核心在于推己及人。所谓推己及人，就是设身处地为别人着想，这就是最高尚的仁。推己及人的对象主要有两个层面：一是自己身边的人；二是整个社会中的人群。从影响身边人的角度而言，推己及人有两个基本要求：己所不欲，勿施于人；己欲立而立人，己欲达而达人。“己所不欲，勿施于人”要求人们将心比心，不损害他人。你自己不愿意做的事

情，不能要求其他人去做或者替你去做。“己欲立而立人，己欲达而达人”则要求人们将心比心，积极利人、助人，给他人以机会和力所能及的帮助。

概而言之，“仁者爱人”的基本思想是用自己的感受去理解他人的感受，通过

换位思考，设身处地去为他人着想。

四、义在利先

义，就是我们今天常提的“道义”。义作为一种道德规范，含义十分丰富。对“义”的道德要求进行系统阐述的是孟子，他将义作为人的立身处世的根本。自孟子后，“义”开始成为中国人道德生活的基本规范，影响至今。

谈“义”，必然绕不开“利”，“义利”是中国传统文化中无论如何都绕不开的道德话题。孟子把“义利“问题谈得十曲彻。

★ 相关知识

孟子谈“义利”

孟子曾去拜见梁惠王。梁惠王问他：“您不远千里而来，一定是有什么对我的国家有利的高见吧?”

孟子就回答：“大王，何必说利呢？只要说义就行了。大王说‘怎样使我的国家有利?’大夫说‘怎样使我的家庭有利?’老百姓说‘怎样对我有利?’结果是上上下下互相争夺利益，国家就危险了啊！在一个拥有一万辆兵车的国家里，杀害它国君的人，一定是拥有一千辆兵车的大夫；在一个拥有一千辆兵车的国家里，杀害它国君的人，一定是拥有一百辆兵车的大夫。这些大夫在一万辆兵车的国家中就拥有一千辆，在一千辆兵车的国家中就拥有一百辆，他们的拥有不算不多。可是，如果把义放在后而把利摆在前，他们不夺得国君的地位是永远不会满足的。反过来说，从来没有讲‘仁’的人抛弃父母的，也从来没有讲‘义’的人而不顾君王的。所以，大王只说仁义就行了，何必说利呢?”

孟子的这段话对“义利”的主次、先后，甚至是有无的问题定下基调，此后形成了重义轻利的传统。那么，在我们的人生中该如何来行“义”呢?

(1)“义”为“宜”，是一个人适合做的、应当做的事情。古人多以“宜”来解释义。“宜”，在古代就是应当的意思。面对一件事，采取最为适宜、恰当的行动，做出最为合理的反应，便是义。当我们看到歹徒正在行凶，当事人生命受到威胁时，挺身而出，采用一定的行动加以阻止，这就是义；否则就是不义。

“义“要求超越个人的利益考量，关注的是应不应该，而不是个人利益的大小。一旦考虑了利益的大小，那就是利在义先。

(2) 义要求作出的行为，应当是以对是非善恶的正确判断为前提的。就是说义的道德要求一定不能违背善，朋友的正当需求，我们当然应该倾力相助，但如果朋友想做的事情是不道德的，甚至是违反法律的，我们更有义务维护道德和法律的尊严。义首先要求做一个好人，而不是为了所谓的“义气”而成为作奸犯科的愚人。

(3) 义的要求内容是因人的身份、职业不同而有所不同的。如“待人以礼”也是义的一种表现。尊师重教就是其中之一的礼，也是中华民族的传统美德。中国古人说“一日为师终身为父”。古人所列举的应该受到特别尊崇的对象有天地君亲师，老师就占有一席。教育界的祖师爷孔子，就被尊称为“至圣先师”，即使是天下至尊的皇帝，对他也要顶礼膜拜。这一中华美德应该得到继续发扬。

★ 相关知识

程门立雪

程颢、程颐兄弟俩是宋代理学大家。有个叫杨时的官员，为了丰富自己的学问，毅然放弃了高官厚禄，跑到河南颍昌拜程颢为师，虚心求教，后来程颢死，他又跑到洛阳去拜程颢的弟弟程颐为师。一天杨时去拜见程颐，正遇上程老先生闭目养神。这时候外面开始下雪。杨时和同学游酢求师心切，便恭恭敬敬侍立一旁不肯离去。等程颐睁开眼睛时，门外的雪已经积了一尺多深了，两个人仍然站在那里，这个故事就叫“程门立雪”，后来成了尊师重道的典范。

从上面的论述可以得知，所谓义，就是不同的人在不同情境中，做出正确的决断，采取最为适宜、恰当的方式，做出自己应该做的行为。用我们现在的语言来说，义就是关于我们应当做什么、不应当做什么的一系列规则，是应然之则。

★ 相关知识

义的极端表现：舍生取义

孟子曰：“鱼，我所欲也；熊掌，亦我所欲也。二者不可得兼，舍鱼而取熊掌者也。生，亦我所欲也；义，亦我所欲也。二者不可得兼，舍生而取义者也。”

第三节　君子怀德的境界

在中国传统文化中，君子人格是每个人都可以通过修德获取的人格，君子境界也是每个人都能达到的境界。单从人格方面讲，君子具备前面所讲的那些美德就完全合格了，这就是“内圣”。但如果要做到“外王”，那就还需要具备下面将要讨论的美德：隐忍、知耻和无私。

一、隐忍

中华民族是一个极具坚忍力的民族，“隐忍谦让”是自古以来就有的传统美德。“忍”，其实意味着内心坚毅而决绝，要能忍受常人所不能忍，这是一种修养和境界。隐忍不仅仅是一种美德，而且还是成大事者必备的素质。

儒家特别看重“忍”，《论语》中多处记载孔子论“忍”。他说：“小不忍，则乱大谋”。他还曾告诫子路：“牙齿因为刚硬所以容易折断，舌头因为柔软所以易于保存。柔软胜过刚硬，弱小的东西也可以战胜强大的东西。喜好争斗必定受到损伤，一味逞勇一定会导致灭亡，百行的根本是忍让为先。”《尚书·君陈》中记载“必有忍，其乃有济；有容，德乃大。”意思是必须有忍耐之心，才能办成事情；有宽容之心，道德才能高尚。

中国民间对“忍”的理解更是别有趣味。民谚说“凡事得忍且忍，饶人不是痴汉，痴汉不会饶人”；“得忍且忍，得戒且戒。不忍不戒，小事成大”。这些都是告诫人们“忍一时海阔天空，让三分风轻云淡”的深刻道理。

做人要隐忍，但绝不能一味退让。俗话说，“忍字心头一把刀”，这并非指“忍到心头插刀，也不反抗”。正确的理解应该是“忍无可忍时，便是亮剑之时”。忍，不应该是窝气；因为气不顺，憋在胸中，久而不畅，则智昏；智昏，则容易失言失态，最终，忍的修养还是会失去。忍的最高境界应该是主动地积极地去化解矛盾。

二、知耻

孟子说：“无耻之耻，无耻矣。”意思是：人不可以没有羞耻，不知羞耻的那种羞耻，真是不知羞耻呀！知耻是中国传统文化中的道德底线，是人自身道德完善的终点和“外王”的起点。儒家认为，人必须要有羞耻之心，只有知道什么是耻辱之后才能分辨是非对错和善恶，才能避免做不道德的事。一个人只有具备羞耻之心，才能见财不贪，临难不屈；才能谦和退让，取舍有度。无论是个人修养还是成大事，知耻都是良知的先导。

对于知耻，首先，知耻必先知善。中国古人很重视独立人格的培养，认为人人都有自己的价值，都有行仁德的能力。倘若一个人没有追求高尚品德的独立人格，他就只会考虑个人的生存利益，而不懂善，也不可能以不善为耻。所以一个人要真能知耻，就必须在知善的基础上来实现。面对生活的甘苦、个人的荣辱、生命的安危、事业的成败而心地坦然，宁静淡泊，严于律己。

其次，知耻必先自知。知耻是说一切道德行为要具有自觉的动机，是发自内心的自觉的行为。因而它离不开对自我的评价与了解，知道自己的追求与理想，知道本身的弱点与强项，知道自己在人群中的位置与责任，这样，他才知道“耻”的具体内容，也才能知道“知耻而后勇”的“勇”用于何处。

★ 相关知识

知耻近乎勇

《孔子集语·杂事》记载：孔子的弟子子路自诩很勇敢，但孔子始终认为他只是个愤愤然的勇夫，并未领悟“勇”的真谛。某次，孔子游山，子路随行。孔子口渴，让子路去打水。子路在水边遇到一只老虎，兴奋得发狂，扔了水瓢就和老虎搏斗起来，几个回合下来，子路把老虎打死了，并把虎尾巴扯下揣在怀里，回来问孔子：“上士打虎如何？”孔子发现他的水瓢不见了，怀里还露出一只毛茸茸的东西，马上就明白了，于是回答：“持虎头。”子路又问：“中士打虎如何？”孔子回答：“持虎耳。”子路急了，再问：“下士打虎如何？”孔子回答：“持虎尾。”子路愤懑不已，自己徒手和老虎搏斗险些搭上性命，才落了个“下士”。他跑到一边，把老虎尾巴扔掉，揣了个石头回来。恶狠狠地问孔子：“上士杀人用什么？”孔子脸色不变：“用笔。”“中士杀人用什么？”“用语言”。“下士杀人用什么？”“用石头。”子路垂头丧气，心服口服，扔了石头，不言语。孔子这才说，你已是勇士了，因为“知耻近乎勇”！

最后，知耻后必有行动。我们常说“知错要改”，知耻后也一定要有相应的行，停留在心中的“知耻”是于事无补的。

★ 相关知识

周处除三害

晋人周处年轻时，为人蛮横强悍，任侠使气，是当地一大祸害。当地的河中有条蛟龙，山上有只白额虎，它们一起祸害百姓。当地百姓把蛟龙、虎和周处并称为三大祸害，三害当中周处危害最大。有人劝说周处杀死猛虎和蛟龙，实际上是希望三个祸害相互拼杀。周处杀死了老虎后，又下河斩杀蛟龙。周处同蛟龙一起浮沉，漂游了几十里远。经过了三天三夜，当地的百姓们都认为周处已经死了，互相庆祝。结果周处竟然杀死了蛟龙，从水中出来了，他听说乡里人以为自己已死而对此庆贺的事情，才知道大家实际上也把自己当做一大祸害，因此有了悔改的心意。于是便到吴郡拜见陆机和陆云两位有修养的名士。当时陆机不在，只见到了陆云，周处就把全部情况告诉了陆云，并说：“想要改正错误，可是岁月已经荒度了，怕最终没有什么成就。”陆云说：“古人珍视道义，认为‘朝闻道，夕死可矣’，你的前途还是有希望的。而且人就怕立不下志向，只要能立志，又何必担忧好名声不能传扬呢？”周处听后改过自新，终于成为一名忠臣。

周处除三害的故事告诉我们：只有真正知耻，才会有所行动；而且只要真正知耻，必然会有行动。

三、无私

无私是中国传统道德中的重要内容，是儒家从天人合一的思想中总结出来的。孔子说：“天无私覆，地无私载，日月无私照。”道家认为，无私不仅仅是一种美德，还是一种成事的智慧。

★ 相关知识

外举不避仇，内举不避亲

春秋时期，晋国国王问他的大臣祁黄羊：“南陌县缺个县长，依你的高见，谁最适合这个职位？”祁黄羊毫不退疑地回答：“叫解狐去吧，我相信他一定能够胜任。”

国王惊讶道：“奇怪，我听说解狐是你的仇人，你怎么推荐仇人？”

祁黄羊回答：“您只问我什么人能够胜任，并没有问我他是不是我的仇人呀！”正如祁黄羊所说，解狐把南阳治理得很好。过了些日子，国王又问祁黄羊：“政府里现在缺一个法官，你认为谁能胜任？”

祁黄羊回答：“我认为祁午能胜任。”

国王更加吃惊了：“祁午是您儿子，您推荐自己的儿子，就不怕别人说您自私？”国王信任祁黄羊，就让祁午去做法官。还是如祁黄羊所说，祁午对法官这个职务胜任有余，百姓也拍手称赞。

祁黄羊也因此得到了国王的器重，受到最高礼遇。

孔子赞赏祁黄羊说：“他是真君子！他推荐人的标准，完全是适才而用，不会因为他是自己的仇人而不举荐，也不会因为是自己的亲人而不举荐，祁黄羊这样的人才称得上是‘大公无私’啊！他能位极人臣，也是他应该得到的啊！”

无私这一传统美德，经过千百年的发展，早已融入了中国人的心灵深处，成为中国传统文化的一部分，也成为中华民族的精神。我们今天应该更进一步发扬这种精神，身体力行，做一个大公无私的君子。

参考文献

[1] 雷武逵. 感悟中华优秀传统文化 [M]. 北京：北京师范大学出版社，2020.
[2] 陈引驰，王希明. 传统文化与人生 [M]. 上海：华东师范大学出版社，2019.
[3] 叶碧，魏俊杰，刘小成. 中国优秀传统文化概论 [M]. 杭州：浙江大学出版社，2017.
[4] 林徽因. 中国建筑常识. 北京：北京理工大学出版社有限责任公司，2017.
[5] 杨永生，刘叙杰，林洙. 中国近现代建筑五宗师. 武汉：华中科技大学出版社，2018.
[6] 过常宝. 中华优秀传统文化读本 [M]. 北京：北京师范大学出版社，2017.
[7] 杨永生，刘叙杰，林洙. 中国近现代建筑五宗师 [M]. 武汉：华中科技大学出版社，2018.
[8] 尤根地，张寿奎，王永成. 中华优秀传统文化 [M]. 北京：中国人民大学出版社，2019.
[9] 胡恒庆. 中国传统文化 [M]. 北京：中国人民大学出版社，2017.
[10] 郭茂倩. 崇贤书院释译. 乐府诗集 [M]. 北京：新世界出版社，2014.
[11] 李山. 解读诗经 [M]. 北京：国家图书馆出版社，2017.
[12] 谭新红. 苏轼词全集汇校汇编汇评 [M]. 武汉：崇文书局，2015.
[13] 刘石. 苏轼词选 [M]. 北京：人民文学出版社，2015.
[14] 凌枫. 宋词三百首 [M]. 上海：上海古籍出版社，2015.
[15] 余恕诚. 中国古代诗歌散文欣赏 [M]. 北京：人民教育出版社，2006（第二版）.